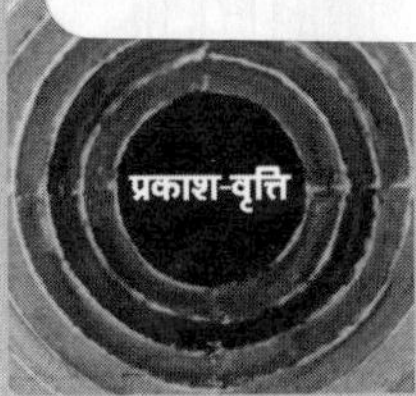

उत्सुक
कला–संवाद

रज़ा फ़ाउण्डेशन | THE RAZA FOUNDATION

उत्सुक

बारह युवा कलाकारों के साथ संवाद

राजेश्वर त्रिवेदी

वाणी प्रकाशन

प्रकाश–वृत्ति
रज़ा फ़ाउण्डेशन और वाणी प्रकाशन का सह–प्रकाशन

वाणी प्रकाशन

4695, 21-ए, दरियागंज, नयी दिल्ली 110 002

फ़ोन : +91 11 23273167 फ़ैक्स : +91 11 23275710

शाखाएँ

अशोक राजपथ, पटना 800 004, बिहार

कॉफ़ी हाउस कैम्पस, महात्मा गांधी मार्ग, इलाहाबाद 211 001, उत्तर प्रदेश

महात्मा गांधी अन्तरराष्ट्रीय हिन्दी विश्वविद्यालय, वर्धा 442 001, महाराष्ट्र

सुल्तानिया रोड, मोतिया पार्क, भोपाल 462 001, मध्य प्रदेश

www.vaniprakashan.in
marketing@vaniprakashan.in
sales@vaniprakashan.in

UTSUK
by Rajeshwar Trivedi

ISBN : 978-93-89563-09-2

Art

प्रथम संस्करण 2019

मूल्य : ₹ 450

यश प्रिंटोग्राफ़िक्स, नोएडा-201 301 (उ.प्र.) में मुद्रित

वाणी प्रकाशन का लोगो मक़बूल फ़िदा हुसेन की कूची से

"कलाओं में किसी भेद–दृष्टि को प्रश्रय न दिया जाये। शहर और गाँव या जंगल में रहने वाले मनुष्य को कलाओं में शहरी, लोक और आदिवासी की छाप चस्पां न कर उसे उसके एकान्त और उसके ऊर्जस्वित आलोक में ही देखा जाये।"

–जगदीश स्वामीनाथन

उन्हीं की स्मृति को समर्पित

आमुख

प्रकाश अत्यन्त प्रतिभाशाली कवि और आलोचक थे जिनका दुर्भाग्य से 2016 में दुखद देहावसान हो गया। वे एक भाषा–सजग शिल्प–निपुण कवि और सजग–संवेदनशील आलोचक थे। रज़ा फ़ाउण्डेशन ने उनकी स्मृति में 'प्रकाश–वृत्ति' स्थापित करने का निश्चय किया जिसके अन्तर्गत सुपात्र और सम्भावनाशील युवा कवियों और कलाकारों की पहली पुस्तकें प्रकाशित करने की योजना है।

ललित कला पर हिन्दी में बहुत कम सामग्री प्रकाशित हुई है। यह पुस्तक उन युवा कलाकारों से बातचीत पर आधारित है जिनकी एक प्रदर्शनी रज़ा फ़ाउण्डेशन ने 'मध्यमा' नाम से आयोजित की थी। रज़ा फ़ाउण्डेशन की प्रकाश–वृत्ति के अन्तर्गत हम इसे प्रसन्नतापूर्वक प्रकाशित कर रहे हैं।

–अशोक वाजपेयी

अनुक्रम

प्रस्तावना

मूलतः यह किताब राजेश्वर के कला–प्रेम का परिणाम है। उनकी रुचि न सिर्फ़ चित्रकला में है बल्कि वे अन्य कलाओं में भी आवाजाही करते हैं। इन दिनों वे तीन पुस्तकों पर काम कर रहे हैं, लोक गायक प्रहलाद टिप्पानिया, शास्त्रीय गायक कलापिनी कोमकली, छत्तीसगढ़ के प्रसिद्ध कलाकार योगेन्द्र त्रिपाठी आदि पर एकाग्र काम करने की इच्छा उनके लेखन को अतिरिक्त आयाम देता है। यह पुस्तक रज़ा फ़ाउण्डेशन द्वारा आयोजित युवा चित्रकारों की प्रदर्शनी 'मध्यमा' के लिए लिखे गये कैटलॉग से उपजी है। इसके लिए उन्होंने वही पुराना ढंग, जो कुछ वर्ष पहले मध्य प्रदेश के कलाकारों की प्रदर्शनी 'मध्य–पर्व', जो दुनिया के दूर पश्चिमी कोने में बसे सेन–फ्रांसिस्को शहर में हुई थी, के लिए अपनाया था। इस तरह कलाकार के अन्तर्मन में झाँकने का मौक़ा मिलता है बजाय इसके कि उनके चित्र देखकर आभासी, एक आयामी पाठ लिख दिया जाये। पुस्तक में 'मध्यमा' प्रदर्शनी में भाग ले रहे कलाकारों से बातचीत और कुछ समान प्रश्नों के जवाब से उनकी कला–यात्रा, संस्मरण और दुनियावी समझ को बटोरा गया है। राजेश्वर का यह प्रयास कुछ मायनों में अनूठा है। पहला तो यही कि कला की दुनिया में युवाओं पर एकाग्र यह पहली पुस्तक होगी। अभी तक मेरी नज़र में ऐसी कोई पुस्तक छपी नहीं है। युवा कलाकार वैसे भी लम्बा समय हाशिये पर गुज़ारते हैं और यह उनके परिपक्व होने का समय भी होता है। इसमें कुछ युवा कलाकार हाशिये से बाहर भी चले जाते हैं जिनमें धैर्य की कमी, गॉसिप के प्रति अतिरिक्त स्नेह, मसीहा की मदद की चाहना, वैचारिक भटकाव, कला–राजनीति से लगाव और दूसरी कलाओं के प्रति उपेक्षा का भाव रहता है। समकालीन भारतीय कला का अतुलनीय अभाव उसे दुनियाभर से

अलग करता है, वो कला आलोचक का न होना है। आज़ादी के बाद से आज तक इस देश में एक कला आलोचक न हुआ जो 'भारतीय', यहाँ भारतीय शब्द पर ग़ौर करना ज़रूरी है, भारतीय कला को समग्रता से सिर्फ़ जानता भर हो। यह अभाव लगातार बढ़ ही रहा है। इस कारण चित्र और दर्शक के बीच बढ़ती खाई दिन–ब–दिन विकराल रूप लेती जा रही है। अज्ञानतावश इसे ग़लत कहा जा सकता है और देश में मौजूद कई कला–रिपोर्टर के नाम सामने आ जायेंगे,किन्तु इसे समझने की ज़रूरत इस तरह है कि कला–समीक्षा रुचि से ही की जा सकती है और इस तरह के प्रयास यदा–कदा देखने को भी मिल जाते हैं। जिस तरह ये युवा कलाकार अपनी रुचि से रच रहे हैं उसी तरह अपनी रुचि से कोई कला पर लिखना शुरू करता है और एक मुक़ाम हासिल कर सकता है किन्तु यह होना बाक़ी है। ज़िम्मेदार कला आलोचक के न होने के नुक़सान यहाँ देखने को मिलते ही हैं, साथ ही उसके कारण उत्कृष्टता का कोई मापदण्ड भी नहीं बन पाया है। संस्थाओं के अधिकारी के मुहल्ले का लड़का भी अपनी तुलना मक़बूल से करने लगता है।

इस माहौल में यह पुस्तक रुचि को सम्बोधित है। इन युवा कलाकारों की कलाकृतियों की तरफ़ दर्शक का ध्यान दिलाने का छोटा–सा मगर सार्थक प्रयास राजेश्वर ने किया है। राजेश्वर कलाकारों से उनके स्टूडियो में जाकर मिले, उनसे बातचीत की और उनका स्वभाव समझते हुए उससे उपजे प्रश्नों से कलाकार के रचनात्मक मन को टटोलने की कोशिश की। इसमें कुछ सफल भी हुए और हमें इन बारह कलाकारों के विचारों में विरोधाभास, अलगाव और साम्यता भी दिखायी देती है। राजेश्वर ने जिस धैर्य और निरन्तरता से इस पर काम किया है वो सराहनीय है और इस उम्मीद का इशारा भी है कि वे इसे जारी रखेंगे।

इस पुस्तक में बारह कलाकार हैं जो इन दिनों मध्य प्रदेश के चित्रकला संसार के युवा हस्तक्षेप हैं। इन बारह कलाकारों में एक कलाकार जयपुर, राजस्थान से हैं–अमित हरित। यह पुस्तक इन युवा कलाकारों के भीतर झाँकने का मौक़ा देती है। बहुत ख़ूबसूरत तरीक़े से राजेश्वर यह सब कर सके और हमें इन कलाकारों के रचने, गढ़ने, पढ़ने, भटकने, मटकने, आत्मरति और दुनिया के

साथ उनका सम्बन्ध जानने का मौक़ा मिलता है। इसमें प्रदेश के आन्तरिक इलाक़ों, धार, सागर, रतलाम, सतवास, खण्डवा, धामनोद से आये कलाकारों का बचपन और संस्कृति से सम्बन्ध और शहरों में रहने वाले कलाकारों की कल्पना की धार को जानने का मौक़ा भी मिलता है।

धार के युवा कलाकार दुर्गेश और अनूप प्रतिभाशाली हैं और चित्र से उनके सम्बन्ध में उनका परिवेश झलकता है। यह परिवेश यथार्थवादी सम्बन्ध नहीं बनाता, बल्कि उनके भीतर के उस संसार को जगाता है जो वेदना और अनुभूति का है, जिसका बहाव समय को लाँघ जाता है। दुर्गेश चित्रकला में कुछ ऐसा करने की कोशिश में हैं, जो उन्हें वैश्विक स्तर पर ऑस्ट्रेलियन एबोरिजिनल और मेक्सिकन आदिवासियों की कला से जोड़ता है। वे रचते हैं और 'देखने' के महत्त्व को समझते हैं। उनके देखने में न सिर्फ़ स्थानीयता है, वे बढ़ाकर उसमें भावनाएँ भी घोल देते हैं। उनके चित्रों में बहाव जो क्रिया भी है, की मौजूदगी दर्शक को स्वाभाविक ही उलझा लेती है। दुर्गेश जिस परिवार से आते हैं वहाँ कला का माहौल नहीं है और चित्रकला का आकर्षण उन्हें यहाँ खींच लाया। जबलपुर में रहते हुए वे अपनी रचनात्मक गतिविधियों में सक्रिय हैं। इसी तरह धार के दूसरे कलाकार अनूप का भी सम्बन्ध रूपाकारों से घनिष्ठ है। रंगों–आकारों के साथ वे साधारण रूप से ही चित्र रचना कर लेते हैं। उनकी रेखाओं में हुसेन का प्रभाव साफ़ देखा जा सकता है जिसे अपना बनाने के लिए उन्हें एक लम्बी कृतज्ञ यात्रा करनी होगी। रंग–योजना में उनके स्वभाव की झलक पायी जा सकती है।

नीरज अहिरवार इस प्रदर्शनी में एकमात्र मूर्तिकार हैं। उन्होंने पत्थर से दोस्ती कर ली है। वे उसे महसूस करते हैं और उसमें प्रकृति की मौजूदगी को तलाशते हैं। पानी और हवा के होने को पत्थर में बाँधना मुश्किल है और इसी से जूझना नीरज के काम का छोर है। वे अन्य माध्यमों में भी काम करते हैं और उनकी यात्रा की शुरुआत से ही उन्होंने प्रक्रिया में प्रयोग बना रखा है जिसके परिणाम अक्सर अचम्भित करते हैं। दूसरी तरफ़ रफ़ीक़ हैं जो रंग और रेखाओं को चित्र की ज्यामिति में सँजोते हैं और रफ़ीक़ की विशेषता यह भी है कि वे पढ़े–लिखे होने के प्रचार से दूर अपनी रुचि किताबों में

खोजते हैं। रफ़ीक़ के लिए यह संसार सिर्फ़ रंगों से महसूस करने का जतन नहीं है, वे अपना आश्रय साहित्य, संगीत और संगत में भी पाते हैं। रफ़ीक़ अपनी बात कहने के लिए लम्बा रास्ता चुनते हैं और शुद्ध चाक्षुकता पर ज़ोर देते हैं। रंग से सीधा सम्बन्ध बनाते हुए वे उनके आपसी सन्दर्भ तलाशते हैं। कलाकृति रचने के लिए संवेदना ज़रूरी है साधन नहीं, इसका अनुभव हमें प्रीति मान के चित्रों से होता है। वे विधिवत् पढ़ाई के लिए चित्रकला महाविद्यालय नहीं गयीं। उन्होंने बी.बी.सी. में लम्बे समय तक छाया–चित्रकार की तरह अपनी सेवाएँ दी हैं। बचपन में चित्रकला से अनजाने में हुआ परिचय उन्हें इस तरफ़ खींच लाया और वे सब तरह के प्रभावों को स्वीकारते हुए अपनी भाषा को फ़ोटोग्राफ़ी के ज़रिये गढ़ने में प्रयासरत हैं। चित्रकला का सम्बन्ध अन्य कलाओं से गहरा और मज़बूत है इसका अहसास उन्हें अपने चित्रों में अनेक प्रस्थान–बिन्दु की तरफ़ ले जाता है। वे रंगों का लयात्मक संवेग विरोधाभासी रंग लगाते हुए पकड़ पाती हैं। उनके चित्र रंग–प्रयोजन का उपक्रम हैं। गोविन्द विश्वास की कल्पनाएँ उन्हें चित्रों में मानचित्र रचने को बाध्य करती हैं। वे इन मानचित्रों में, जो पूरी तरह से 'मन–चित्र' हैं कभी जानवरों की मौजूदगी, कभी उड़ते हवाई जहाज़ चित्रित करते हुए जीवन के विरोधाभासी अनुभव को दर्शक के सामने ले आते हैं। वे सफ़ाई से उन बातों की तरफ़ इशारा करते हैं जिन्हें हम अक्सर नज़रअन्दाज़ कर जाते हैं। गोविन्द चित्रों में अवकाश (space) के महत्त्व को जानते हैं और उसके प्रतिबिम्बन को महत्त्व नहीं देते, वे अवकाश रचते हैं रूपाकारों की अमूर्त उपस्थिति से : उसकी स्थूल भौतिक उपस्थिति के बजाय अहसास का चित्रण उनके चित्रों को साथी कलाकारों से अलगाता है। वे कथात्मक चित्र बनाते हैं किन्तु प्रचलित कथा न कहते हुए। उनके चित्रों की कथा अनकही है। धर्मेन्द्र पारे के रेखांकन विशेष रूप से इस प्रदर्शनी के लिए किये गये थे और उनकी रुचि का इसमें अभाव नज़र आता है। वे प्राणिशास्त्र के संश्लिष्ट अध्येता हैं और कीड़े–मकोड़े से लेकर तितली आदि अनेक प्रजातियों की उनकी जानकारी किसी को भी स्तब्ध कर सकती है। वे सहज इस संसार में घुसे हुए हैं। यहाँ जो रेखांकन करते हैं उसमें आस–पास के वस्तु–जगत् का काल्पनिक चित्रण है जिसे वे अतियथार्थवादी बनाने में सिद्धहस्त हैं। उनकी टूटी–बिखरी रेखाएँ एक संगठित रेखांकन का हिस्सा बन जाती हैं। ग्रामोफ़ोन

हो या सिलाई मशीन, कुर्सी हो या चक्र इसका अतिरेक में विस्तार या उनकी चीरफाड़ वे चित्र की माँग के अनुसार करते हैं। उन्हें तकनीक और प्रकृति में साम्य सहेजना अच्छा लगता है। उदय गोस्वामी प्रेम में आकण्ठ डूबे चित्रों से भी उतना ही प्रेम कर रहे हैं जो उन्हें रूपाकारों में स्थूलता और टेक्सचर में कोमलता की तरफ़ ले आता है। चित्र रचते हुए भी प्रेयसी के सान्निध्य का अहसास ही उन्हें स्थूलता रचने को बाध्य करता है। आरती पालीवाल से हुई बातचीत में एक सिरेमिक कलाकार की आशंकाएँ, माध्यम के सीमित संसाधनों की मुश्किलें और इस अभाव में रचने का सौन्दर्य झलकता है। आरती इस समय की प्रतिभाशाली सिरेमिक कलाकार हैं और उनके शिल्प आज के सबसे प्रासंगिक विषय, प्रकृति से मनुष्यता का दूर होते जाने, को केन्द्र में रखते हैं। आरती इन विषयों के प्रति चिन्तित हैं और कंक्रीट जंगल के फैलने से आक्रान्त।

अमित हरित जयपुर से हैं और इन दिनों युवा कलाकारों में उन्हें अलग स्थान इसलिए भी हासिल है कि वे अपने चित्रों की रचना जिस सहज और समझ से करते हैं वो उम्र के इस दौर में असम्भव नज़र आती है। उनके चित्रों को देख दर्शक अचम्भित भी होगा और उतनी ही सहजता से जुड़ेगा भी। वे चित्रों की रंग–योजना, रेखांकन के सरल प्रवाह, संयोजन और प्रकृति की प्रारब्ध उपस्थिति का साक्षात् आह्वान करते हैं और उसे पाने में सफल भी होते हैं। इस बातचीत में वे चित्र–सहजता से ही अपने सरोकार की बात करते हैं जो इस दुनिया में उपलब्ध में से उनकी रुचि का है। दिव्या पटवा के छापे उनकी सर्जनात्मक क्षमता में कल्पना के मेल का बेजोड़ उदाहरण है। उन्होंने छापा–कला में एक नया अध्याय शुरू किया है जिसमें छापा अपनी सतह से अनपेक्षित ऊँचाई तक है। इनका विषय प्राणी जगत् के प्रति जागरूक मस्तिष्क का ही हो सकता है। वे अन्य कलाओं से अपना सम्बन्ध बनाती हैं और उसके बग़ैर किसी भी रचनात्मकता को महत्त्वपूर्ण नहीं मानतीं। उनके लिए भावना और उसका प्रकटन उस कोमलता की शुरुआत है जिसकी ज़रूरत सबसे ज़्यादा इन्हीं दिनों है। अवधेश ताम्रकार की कृतियाँ चित्र, शिल्प, संस्थापन का मिला–जुला प्रयास है। वे चित्र और मूर्ति दोनों से ही अपना सम्बन्ध महसूस करते हैं। उनके लिए रचनात्मकता अछूती है जबकि रचना प्रभावित हो सकती है। वे

प्रक्रिया और उसकी कल्पना को साथ–साथ देखते हैं, उनके लिए इससे उपजा अनुभव ही उनका लक्ष्य है। उनके चित्र या रिलीफ़ फाइबर ग्लास में की गयी वो कलाकृति है जो दर्शक के लिए कौतूहल का विषय है। वे इस तरह के कामों के लिए समय और स्थान की तलाश में भी हैं।

राजेश्वर ने अथक परिश्रम और लम्बे प्रयास के बाद इस पुस्तक को अंजाम तक पहुँचाया है जो उपलब्धि इस अर्थ में भी है कि पहली बार हिन्दी भाषा में युवा–कलाकारों को उनके प्रारम्भिक दौर में ही सुना–समझा और बतलाया गया है। हो सकता है कुछ वर्ष बाद ये कलाकार अपनी ही बातों से इतर कुछ और करने लगें या यहाँ जो कहा गया है उससे विपरीत राह पर चलते मिलें। राजेश्वर स्वीकारते भी हैं कि इस पुस्तक पर काम करते हुए चित्रकला के कुछ नये पक्ष उनके सामने खुले और नयी जिज्ञासाओं से उनका मन भरा। अपनी इस पहली पुस्तक से राजेश्वर की उम्मीद घबराहट से कुछ कम है। मेरी तरफ़ से इन सभी बारह कलाकारों को शुभकामनाएँ और भविष्य में वे इसी तरह अपने आत्म–निरीक्षण को जारी रखेंगे इसकी उम्मीद है और राजेश्वर को बधाई उनके सफल प्रयास के लिए।

– अखिलेश

25 नवम्बर 2018

अपनी बात

दरअसल, बारह में से एक को छोड़कर इन ग्यारह युवा चित्र व शिल्पकारों से यह साक्षात्कार मैंने चित्रकार 'सैयद हैदर रज़ा' की स्मृति में आयोजित कला प्रदर्शनी 'मध्यमा' के कैटलॉग हेतु लिए थे। इस कला प्रदर्शनी को वरिष्ठ चित्रकार अखिलेश ने संयोजित (curate) किया था। प्रदर्शनी के कैटलॉग में इन साक्षात्कारों के सम्पादित अंशों का प्रकाशन हुआ था। शेष साक्षात्कारों के हिस्से जो अप्रकाशित रहे, उनको एक किताब की शक्ल देने के लिए मुझे अखिलेश जी व कवि–सम्पादक मित्र पीयूष दईया ने प्रेरित किया। इसके लिए मैंने वही तरीक़ा लिया जो कुछ वर्ष पहले 'मध्य–पर्व', मध्य प्रदेश के युवा पच्चीस कलाकारों की प्रदर्शनी के लिए अपनाया था। यह प्रदर्शनी दो हज़ार सात में सेन फ्रांसिस्को शहर के पालो आल्टो में हुई जिसे चित्रकार अखिलेश ने ही संयोजित किया था। किताब की कल्पना मात्र से ही मैं थोड़ा रोमांचित हुआ। और थोड़ा घबराया भी। समय–समय पर विभिन्न विधाओं के कलाधर्मियों से जो साक्षात्कार मैंने लिए वे अख़बार और पत्रिकाओं में साक्षात्कार के रूप में ज़रूर प्रकाशित हुए हैं, पर किताब की कल्पना मेरे मन में कभी आसानी से नहीं आ सकी। किताबों को पढ़ने का संस्कार मुझे सबसे पहले अपने घर में और कालान्तर में अपने मित्रों की सोहबत से मिला। हमेशा यह अहसास होता रहा है कि किसी विचार या अपने अनुभव को किताब के रूप में ढालना सचमुच एक दुष्कर कार्य है।

किताब को पढ़ना एक अलग अनुभव है, और लिखना एक अलग। बहरहाल, किताब तक पहुँचने के अपने प्रयास में मैं एक बार फिर अपनी ही गति से इन कलाकारों से रू–ब–रू हुआ व इसके लिए कुछ यात्राएँ भी कीं। मैंने उनके चित्र व शिल्प को लेकर अपनी जिज्ञासाओं के उत्तर पाने के प्रयास में कुछ नये प्रश्नों को शामिल

कर उनसे पुनःसंवाद शुरू किया। मेरे लिए इन सभी युवा कलाकारों से यह संवाद उनकी कृतियों की रचना–प्रक्रिया व उनके प्रति उनके वैचारिक आग्रह को जानने की कोशिश है।

इन साक्षात्कारों में सभी कलाकारों ने अपने स्वभाव, संवेदना और विचारों को बेहद मुखरित होकर अभिव्यक्त किया है। कोई चित्र या शिल्प उनके विचारों में कैसे आकार ग्रहण करता है? उनके लिए उनका कोई चित्र या शिल्प समग्र रूप में क्या स्थान रखता है? वे अपनी इन कृतियों से किन रूपों को उद्‌घाटित करने की चेष्टा कर रहे हैं? किस वैचारिक आधार पर वे अपनी कृतियों को रचते हैं, इन कृतियों के कथन क्या हैं? क्या उनमें किन्हीं कथनों का समावेश होता है, इस तरह की कई भिन्न बातों पर वे अपने विचारों और तर्कों को शेष संसार के सामने प्रकट करते हैं।

कला की यह युवतम पीढ़ी अपनी रचनात्मकता में कैसे समकालीनता को आत्मसात् कर रही है। वह किस तरह के प्रभावों को आवश्यक मानती है, अपनी कृति को लेकर उनके अनुभव किस तरह के हैं? कैसे उनके लिए अपनी ही कृति किसी घटना या स्मृति या स्थान विशेष से अपना सम्बन्ध बनाती है, उनसे संवाद करते हुए इन बातों को जानना मेरे लिए ख़ुद को एक नये धरातल पर महसूस करने की तरह था। इस संवाद में ये युवा कलाकार अपनी कृतियों को लेकर बेहद उत्सुक नज़र आये। सम्भवतः उनकी यही उत्सुकता भविष्य में उन्हें नये मार्गों की तरफ़ प्रशस्त करे।

इस संवाद के अपने दूसरे चरण को शुरू करने से कुछ पहले मुझे राजस्थान के युवा चित्रकार 'अमित हरित' के कुछ चित्रों को देखने का मौक़ा मिला। उनके प्रभावशाली चित्रण पर विचार करते हुए मैंने उनसे एक औपचारिक बातचीत की, बाद में कुछ और प्रश्न मैंने अपनी तरफ़ से उन्हें प्रेषित किये। देर–सबेर उन्होंने इन सबके जवाब बहुत ही मनोयोग से मुझे दिये। अमित के अतिरिक्त मैं पूर्व में शेष ग्यारह कलाकारों से उनके कलाकर्म पर कला प्रदर्शनी 'मध्यमा' के कैटलॉग लेखन के लिए बात पहले चरण में कर चुका था। चित्र, शिल्प व छापा–कला पर हुए संवाद में मेरी जिज्ञासाएँ इन कलाकारों की कृतियों और रचना–प्रक्रिया को देखते

हुए कहीं पूरित हुईं तो कहीं वे पुनः नये प्रश्नों की तरफ़ गमन कर गयी। इन साक्षात्कारों में शुरुआती पाँच प्रश्नों को मैंने सभी बारह कलाकारों के सम्मुख एक समान रखा है, इसके बाद वे अपने विस्तृत रूप को ग्रहण करते हैं।

मैं उन सभी कलाकारों का आभारी हूँ जिन्होंने अपने मूल्यवान् समय का कुछ हिस्सा मुझसे बात करने में व्यतीत किया। और अन्त में मेरी कृतज्ञता हमारे समय के महत्त्वपूर्ण चित्रकार अखिलेश को ज्ञापित है, जिनमें मैं लगातार कलाओं के संसार को देखने, समझने और जानने का प्रयास कर रहा हूँ।

–राजेश्वर त्रिवेदी

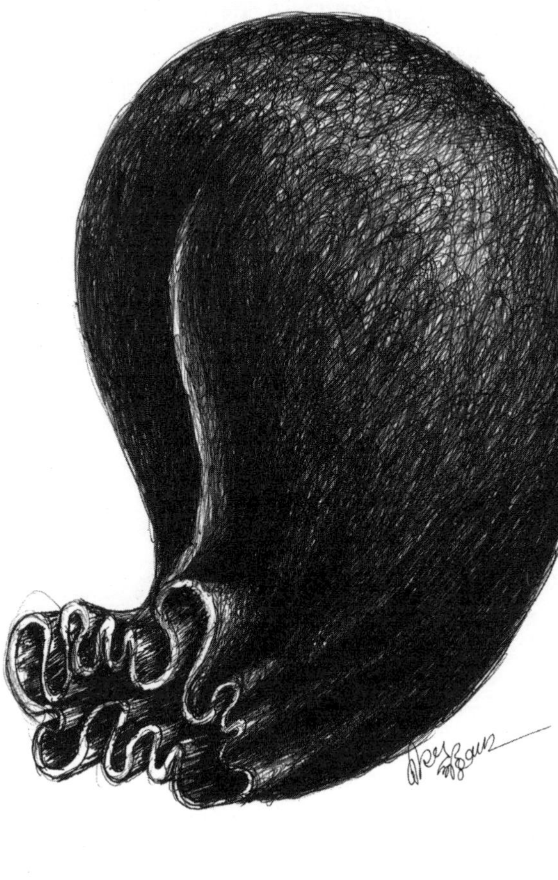

प्रकृति के बग़ैर मेरे शिल्प अधूरे हैं

नीरज अहिरवार

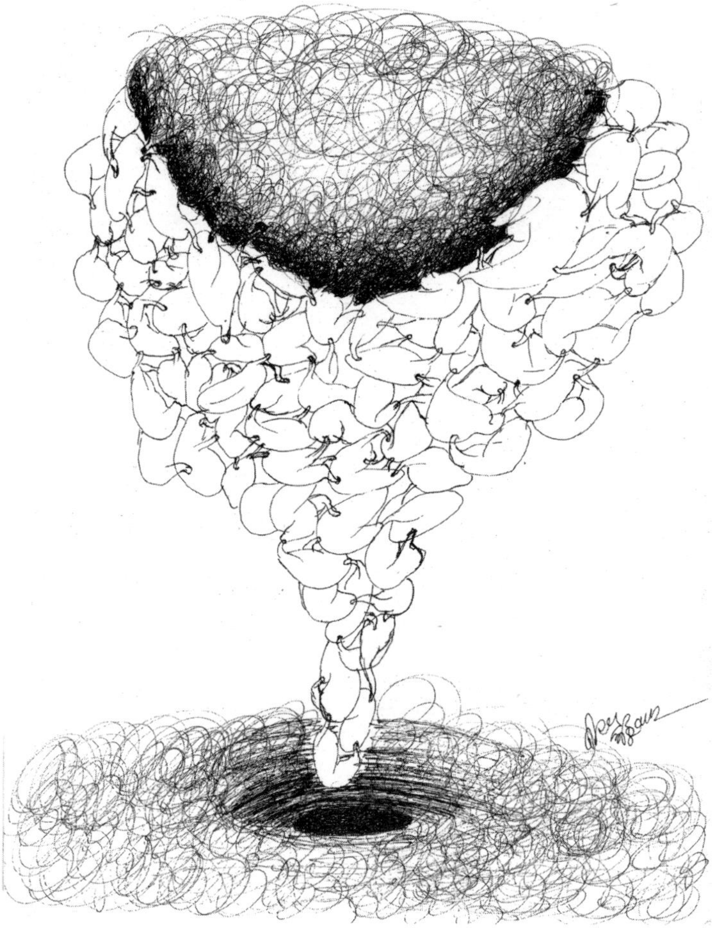

शिल्प में लगातार सम्भावनाओं को तलाशने वाले नीरज के लिए पत्थर जैसे कठोर माध्यम को बरतते हुए उससे एकाकार होना एक ऐसा अनुभव है जिससे वे पृथक् नहीं होना चाहते हैं। नीरज के शिल्पों को देखते हुए यह अनुभूत होता है कि उनमें अपनी तरह का एक सातत्य है, न कि किसी तरह का ठहराव। प्रकृति में घटनेवाली कई लयात्मक गतियों में वे शिल्पों को अनुभूत करते हैं। हवा का चलना, पानी का बहना या किसी वृक्ष का हवा में झूमना उनके लिए आकारों की ऐसी अवस्था है जिनमें उन्हें शिल्प की छवियाँ प्रतीत होती हैं। एक शिल्पकार की भाँति प्रकृति में होने वाली बहुत सारी छोटी–बड़ी हलचलों के प्रति उनका अपना गहरा नज़रिया है। कुछ ऐसे तत्त्व जिन्हें आमतौर पर नज़रअन्दाज़ कर दिया जाता है, पर वो उनकी रचना–प्रक्रिया के लिए अहम होते हैं। आश्चर्यों से भरी प्रकृति कभी एक ही महसूस होती है तो कभी अपने विस्तृत रूप में। प्रकृति के प्रभावों से परिपूर्ण नीरज के शिल्पों की लयात्मकता ही उनके शिल्पों का प्रमुख आधार है। समकालीन सन्दर्भ में शिल्प निर्माण के प्रचलन से इतर नीरज का शिल्प–संसार उनके सहज आकारों और बिम्बों के कारण उन्हें एक अलग धरातल पर स्थापित करता है। हर पत्थर का अपना आकार होता है, किसी शिल्प के लिए पत्थर को चुनते हुए वे उसमें मौजूद सम्भावनाओं और आकार पर लगातार विचार करते हैं, पत्थर जैसे माध्यम को आप अपनी तरह कतई नहीं बरत सकते। वह शिल्पकार से सीधे

सवाल करता है और उतनी ही ताक़त से करता है, जितनी ताक़त से आप उसके साथ जाते हैं। वह उतना ही कोमल व्यवहार करता है जितना कोमल आप उसके साथ करते हैं। वह बराबरी से बात करता है, जैसे आप किसी जीवित सत्ता से बात कर रहे हों। एक शिल्पकार की कल्पना के अनुरूप शिल्प का आकार उसके लिए चुनौती की तरह भी होता है। उस आकार में शिल्पकार का होना भी शामिल होता है। नीरज के शिल्प आकारों के साथ आश्चर्य को भी प्रकट करते हुए दिखायी देते हैं। शिल्पकार होने के नाते नीरज ने ख़ुद को कई माध्यमों जैसे मिट्टी और धातुओं में भी बरता है और इनके साथ उनके दूसरी तरह के शिल्प अनुभव भी रहे हैं, मगर उनका अपना मानना है कि मैं शिल्प निर्मित करने के लिए जितना सहज ख़ुद को पत्थर के साथ पाता हूँ उतना किसी और माध्यम के साथ नहीं। नीरज पत्थर से अपने शिल्प में कई तरह के नये अर्थों को खोलते हैं, प्रकृति के साथ मानवीय सम्बन्धों की स्थापना इन शिल्पों के अन्तरभाव से प्रकट होती है। नीरज पत्थरों में काम करने वाले उन शिल्पकारों में शामिल हैं जो शिल्पों में आकार और उसके घनत्व पर विशेष रूप से ध्यान केन्द्रित करते हैं, यह भाव उनके शिल्पों को देखते हुए स्पष्ट रूप से महसूस होता है। उनकी शिल्पकृति को देखते हुए प्रेक्षक का ध्यान इस तरफ़ भी जाता है कि कोई भी कृति अपने सार्वजनिक प्रदर्शन में उसके रचने वाले से बहुत ही मनोयोग की माँग भी करती है, इनके पेडस्टल और फॉर्म के मध्य का सन्तुलन अपने में बहुत रोचक होता है, नीरज की ये शिल्प कृतियाँ उस परिवेश से जुड़ी हुई नज़र आती हैं जहाँ पर ये प्रदर्शित हुई हैं।

• आपकी दृष्टि में एक शिल्प किस तरह से पूर्ण आकार लेता है?

पत्थर पर काम करते हुए एक शिल्पकार के तौर पर जब अपने स्तर पर मैं देखता हूँ तो यह महसूस होता है कि हर पत्थर का

अपना एक मुक्त आकार होता है, वह हमें निर्देशित करता है। इसके अलावा मेरा प्रकृति के प्रति थोड़ा–सा जुड़ाव है, जैसे पेड़ों के प्रति बहुत आकृष्ट रहता हूँ। उनमें घटने वाली हर छोटी–सी बात को लेकर मेरा नज़रिया बहुत गहरा रहता है। जैसे पानी को लेकर। पानी के आसपास की चीज़ें, जो ऐसी पड़ी हुई हैं, जिन्हें आमतौर पर नज़रअन्दाज़ कर दिया जाता है, पर उनमें एक तरह का आकर्षण होता है, मतलब किसी एक (फॉर्म) रूपाकार में। जब मैं किसी एक पत्थर को लेता हूँ, उसमें अधिकतम सम्भावना जो होती है, अपने या उसके अनुरूप, मैं उसे पकड़ने की कोशिश करता हूँ। यह कोशिश नहीं करता हूँ कि इससे एक पूर्ण शिल्प बन जायेगा। मतलब उसे उसके पूर्ण स्वरूप में अपनाना है। उसमें से जो सबसे बेहतर हो सकता है, वो मैं कोशिश करता हूँ। फिर उसके बाद छोड़ देता हूँ। फिर कहीं उसमें कुछ और इच्छा होती है, लगता है कि इसमें कुछ और शामिल करना चाहिए तो एकाध बार कोई दूसरा टुकड़ा जोड़ता हूँ, फिर तीसरा टुकड़ा शामिल करता हूँ। अक्सर एक के बाद एक शामिल करने के बाद मेरा कोई शिल्प पूरा होता है।

• बेहतर करने की आपने बात की। जैसे अभी कहा, बेहतर करने की कोशिश करता हूँ। कई बार बेहतर होता है, बहुत बेहतर होता है और कई बार कमतर। क्या ऐसी स्थिति बनती है?

अक्सर कई लोगों के साथ यह समस्या होती है कि आपने कोई काम शुरू किया और उस समय आपके मन में जो विचार था, आकार को लेकर जो आपकी दृष्टि थी, उसे पूरा करके भी उसके पास नहीं पहुँचते। लेकिन, मेरे साथ होता यह है, जैसे मैंने काम शुरू किया तो वह अलग–अलग चरण में होता है। एक चरण में यदि उसमें बेहतर महसूस नहीं होता तो मैं उसमें कुछ और शामिल करता हूँ। धीरे–धीरे एक ऐसे बिन्दु पर पहुँचता हूँ जब बहुत हद तक वो कुछ ऐसा हो जाता है, जो मेरे लिए इसमें नहीं तो किसी दूसरी कृति के पास होगा। मेरा यह सोचना है कि अगर आप धैर्य से किसी चीज़ के साथ लगातार चलते हैं तो प्रत्येक चीज़ को उसके एक निश्चित बिन्दु तक पहुँचाया जा सकता है। यानी आप

लगातार उसके साथ सोच रहे हैं, देख रहे हैं, मिल रहे हैं, बात कर रहे हैं। हमेशा किसी के साथ एक अच्छी बात निकाली जा सकती है, एक अच्छी सम्भावना निकाली जा सकती है जो आपके अनुरूप हो, उसके अनुरूप हो और दुनिया के लिए या जहाँ हम उस चीज़ को समायोजित कर रहे हैं, उसके लिए ख़ूबसूरत धड़कता माहौल बना दें। हम यह तय नहीं कर सकते कि एक ही स्ट्रोक में सटीक परिणाम मिल जाये। यह एक सतत प्रक्रिया है और एक समय बाद आपको ख़ुद ही लगता है कि बस, अब ठहरा जा सकता है।

• ये आपका व्यक्तिगत अनुभव है?

हाँ, ये मेरा व्यक्तिगत अनुभव है। एक समय बाद आपको लगता है कि अब ठहरा जा सकता है और उसी बिन्दु पर मुझे लगता है कि यह शिल्प पूरा हो गया है। मैं वही करता हूँ, वैसा करता हूँ जिस तरह मेरे आसपास चीज़ें घट रही होती हैं और मैं उन्हीं चीज़ों को अपने काम में लाने की कोशिश करता हूँ। जैसे मैं कहूँ कि एक सृष्टि है, जो अपने आपमें कमाल है। उसकी कुछ चीज़ें देखो, कहीं वो बिलकुल एक जैसी है, हर जगह एक जैसा ही स्वभाव दिखाती हैं।

• और कहीं बहुत ज़्यादा विविधता भी है?

उसी में अगर थोड़ा–सा विस्तार में जायें तो कमाल की विविधता महसूस होती है। इतनी ज़्यादा विविधता कि कुछ पूछो मत! अगर हम देखें तो उसकी समानता और विविधता के बीच का जो ताना–बाना है, वो मुझे बहुत प्रभावित करता है कि कहाँ वो अचानक से उन्हीं चीज़ों में समान हो जाता है और उन्हीं में इतना वैविध्यपूर्ण हो जाता है, जो आप सोच नहीं सकते। जैसे हम देखें तो इन्सान, इन्सान एक है, लेकिन हम हर इन्सान के पास जाकर देखें तो वो कितना विविध है। किसी ने कहा कि ये फलाना समुदाय है, ये ढिकाना समुदाय है और आप उन्हें एक–एक करके ढूँढ़ सकते हैं।

• आप कह रहे हैं, जो विविधता है, वह आपके शिल्प में, आकार में, विचार में कहाँ से उत्पन्न होती है?

मैं अपने शिल्पों को दो तरह से देखता हूँ। एक तो उसके समग्र रूपाकार में, जिसे हम आकार कह दें। लेकिन, हम कहें कि ये पूरी प्रकृति का एक समग्र रूप है और उसमें शामिल बहुत सारी हलचल को जब मैं देखता हूँ, मतलब जितनी भी चीज़ें हैं, उनकी व्यक्तिगत और समग्र पहचान है। उसमें जो भी मैं शामिल करता जाता हूँ, उसे समग्रता में देखता हूँ। उसमें जो भी तत्त्व शामिल हो रहे हैं, उन्हें मैं अपनी व्यक्तिगत सत्ता में देखता हूँ। यह जोड़ना और जोड़ते चले जाना प्रकृति के बहुत नज़दीक ले जाता है। यही वैविध्य मुझे अच्छा लगता है।

• क्या वह विस्तार की माँग करता है?

काम करने के पहले मैं बहुत ज़्यादा नहीं सोचता हूँ। अक्सर जब हम पहले से सोचते रहते हैं, तो आपका दिमाग़ कला को बुरी तरह से दूषित करता है।

• ज़्यादा सोचना या पहले से सोचा हुआ?

मैं सामान्यतः जब अपने स्टूडियो में नहीं होता हूँ तो ज़्यादा नहीं सोचता। अचानक कुछ दिखा और उसे ग्रहण कर लिया। उसके अलावा मैं दूसरे काम कर रहा हूँ, जो सामान्य गतिविधि की बात है, लेकिन जब मैं अपने माध्यम के पास आता हूँ तो पूरी तरह अलग व्यवहार करने लगता हूँ। ये मेरे साथ स्वतः होता है, जो भी चीज बनती है, वो दो लोगों के सम्बन्ध के आधार पर बनती है। मैंने यह महसूस किया है कि बग़ैर दोनों के सम्बन्ध के कोई चीज़ बन नहीं सकती। जब कोई चीज़ मेरे सामने है ही नहीं, उसके बारे में सोच–सोचकर मैं क्यों परेशान रहूँ। धीरे–धीरे उसमें एक आकार दिखना शुरू हो जाता है। उसमें कई सम्भावनाएँ होती हैं। कभी–कभी वो लम्बाई, चौड़ाई में इतना ख़ूबसूरत होता है कि उसमें कुछ करने की ज़रूरत ही नहीं होती।

• क्या वह एक शिल्प की तरह दिखता है, उसके साथ में कुछ और अगर है तो काम बन जायेगा?

धीरे–धीरे वो अपनी स्पेस भी बनाने लगता है, क्योंकि हर किसी का स्पेस है। हम स्त्री स्वभाव की बात करें। स्त्री का अपना देखना है, अपना नज़रिया है। उसका अपना संसार है, पुरुष का अपना संसार है, लेकिन वे दोनों जुड़ते हैं तो एक नया संसार बनता है। दोनों के जुड़ने से एक आकार बन रहा है। लेकिन, उन दोनों की अपनी–अपनी रुचि है। एक स्पेस पसन्द करता है और दूसरा विस्तार। अगर वे जुड़ते हैं तो अपने आप वहाँ उनका स्पेस भी निर्मित हो जाता है और विस्तार भी। तो, जहाँ ज़रूरत है एक हिस्से की, वहाँ चीज़ें अपने आप बनना शुरू हो जाती हैं।

• शिल्प बनाना आपके लिए क्या है?

मेरे लिए यह एक प्रक्रिया है और जीवन जीने का तरीक़ा भी। यह मानकर चलें कि हर किसी के पास भौतिक रूप में एक जीवन है, उसे बिताने का वह एक तरीक़ा चुनता है–समय के साथ एकलय होने का। मेरे लिए भी शिल्प बनाना समय के साथ एकलय होने का तरीक़ा है। जैसे अगर मैं पत्थर टाँक रहा हूँ, धीरे–धीरे समय बीतता जा रहा है। हर चोट के साथ अक्सर महसूस करता हूँ इस बात को। समय बीत रहा है अपनी तरह से, मैं दिनभर उसके साथ बैठा हूँ। दिनभर टाँकने में भी जो चीज़ बनकर आ रही है, वो मुझे संतुष्टि देती है कि वहाँ ऐसा कुछ हुआ है, जो मैंने दिनभर किया, उसका ये परिणाम है। मैं अपने काम को किसी पूर्व योजना के तहत नहीं करता। फिर धीरे–धीरे जो निकलता है, उसके बाद सबको देखकर ख़ुद का भी विश्लेषण कर पाता हूँ। जो मैं देख रहा हूँ और महसूस भी कर रहा हूँ, वही मेरे काम में आ रहा है। निश्चित रूप से उसके गुण नज़र आ गये हैं। उसके परे नहीं जा पाऊँगा। इस तरह से ख़ुद को विश्लेषित करने का भी तरीक़ा हो जाता है यह मेरे लिए।

• ऐसा लगता है कि आपके माध्यम में पूर्व योजना की कोई जगह नहीं है?

नहीं, उसकी कोई ज़रूरत नहीं है। असल में जीवन में ही पूर्व योजना की कोई ज़रूरत नहीं होती। जीवन एक सतत प्रवाह में

जीते जाना है और आनन्द लेने की बात है। आप ही बतायें कि जिस अवस्था में हैं, उसमें कहीं किसी चीज़ की ज़रूरत ही नहीं है। योजना तो हमारे दिमाग़ की बनायी हुई एक चीज़ है। आप देखिये, अक्सर योजनाएँ ध्वस्त हो जाती हैं। योजनाओं के ध्वस्त होने के क़िस्से ज़माने में हज़ारों–हज़ार हैं, लेकिन आनन्द एक ऐसी चीज़ है, जो कभी भी, किसी भी परिस्थिति में आ सकता है, मगर उसके लिए अपने मन के द्वार खुले रखना होंगे।

• आपको अपने शिल्प में स्पेस कैसे अनुभूत होता है?

शिल्प का अपना स्थान विशेष पर रहना बहुत महत्त्वपूर्ण है और उसे आप उसके परिवेश से मुक्त होकर नहीं देख सकते। जैसे हम अगर पेंटिंग के साथ देखें तो अपने आपमें कैनवस परिपूर्ण होता है। शिल्प जहाँ भी रखेंगे वहाँ का परिवेश अपने आपको जोड़ लेता है, क्योंकि इसकी भी एक भौतिक मौजूदगी है, जैसे आपकी और हमारी। आप जब शिल्प देख रहे होते हैं तो उसके माहौल को और स्पेस को छोड़कर उसे देख नहीं सकते। वो उसका हिस्सा है। आप उसमें जो रख रहे हैं उसके इतर उसमें एक गहरा अन्तःसम्बन्ध होता है।

• देखने वाले से एक शिल्प किस तरह की माँग करता है?

यह देखने वाले पर निर्भर होता है। नज़रिया तो अपना होता ही है। दूसरी बात, शिल्पकार यह चाहता है कि ये मेरा शिल्प है, लोग उसे महसूस करें। उसका जो आकार है, उस पर न जाकर उसमें क्या हो रहा है, क्या घट रहा है, यह महसूस करने की कोशिश करें। अगर आप ग़ौर से देखेंगे तो मेरे शिल्प रुके हुए नहीं लगेंगे। उसकी हर हलचल में मैं एक घटना को पकड़ने की कोशिश करता हूँ।

• 'घटना' मतलब किसी प्रचलित कहानी के सन्दर्भ में या अपने आप घटने वाली एक गति की तरह, जिसमें कोई कहानी नहीं है?

नहीं, कोई कहानी नहीं है। जैसे बीज का प्रस्फुटित होना अपने आपमें एक घटना है या किसी व्यक्ति का एक–दूसरे को देखते हुए निकल जाना, हवा का अचानक आपको छूते हुए निकल जाना। ऐसे ही घटना को पकड़ने की कोशिश करता हूँ। सामान्य तौर पर हम जिसे नज़रअन्दाज़ करते हैं। उदाहरण के लिए, दो पत्थर एक–दूसरे के सामने रखे हुए हैं। उसे मैंने अपने ढंग से संयोजित किया है और यह एक शिल्प है। इनमें एक तरह का आपसी संवाद है। मैंने उन दोनों के बीच के संवाद को गढ़ने के लिए आकार रचा है। यही माँग एक दर्शक से होती है कि वो उस स्तर तक पहुँचे। उस संवाद को सुन सके।

• आपने बताया कि दो आमने–सामने संयोजित कर दिये, अब वो माहौल बन रहा है कि ये संवाद है, इसे दर्शक महसूस करेगा कि नहीं?

बिलकुल! उसे एक दर्शक की ज़रूरत होती है। दर्शक से एक माँग करता है, वही बात है कि वह जब तक उस स्तर पर जाकर नहीं सोचेगा, जहाँ पर वो कहीं कुछ घट रहा है, हो रहा है, तब बहुत मुश्किल होगा।

• क्या किसी माध्यम की कोई माँग होती है?

जी हाँ, हर माध्यम की अलग तरह की माँग होती है। उसकी अलग तरह की अनुभूति होती है। शिल्प भी एक माध्यम ही है। उसे माध्यम की तरह ही बरतने की ज़रूरत होती है। लेकिन, आप उसके साथ ऐसा नहीं कर सकते जैसे हम शेर से बकरी की तरह व्यवहार नहीं करते हैं।

• क्या ये तकनीकी समस्या है?

तकनीकी समस्या तो है ही। सबकी अपनी–अपनी तकनीक है। पत्थर जैसे माध्यम में आप काम कर रहे हैं और जो हो रहा है तो वो तुरन्त नज़र आता है। मतलब, उसके परिणाम तुरन्त सामने नज़र आते हैं। बिलकुल खुली किताब है। उसमें जो कुछ भी घट

रहा है, वो स्पष्ट नज़र आ रहा है, अभी के अभी, जबकि सिरेमिक (मृतिका शिल्प) इससे एकदम उलट है। आज आप जो बना रहे हैं, कल धीरे–धीरे मिट्टी को आकार देंगे, उसके बाद फिर वो सूखेगा और ग्लेज करके पकाओगे। पकने के बाद भट्ठी में से निकलेगा। यह एक प्रक्रिया है। जब आप मिट्टी में उसे बना रहे हैं, तब ये आपके वश में रहता है। लेकिन, एक अवस्था ऐसी आती है जब यह आपकी पकड़ से बाहर हो जाता है। मतलब, भट्ठी पर आपका वश नहीं है। वो भट्ठी से जैसा निकलेगा, आपको उसे वैसा ही स्वीकार करना पड़ेगा। लेकिन, जब हम पत्थर में काम शुरू करते हैं, वह अपने आप में ऐसा कठोर माध्यम है कि उसे बिलकुल अपनी तरह से नहीं बरत सकते, जैसे मिट्टी को आपने अपनी तरह ढाल लिया। धैर्य व स्वतन्त्रता के साथ। इन सब चीज़ों को समझकर धीरे–धीरे उसके साथ बढ़ना होगा। तभी ये आपको मनचाहा रूप देगा। ऐसा ही मेटल के साथ होता है। हर चीज़ की अपनी बात है। आप कब क्या चाहते हो, किस तरह से करना चाहते हो, इस पर निर्भर है।

• आपके दिल के क़रीब सबसे ज़्यादा क्या है?

दिल के क़रीब तो मेरे पत्थर ही है, पत्थर एक सीधा माध्यम है। वह सीधे संवाद करता है और उतनी ही ताक़त से करता है, जितनी ताक़त से आप उसे बरतते हैं। वह उतना ही कोमल व्यवहार करता है जितना कोमल आप उसके साथ रहते हो। वह बिलकुल बराबरी से बात करता है, जैसे आप किसी जीवन्त तत्त्व से बात कर रहे हैं और वास्तव में उसमें मुझे जीवन्तता महसूस होती है। जब मैं किसी पत्थर के साथ काम कर रहा होता हूँ तो अकेलापन कभी महसूस नहीं होता। मतलब मैं वैसे ही हूँ, जैसे कि मैं किसी धड़कते जीवन के साथ बैठा हूँ और वे चीज़ें वैसे ही घट रही होती हैं। वो बड़ी ख़ूबसूरत बात है। मुझे तो दिल के सबसे क़रीब पत्थर ही लगता है और उसके साथ काम करने में सबसे ज़्यादा मज़ा आता है।

• आपको कभी ऐसा लगता है कि किसी एक शिल्प को बनाने के बाद उसे वापस दुहरायें। कोई ऐसा फॉर्म, जो याद रहता है कि मैं इसे बार–बार दुहराऊँ?

कई बार कोई शिल्प एक ऐसी सम्भावना दे जाता है, जिससे आप मुक्त नहीं हो पाते। अक्सर तो मैं ऐसा नहीं करता हूँ, क्योंकि हर एक चीज़ हर समय आपके दिमाग़ में नहीं होती। जैसे मैंने बताया कि मैं कोई बहुत पूर्वनियोजित नहीं रहता हूँ। हर वक़्त, जैसा आपका रोज़ का दिन है या उस समय जैसे हालात हैं या सामने जो माध्यम है, जिस तरह से चल रहा है, वैसे चल रहा है तो काफ़ी चीज़ें अलग–अलग ही आती हैं, पर कभी–कभी कोई चीज़ होती है, जो आपके दिमाग़ में स्थायी हो जाती है। उससे मुक्त होना बहुत मुश्किल होता है और आपको लगता है कि इसको ऐसा करके देखते हैं, वैसा करके देखते हैं। तब वो दुहराव ही होता है। आमतौर पर ऐसे हालात मेरे साथ न के बराबर हैं।

• ऐसा लगता है कि कभी–कभी मैं अपने शिल्प से बात कर रहा हूँ या वो मुझसे बात कर रहा है?

बिलकुल! इसके बग़ैर तो काम ही नहीं कर सकते। बातचीत बन्द तो काम बन्द। मैंने बताया था न, जब मैं पत्थर के साथ बैठकर काम कर रहा होता हूँ तब मुझे अकेलापन महसूस नहीं होता। मैं उससे वैसे ही बात कर रहा हूँ, जैसे हम और आप बात कर रहे हैं। वो बात ऐसी नहीं होती है, जिसे हम भौतिक बात नहीं कहेंगे। लेकिन, जैसे ही एक छैनी हमने मारी तो उसने एक नया आकार लिया। अब आपकी नज़र में सामान्य तौर पर देखें तो जब हम पूरा फिनिश करके रख देंगे, तब आपके या किसी अन्य के लिए शिल्प है, लेकिन मेरे लिए तो वह हर वक़्त एक शिल्प बन रहा है, उसमें एक नयी बात पैदा हो रही है। जैसे ये एक पत्थर टूटा, उसने नया आकार लिया, उसमें थोड़ा एक टुकड़ा और टूटा तो एक नया आकार लिया। धीरे–धीरे वह अपने आकार की तरफ़ बढ़ रहा है, उसमें परिवर्तन आ रहे हैं, जो अपने आपमें ख़ूबसूरत होते हैं और वो आपके अन्दर भी परिवर्तन पैदा करते हैं।

• दरअसल, कोई पत्थर अपने आपमें आकार की तरह ही होता है। आप इसे निराकार तो कह नहीं सकते। अगर इसका एक आकार है तो इसमें आप क्या करने की कोशिश करते हैं?

सामान्यतः जब हम काम करते हैं, जो माध्यम है वह अपना एक आकार लेकर आता है। उस आकार की एक अनुभूति होती है। जैसे पौधे में से अंकुरण का होना एक अनुभूति है। जैसे किसी पेड़ का टूटना या जुड़ जाना, पेड़ में एक टहनी का दूसरी टहनी से लिपट जाना, एक टहनी का बनने लगना या किसी पेड़ के ऊपर कोटर का बनना...ये एक घटना है और उस घटना से एक अनुभूति पैदा होती है। इसी तरह पत्थर का जो अपना पूर्व आकार है, जब वो मेरे सामने आता है तो मेरे दिमाग़ में भी कुछ होता है। फिर आपस में दो दिलों के बीच में सामंजस्य बनता है कि ऐसा कुछ करते हैं। थोड़ा–सा मेरे मन का हो जायेगा, थोड़ा–सा तुम्हारे मन का।

• मूर्त और अमूर्त को लेकर मन में कुछ ऐसा आता है कि मैं अपने ढंग का इसे मूर्त रूप दे रहा हूँ?

रचना के दृष्टिकोण से कोई भी चीज़ अमूर्त नहीं होती। एक चीज़ है, जो सबसे महत्त्वपूर्ण है कोई भी शिल्प, वह वास्तव में तो एक आकार है, मूर्त है, उसमें आप क्या महसूस करते हैं। मेरे लिए अमूर्तन का मतलब ऐसा है, जैसे कि उसमें स्पष्ट नैरेशन है कि एक लड़का, एक लड़की के गले में बाँहें डालकर बैठा हो, उनके बीच एक ऐसा संवाद है, जो शब्दों से परे है। अगर हम ऐसी किसी चीज़ को पकड़ रहे हैं तो मेरे लिए वो अमूर्तन है। उसके लिए मैं ऐसे नॉन–फॉर्म को लाने की कोशिश नहीं करता हूँ जो बहुत ही दुनियावी फॉर्म हो, परिचित फॉर्म हो। मतलब एक कलाकार के तौर पर मुझे लगता है कि मैं शायद जीवन में कभी कोई ऐसा आकार नहीं रच पाऊँगा, जो इस प्रकृति से सम्बन्ध न रखता हो, इस सृष्टि से सम्बन्ध न रखता हो। मुझे यह लगता है कि चाहे कितना भी बड़ा कल्पनाशील व्यक्ति हो, वह इस सृष्टि से परे कोई कल्पना नहीं कर सकता।

• दूसरे शिल्पकारों के काम से, यानी देश–दुनिया के काम, जो बाहर के सन्दर्भ में हैं, शायद आपका अपना अलग तरीक़ा है, आपका माध्यम अलग है। 'जेराम पटेल' अपने अलग ढंग से काम करते थे, 'हिम्मत शाह' अपनी तरह से करते हैं,

'ध्रुव मिस्त्री' फाइबर/ग्लास तकनीक भारत में पहली बार लेकर आये। ऐसी बहुत सारी चीज़ें हैं। 'रॉबिन डेविड' एक बड़ा नाम है। दुनिया के स्तर पर बात करें तो 'ब्रांकुसी', 'हेनरी मूर' हैं। ज़ाहिर है, कुछ पसन्द होंगे, कुछ नापसन्द?

मैं आपको बताऊँ, मैंने बहुत ज़्यादा लोगों के काम देखे नहीं हैं और देखे भी हैं तो ऐसा नहीं कि मेरे लिए जीवन में उनका बहुत ज़्यादा महत्त्व रहा हो। मैंने किसी को बहुत ज़्यादा रिव्यू भी नहीं किया। जब किसी का कोई काम बहुत अच्छा लगा तो अच्छा लगा, नहीं लगा तो ठीक है। मैंने उस पर ज़्यादा विचार नहीं किया। वैसे ज़्यादातर मुझे 'हिम्मत शाह' जैसा आपने कहा कि मिट्टी में उनका काम बहुत अच्छा लगता है। 'राजेन्द्र टिक्कू' भी काफ़ी अच्छा काम कर रहे हैं। 'रॉबिन' सर का अपना अलग मिज़ाज है। वे शिल्प में विशालता को लेकर काम करते हैं। सबका अपना अलग-अलग तरीक़ा है। मैं समग्रता में यह नहीं कह सकता कि इसका काम बहुत अच्छा है, उसका बहुत ख़राब। मेरा अपना नज़रिया है चीज़ों को देखने का। मैं आपको बताऊँ, प्रकृति मुझे हमेशा से ही प्रभावित करती रही है। मैं प्रकृति को, उसकी रूपरेखा को, उसके चलन को या उन सब चीज़ों को बहुत गहरे से महसूस करता रहा हूँ, तो मैं उन्हीं चीज़ों से प्रेरित होकर ज़्यादा करता हूँ।

• क्या शिल्प बनाने की कोई पारिवारिक परम्परा आपकी रही है?

नहीं, उस तरह का कुछ भी नहीं था और न ही अकादेमिक शिक्षा उस तरह की थी, लेकिन यह काम मुझे शुरुआत से ही पसन्द था। धीरे-धीरे उसे करने के लिए बढ़ता गया और फिर राह में कई लोग ऐसे ही मिलते गये, जिन्होंने मेरा पथ-प्रदर्शन किया। शिल्प कला के प्रति आकर्षण कैसे पैदा हुआ ये मुझे ख़ुद ही समझ में नहीं आया। बस, इतना याद है कि शुरुआत में रेखांकन किया करता था, चित्र बनाता था। बचपन में स्कूल से बाहर निकलकर कॉमिक्स ख़रीदता और घर तक पैदल आने में पढ़ लेता था। जितनी पढ़ ली सो पढ़ ली, बाक़ी घर आकर उनकी ड्रॉइंग करता था। और अभी भी मैं अपने शिल्पों को गढ़ने के लिए ख़ूब ड्रॉइंग करता हूँ।

• क्या ड्रॉइंग आपके काम के लिए एक तरह की अनिवार्यता है?

हाँ, ड्रॉइंग अनिवार्यता है। वही बात है कि ये पानी की एक गिरती हुई धारा है, पर मेरे लिए एक शिल्प हो सकती है। इस समय मेरे दिमाग़ में कुछ कौंधा कि अरे ऐसा कुछ हो तो ये शिल्प हो सकता है, तो उसे मैं ग्रहण कर लूँगा। वो मेरे लिए एक लिपि है मेरे विचारों की। उसका वह स्वरूप मुझे आकर्षित कर रहा था। उसे मैंने अपने ढंग से बना लिया। इस तरह से मैं ड्रॉइंग करता रहता हूँ।

• क्या भारतीय स्थापत्य परम्परा के शिल्पों की कोई स्मृति रहती है आपके अपने शिल्प–सृजन में?

बिलकुल होती है। बचपन में, जब मैं शिल्प को लेकर ज़्यादा कुछ नहीं जानता था, लेकिन हमारी आस्था में शामिल गणेश या दुर्गा प्रतिमाओं को देखकर उन्हें मिट्टी से बनाने का प्रयास करता था। तब भी इस तरह के लोक व परम्परा में शामिल भारतीय शिल्प देखकर उस तरह से कुछ करने का बड़ा मन होता था। जैसे मैंने कोई पुराना क़िला देखा, वहाँ पर कोई सुन्दर मूर्ति देखी। मैं चंदेरी जाता रहता था। वहाँ पर और दूसरी जगह देखता था, उनको देखकर बड़ी ललक पैदा होती थी। असल में मैं कहीं–न–कहीं शिल्प को पत्थर में निर्मित करने के लिए वहीं से आकृष्ट हुआ।

• हमारी पारम्परिक शिल्प सम्पदा देखकर?

बिलकुल! भारतीय शिल्प में हम बात कर रहे थे स्पेस की, शिल्प की, फिर से वही बात आ रही है। उसमें जो सहजता है और जो स्पेस का डिवीज़न है वो बहुत ही ख़ूबसूरत है। आकार उनके दैहिक हैं। मैं वो ही करने की कोशिश कर रहा हूँ। बस, यह है कि उनमें दैहिक आकार रखे, परिचित आकार रचे। उन आकारों में जो भव्यता है, जो अनुभूति है, जो मादकता है, उस सबको मैं अपनी तरह से अन्य आकार में रखने की कोशिश करता हूँ।

• स्कल्पचर (शिल्प) में वॉल्यूम (आकार) कितना महत्त्वपूर्ण है?

स्कल्पचर में आकार बहुत ही महत्त्वपूर्ण चीज़ है, ख़ासकर मेरे लिए।

क्योंकि, मैं कई तरह से काम करता हूँ। समग्रता में उसका जो आकार विकसित हो रहा है, वो मेरे लिए महत्त्वपूर्ण होता है और विशाल आकार मुझे बहुत पसन्द है। उसका स्पेस डिवीज़न, उसका परिप्रेक्ष्य, अनुपात, गति, लय आदि। मेरे लिए स्कल्पचर में मूवमेंट महत्त्वपूर्ण है। उसके बाद अन्त में इन सबको जोड़कर जो निर्मित हो रहा है, वो मेरे शिल्प (स्कल्पचर) की माँग होती है, जिसे पाने के लिए आकार (वॉल्यूम) तो महत्त्वपूर्ण है ही।

• शिल्पों से इतर यदि किसी चित्रकार की बात करें तो किसके चित्रों को देखकर प्रभावित हुए?

जब मैं अकादेमिक शिक्षा के लिए भोपाल पहुँचा, तब पहली बार सैयद हैदर रज़ा के चित्रों की प्रतिकृतियों को देखा। जब हमारे कॉलेज में शिक्षिका ने कहा, तुम कुछ चित्र चुन लो, जिनकी नक़ल बनाना है। इसके लिए उन्होंने जो फ़ोटोग्राफ़ दिये थे, उनमें पिकासो, वैन गॉग, रज़ा साहब, हुसेन और अनेक मास्टर्स थे। सौभाग्य से तब मेरा क्लास में दूसरा या तीसरा ही दिन था। मैं ज़्यादा नहीं जानता था। हुसेन का नाम तो मैंने सुना था। मैंने जो चित्र चुने, उनमें पहला रज़ा का और दूसरा एन.एस. बेन्द्रे का था। जब मैंने रज़ा पर काम किया तो काम के दौरान मैंने अपने शिक्षक से कहा, मुझे इनके और चित्र देखना है, ये कौन हैं। तब मैंने उनके चित्र देखे और पहली बार यह महसूस किया कि रंगों का वैभव क्या होता है। उसके बाद आकारों के अन्तःसम्बन्ध क्या होते हैं, उसका अहसास मुझे रज़ा के चित्रों को देखकर हुआ। मैं क्या कहूँ उन चित्रों के बारे में, सही शब्द नहीं ढूँढ़ पा रहा हूँ।

• एक शिल्प ख़ुद के लिए क्या है?

मुझे ऐसा लगता है कि मैं ख़ुद को ही उकेर रहा हूँ, ख़ुद को ही अपने अन्दर गहरे और गहरे। जैसे मैंने आपको बताया था कि जब मैं शिल्प बना रहा होता हूँ तो एक अलग तरह का जीवन, अलग तरह के अहसास में जी रहा होता हूँ। उस समय का अहसास इतना ऊर्जा से भरा होता है कि शेष समय आसानी से काम कर

पाता हूँ। मेरे लिए शिल्प बनाना जीवन जीने का तरीक़ा है। दूसरी बात यह है, मैं यह देखता हूँ कि प्रकृति की कुछ ऐसी बातें हैं, जो मुझे बहुत चौंकाती हैं। उन्हें मैं अपने काम के द्वारा लोगों के बीच रखना चाहता हूँ। जब मैं कहीं आ–जा रहा होता हूँ तो अचानक कभी कोई आकार ऐसा दिखता है, जो एक बड़े आकार का एक छोटा–सा हिस्सा होता है। वह अपने आपमें इतना प्रभावशाली होता है, जिससे मेरे विचारों में भावों का एक सैलाब आ जाता है। फिर मुझे यह लगता है कि ये जो सैलाब मेरे अन्दर आया है, उसे मैं किसी तरह से मूर्त रूप देकर दूसरों के लिए प्रस्तुत कर दूँ। अपने माध्यम में आगे बढ़ा दूँ। वहाँ शिल्प बनाना मेरी मजबूरी हो जाती है कि एक पेड़ को बढ़ते हुए मैं देख रहा हूँ या नदी को बहते हुए देख रहा हूँ तो मैं कह दूँ कि पेड़ बढ़ रहा है या नदी बह रही है। वो कहने से नहीं आयेगा, लेकिन अगर मैं वो क्षण आपके सामने रख दूँ तो बहुत आसानी से आ जायेगा।

- **किस तरह से काम करना बेहतर लगता है?**

किसी काम को करते हुए यह बात बहुत महत्त्वपूर्ण होती है कि उसे कितनी शिद्दत से किया जा रहा है। जब हम किसी काम के बारे में ज़्यादा विचार करते हैं तो अक्सर विचारों में दोष पैदा हो जाते हैं, इसलिए मुझे भावना–प्रधान होकर काम करना ज़्यादा अच्छा लगता है। वो शिष्टतापूर्ण तरीक़े से आपको बेहतर की तरफ़ पहुँचने में मदद करता है। यह उसी बात से तय होता है कि कितने दुराग्रहों और पूर्वाग्रहों से मुक्त होकर उस काम को एक कलाकार ने किया है।

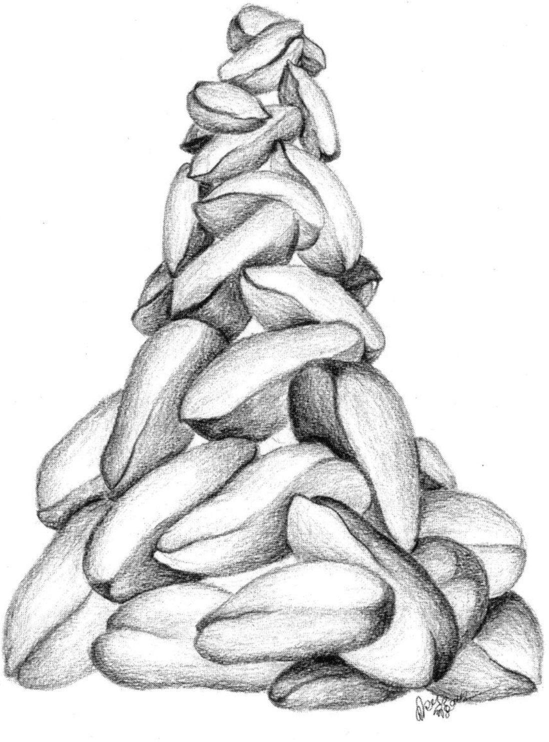

विस्तार की सम्भावना हर जगह है

प्रीति मान

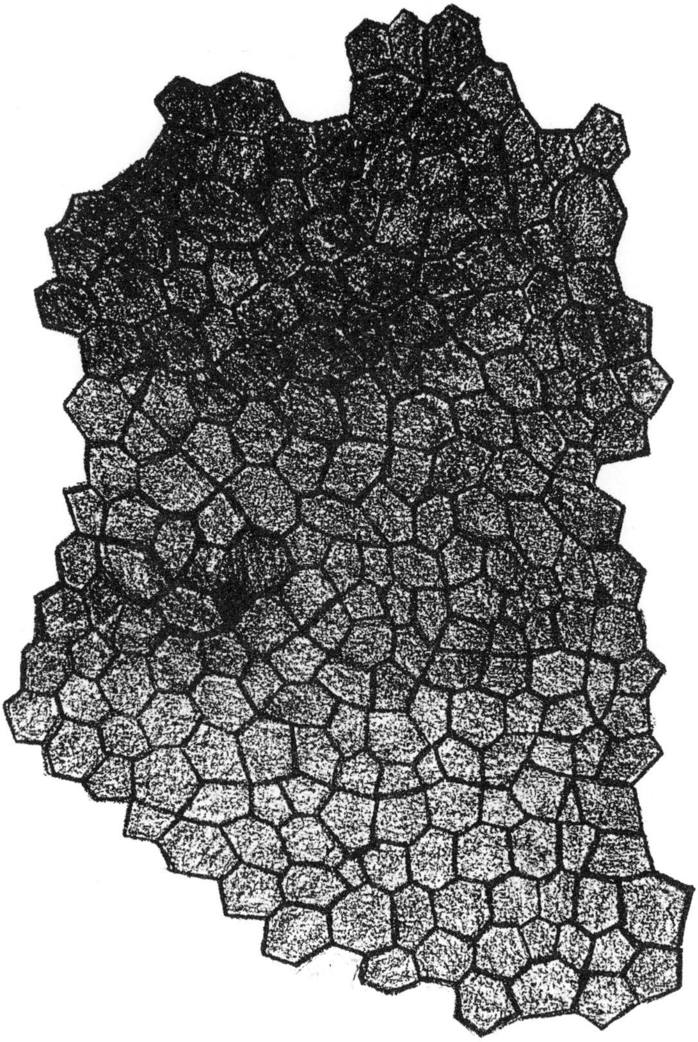

आत्मदीक्षित चित्रकार प्रीति मान एक छाया चित्रकार (फ़ोटोग्राफ़र) भी है। इस नाते किसी दृश्य या वस्तु विशेष को देखने का उनका अपना नज़रिया है। एक फ़ोटोग्राफ़र आसपास के परिवेश की सूक्ष्मता को अपने ढंग से देखता है और एक अच्छी तस्वीर हासिल करता है। उसका यही देखना उसकी एक पेंटिंग में भी शामिल होता है। जब आप किसी चीज़ को देख रहे होते हैं तब एक कहानी आपके साथ चल रही होती है, और आप उसी में से कोई कथ्य, रंग या कोई 'रूपाकार' अपने चित्र के लिए चुन रहे होते हैं। प्रीति के चित्रों में दिखने वाले 'हैक्जागोनल' (षट्कोणीय) रूपाकार प्रकृति में मौजूद कई जगहों पर सहज ही नज़र आते हैं। वे अक्सर अपने किसी छायाचित्र (फ़ोटो) को सम्पादित करने के दौरान तकनीक के इस्तेमाल से कई तरह के प्रयोग छायाचित्र को खण्डित करने के लिए करती रही हैं। फ़ोटो खण्डित करने की प्रक्रिया के दौरान उनके परिवर्तित रूपों को देखते हुए पहली बार वे इस तरह के षट्कोणीय रूपाकारों और उनमें दिखने वाले रंगों से रूबरू हुई थीं। एक चित्रकार की तरह वे अपने चित्रों में बिखराव नहीं देखना चाहती थीं, सभी चीज़ों को एक जगह लाना चाहती थीं फिर चाहे वो 'लैण्डस्केप' हो 'पोर्ट्रेट' या कुछ अन्य जो अभी तक वो करती रहीं थीं। इन तमाम बातों को लेकर उनमें लम्बे समय तक बेचैनी रही और इसकी भरपाई करने के लिए उन्होंने 'फ़ोटोग्राफ़ी' को आत्मसात् किया। फ़ोटोग्राफ़ी में सम्पादन के दौरान

तकनीकी पहलू से निकलकर एक ऐसी चीज़ उनके सामने आयी जिसमें प्रीति को अपने चित्र के लिए 'रूपाकार' मिला। वे इस बात को मानती हैं कि फ़ोटोग्राफ़ी और चित्रकला जैसे दो भिन्न माध्यमों में काम करते हुए यह स्पष्ट रूप से महसूस होता रहा है कि 'फ़ोटोग्राफ़ी आपसे भौतिक गति की माँग करती है, तो दूसरी तरफ़ चित्र बनाते हुए ख़ुद को उसके सम्मुख छोड़ देना होता है।' लम्बी वैचारिक प्रक्रिया के बाद उन्होंने इस तरह के रूपाकारों और उनमें दिखने वाले रंगों को अपने चित्रों में लाने का प्रयास किया। प्रकृति में मौजूद बहुत से रूपाकार चाहे किसी मधुमक्खी के छत्ते या मानव शरीर की कोशिकाओं या किसी सूक्ष्मदर्शी से देखते हुए कोशिका का स्वरूप व उसके रंग किसी चित्र की तरह नज़र आते हैं। चिकित्सा सम्बन्धी बहुत सारी जिज्ञासा को जानने–समझने के बाद प्रीति के चित्रों में इस तरह के बहुत सारे रूपाकार दर्ज हुए हैं। उनका चित्रण दृश्यमान छवियों के खण्डन से प्रकट होने वाला ऐसा चित्रण है जो असीम विस्तार को समाहित किया सा जान पड़ता है। वे जोख़िम से भरे स्वतन्त्र प्रवाह के चित्रण में इन रूपाकारों को किसी भी तरह से बाँधने की कोशिश नहीं करतीं, और न ही किन्हीं एक ही तरह के निश्चित आकार में ढालने का प्रयास। उनके ये रूपाकार कैनवस पर बख़ूबी अपनी जगह बनाते हुए दिखायी देते हैं। एक फ़ोटो पत्रकार की तरह काम करते हुए प्रीति का कला की अनेक विधाओं और उनके कलाकारों के साथ अच्छा तालमेल रहा है। वो उनको और उनके काम को लगातार देखते हुए उनसे अपने कलाकर्म के लिए प्रेरणा पाती रही हैं।

• चित्र बनाना आपके लिए क्या है? क्या उसकी रचना–प्रक्रिया में कोई वैचारिक आधार होता है?

चित्र बनाना मेरे लिए जीवन जीना है। अभिव्यक्ति का वो माध्यम, जो मेरा एक नये और अनोखे संसार से साक्षात्कार कराता है, हालाँकि

इसका आभास मुझे देर से हुआ, पर चित्र बनाना हमेशा मेरे जीवन का हिस्सा रहा। शायद यही वजह है कि जीवन में बहुत कुछ बरतने के बाद आख़िरकार मैं चित्रकार ही बनी। ये ही मेरी नियति थी। पलटकर अपने बचपन की ओर देखूँ तो पाती हूँ कि उस वक़्त चित्र बनाने को लेकर एक सहज जिज्ञासा थी। बचपन से मैं बहुत ही अन्तर्मुखी रही। पढ़ना, चित्र बनाना और देखना (देखने से तात्पर्य प्रकृति और आसपास के जीवन पर ग़ौर करना) ये ही मेरा संसार रहा। मैं ज़रूरत भर बात करती थी, पर सुनती बहुत ग़ौर से थी। मेरी पढ़ाई बोर्डिंग स्कूल में हुई जहाँ मुझे पढ़ने, चित्र बनाने और खेलने की आम बच्चों से ज़्यादा सम्भावनाएँ मिलीं। इसका असर ये हुआ कि मेरी आँख की नज़र तो कमज़ोर हुई, पर देखने की नज़र तेज़ हो गयी। हमारे स्कूल में ड्रॉइंग टीचर प्रदीप जोशी, जिन्हें मैं अपना पहला गुरु मानती हूँ, ने सब बच्चों के लिए एक नियम बनाया था कि रोज़ दो ड्रॉइंग बनाकर उनसे चेक कराना है और इसी के आधार पर वार्षिक परीक्षा की ग्रेड तय होगी। मुझे हमेशा अव्वल ग्रेड मिली। तभी से चित्रकला के प्रति न टूटने वाला रुझान पैदा हुआ। इस नियम की वजह से देखे को कागज़ पर उतारने की समझ बनना शुरू हो गयी। चित्रकार बनने की शुरुआत मैं वहीं से मानती हूँ। हालाँकि किसी चित्रकला विद्यालय से मैंने चित्रकला की शिक्षा नहीं ली और उसकी आवश्यकता कभी महसूस भी नहीं हुई। भाग्य से मुझे ऐसे मित्रों और अग्रजों का सान्निध्य मिला, जिन्होंने मेरे भीतर सिमटे कलाकार को समझा और उसे अभिव्यक्त करने के लिए प्रोत्साहित किया। कई वर्ष पूर्व मोहन मालवीय ने मुझे चित्र बनाने के लिए प्रोत्साहित किया। उन्हें मुझमें चित्रकार की सम्भावना दिखी और आगे चलकर अखिलेश ने मेरे भीतर के चित्रकार को पहचान मुझे निरन्तर चित्र बनाने के लिए प्रेरित किया। अपनी कला के प्रति समर्पण और अनुशासन मैंने अखिलेश से ही सीखा। साथ ही अब भी बहुत कुछ सीखने की सम्भावना है, की प्रेरणा भी उन्हीं से मिलती है। उत्सुकता और प्रश्न हमेशा से रहे, इसलिए मुझे लगता है मेरी रचना–प्रक्रिया में वैचारिक आधार का समावेश महत्त्वपूर्ण है। अपनी चित्र–भाषा खोजने में मुझे सात साल लगे। उसके पहले कई तरह के चित्रों में ख़ुद के भाव तलाशने की कोशिश की। जब मैंने अपनी अभिव्यक्ति को जाना, तब उसे बरतना शुरू किया और

रंगों ने मुझे हमेशा आकर्षित किया। फिर वह चाहे रंगोली के रंग हों या होली या फूलों के। गाहे–बगाहे रंग अक्सर मेरी कलाकृति पर अपना अधिकार बनाये रखते हैं। मैं भी उन्हें पूरा मौक़ा देती हूँ, अपनी जगह चुनने का और चित्र में अपनी जगह तय करने का। कलाकृति अपने में पूर्ण होती है या नहीं, यह कहना मुश्किल है, क्योंकि ये तो वही तय करती है कि कब ठहरना है और कहाँ आगे जाना है। हाँ, यह निश्चित है कि उससे और नयी सम्भावनाएँ खुलती हैं, रिश्ता और प्रगाढ़ होता है, समझ और बढ़ती है, कल्पना भी नये अनुभव के लिए अग्रसर होती है।

• क्या आपको रचनात्मकता में कहीं 'प्रभाव' महसूस होते हैं? यदि कृति में वह मौजूद हैं तो वे किस तरह से प्रकट होते हैं? क्या कोई कृति प्रभावों से मुक्त हो सकती है? किसी कृति को रचने के दौरान क्या किसी कलाकार या पूर्व में निर्मित किसी की कृति की स्मृति आपके साथ रहती है?

रचनात्मकता में ही क्यों? जीवन में प्रभाव तो हर जगह होता है, एक बच्चा जब दुनिया में आता है तो दुनिया के तौर–तरीक़ों से अनभिज्ञ होता है। उसके आसपास के वातावरण, माता–पिता, भाई–बहन, मित्र, रिश्तेदार सबका प्रभाव उसके व्यक्तित्व निर्माण में सहयोग करता है। मुझे लगता है जीवन प्रभाव से मुक्त हो ही नहीं सकता। हाँ, अगर हम चित्रों में प्रभाव की बात करें तो क्या उससे अलग होना सम्भव है? प्रकृति का ही प्रभाव किसी चित्रकार पर कितना गहरा होता है। रंग, आकार, अहसास, भाव, स्वर, स्मृति, लय, आभास यह प्रभाव ही तो है, जो चित्र बनाते वक़्त कलाकार की कृति में समाहित होते हैं और तब एक नया संसार रचते हैं। मुझे लगता है कोई कृति प्रभावों से मुक्त हो नहीं सकती। हाँ, यह हर कलाकार के अनुभव और देखने या महसूस करने पर आधारित हो सकता है कि वह किस तरह से इन प्रभावों को अपनी कृति में बरतता है। किसी कृति को रचते हुए मुझे नहीं लगता कि किसी कलाकार की कृति का पूर्व प्रभाव मेरी रचना पर रहता है। अब तक तो मैंने ये कभी अनुभव नहीं किया। अगर ऐसा किसी कलाकार के साथ होता है तो वह रचना शायद नक़ल ज़्यादा होती होगी। रचे

हुए का प्रभाव तो नक़ल का ही रूप हुआ न? अपनी पूर्व रचित कृति की स्मृति तो मैंने महसूस की है, पर यह हर बार हो ज़रूरी नहीं। जब लगातार एक से दूसरे कैनवस पर जाना होता है, तब पहली कृति की स्मृति साथ होती है, पर जब बीच में कुछ अन्तराल आये तो स्मृतियाँ बदल जाती हैं और चित्र में रंगों का बरतना भी नयी स्मृतियों का प्रभाव होता है।

किन्तु, कुछ कलाकारों का नाम लेना चाहूँगी जिनकी रचना प्रक्रिया ने मुझे प्रभावित किया और मेरे चित्र–कर्म के दौरान उनका अवचेतन प्रभाव शायद बना रहता हो। भारतीय चित्रकारों में सैयद हैदर रज़ा, एम. एफ. हुसेन, गायतोण्डे, बेन्द्रे, राम किंकर बैज, अमृता शेरगिल, अखिलेश, माधवी पारेख, भारती खेर आदि कई कलाकार हैं जिनके चित्र प्रभावित और प्रेरित करते रहे हैं और अब भी कर रहे हैं। अगर अन्तरराष्ट्रीय कलाकारों का नाम लूँ तो फ्रीडा काहलो, अल्मा थॉमस, पॉल क्ली, रोथको, ययोई कुसामा, ऑस्ट्रेलियाई एबोरिज़िनल कलाकारों के काम भी मुझे लुभाते हैं। ये तो मास्टर्स हुए जिनसे प्रेरित होना स्वाभाविक है। परन्तु, युवा कलाकारों की कृतियाँ भी मोहित करती हैं और मनुष्य की कल्पना किस ऊँचाई तक जा सकती है इसका आभास भी होता है। एल्मा थामस जो अफ़्रीकन अमेरिकन पेंटर हैं, उनके चित्र मुझे बहुत प्रभावित करते हैं ख़ासकर उनके रंग लगाने का तरीक़ा–सफ़ेद कैनवस पर नीले रंग के ब्रश स्ट्रोक्स का रिपिटेशन पहली बार में सीधा सरल लगता है पर देखते रहने पर उसके रहस्य खुलते जाते से प्रतीत होते हैं। जैसे अखिलेश के चित्रों से मेरा साक्षात्कार उनके चित्रों की प्रदर्शनी में हुआ तो उन चित्रों में तकनीकी दक्षता, एस्थेटिक सेंस और रंगों के तालमेल ने मुझे प्रभावित किया। देखती रही तो जैसे परत–दर–परत नयी कहानी खुलती गयी, मुझे याद है उनके एक चित्र के सामने मैं लगभग आधा घण्टा खड़ी रही, एक नज़र में देखकर बढ़ जाने वाला चित्र नहीं था वो ख़ुद मुझसे संवाद कर रहा था जो मेरे लिए आश्चर्यजनक भी था और रोमांचक भी। अगर आप इस तरह के प्रभाव की बात कर रहे हैं तो यह किसी व्यक्ति विशेष का प्रभाव नहीं होता बल्कि उन चित्रकारों या कलाकारों के द्वारा रचे रोमांच का प्रभाव होता है जो आप चित्रकार हैं या नहीं

भी तब भी आपके चेतन और अवचेतन को प्रभावित करता है। इसका अनुभव मैंने चित्र प्रदर्शनी में चित्र देख रहे दर्शकों को देखकर भी महसूस किया है। एक बच्चा या एक गृहिणी या एक चपरासी चित्रों को देखकर प्रभावित होते हैं चाहे चित्र की भाषा उन्हें आती हो या न आती हो। मनुष्य होते हुए प्रभाव से बच पाना सम्भव नहीं, अगर आप संवेदनशील हैं तो आप प्रभावित होंगे।

• अपनी रचना–प्रक्रिया व अपने देखने में आपके लिए सबसे महत्त्वपूर्ण क्या है? क्या आप अन्य कला माध्यमों पर भी विचार करती हैं? क्या अन्य कलाओं के साथ आपका किसी तरह का परस्पर सम्बन्ध बन पाता है?

मैं एक छायाकार भी हूँ, देखना मेरे लिए और भी महत्त्वपूर्ण है। देखना ही मेरी रचना–प्रक्रिया का माध्यम है। तात्पर्य दोनों एक–दूसरे के पूरक हैं, इसलिए दोनों ही महत्त्वपूर्ण हैं। इन्हें अलग करना कम–से–कम मेरे लिए सम्भव नहीं। देखने में रुचि बचपन से ही है, इसका श्रेय मैं अपने पिता को दे सकती हूँ। उन्होंने मुझे देखने को लेकर प्रभावित भी किया और प्रेरित भी। प्रकृति का सान्निध्य बचपन से ही ख़ूब मिला, जिसने देखने की समझ को और पोसा। देखना महत्त्वपूर्ण है, देखने से ही विचार उत्पन्न होता है और विचार प्रश्न को जन्म देता है। उस प्रश्न के उत्तर आप रचना में खोजते हैं। इस तरह एक नये संसार का अनुभव होता है, जिसे शब्दों में व्यक्त कर पाना मैं अभी नहीं सीख पायी हूँ, क्योंकि देखने और बरतने की प्रक्रिया अभी जारी है। देखना बचपन से ही मेरे जीवन का हिस्सा है, अन्य कला माध्यम जैसे शास्त्रीय संगीत, नृत्य, लोक संगीत, साहित्य, कविता और इसी तरह की अन्य कलाओं में रुचि और आकर्षण भी हमेशा से रहा। छुटपन में सब मज़ाक़ भी बनाते थे कि मैं अजीब हूँ, मेरी रुचि हमउम्र बच्चों से भिन्न है, ज़ाहिर है उस वक़्त मुझे अहसास नहीं था कि आगे जाकर अन्य कला विधाओं के सान्निध्य का अवसर मिलेगा। छाया पत्रकार के रूप में काम करने के दौरान मैंने इन सभी कला विधाओं को नज़दीक से देखा, समझा और इसका असर अपनी रचना–प्रक्रिया पर महसूस भी किया। फिर वो चाहे शास्त्रीय संगीत हो, नृत्य या

रंगमंच। इन भिन्न कला विधाओं ने मेरी देखने और समझने की क्षमता को और परिष्कृत किया, जिसके लिए मैं उन सभी कलाकारों के प्रति कृतज्ञ हूँ, जिनका सान्निध्य मुझे मिला। उनके अनुभवों को सुनते हुए एक नयी ऊर्जा और प्रेरणा का संचरण मुझमें हुआ, जो अपनी रचना–प्रक्रिया के लिए बहुत महत्त्वपूर्ण लगता है। मुझे याद है जब मैं मशहूर भरतनाट्यम नृत्यांगना गीता चन्द्रन जी का इण्टरव्यू कर रही थी। उन्होंने एक बात कही थी जो उनसे उनके गुरु छुटपन में कहा करते थे, तानसेन बनना है तो पहले कानसेन बनो तात्पर्य किसी भी विधा को समझने के लिए कलाकार का पहला पाठ देखो, सुनो, समझो फिर गढ़ो। और मेरा कलाकर्म अवचेतन से प्रभावित होता है, मेरे लिए संगीत, नृत्य, नाटक, साहित्य, चित्र और छायाचित्र ही माध्यम है अपने अवचेतन को परिष्कृत करने का। बिरजू महाराज ने एक चर्चा के दौरान मुझसे कहा था प्रीति संगीत को देखो और नृत्य को सुनो तब तुम उसे सही समझ पाओगी। अगर मैं एक ख़ूबसूरत चित्र या छायाचित्र प्रदर्शनी देखकर आती हूँ और उसके विषय में विचार या चर्चा न करूँ तो मेरे लिए उसका मुझ पर कोई गहरा प्रभाव नहीं पड़ा इससे ज़्यादा वो एक सुसंयोजित प्रदर्शनी थी। असल में रचना–प्रक्रिया में कमाल तो आपका अवचेतन ही कर रहा होता है अपने ढंग से। अगर मैं रज़ा की प्रदर्शनी देखकर आऊँ और उन्हीं की तरह चित्र बनाने की कोशिश करूँ या रंग लगाने की कोशिश करूँ तो यह प्रभाव नहीं नक़ल हुई। वहीं अगर मैं अवचेतन पर पड़े रज़ा के चित्रों के प्रभाव को अपने चित्रों में अपनी भाषा में गढ़ूँ तो यह देखने का प्रभाव होगा। यूँ आसपास प्रकृति को देखना, उसके रंगों या आकारों से प्रभावित हो अपने चित्रों में प्रयोग करना ही तो चित्रकला है।

• चित्र में कथन या कथ्य को आप कितना अनिवार्य मानती हैं? क्या किसी कृति का इनके बग़ैर कोई अस्तित्व रहता है? क्या कोई कृति अपने समग्र रूप में कुछ कहने का प्रयास होती है?

मैं अपने चित्रों में कथन या कथ्य को बिलकुल अनिवार्य नहीं मानती। कोई भी कृति अपनी अभिव्यक्ति के लिए स्वतन्त्र होती है और उसे

होना भी चाहिए। यह ज़रूरी नहीं कि चित्र में कोई सन्देश या कह. ानी हो। हाँ, प्रेरणा ज़रूर हो सकती है। आप किसी घटना, स्थान, व्यक्ति विशेष या विचार से प्रेरित हो उस पर चित्र बना सकते हैं, परन्तु नियोजित रूप से कथ्य कहने का प्रयास आपकी कृति के साथ न्याय नहीं होगा, ऐसा मुझे लगता है। चित्र का अपना सफ़र होता है, वही उसका कथ्य है, जो आगे के चित्रों में बढ़ता है और अपना एक संसार रचता है। मुझे नहीं लगता किसी तरह का सन्देश देना या कथ्य कहना चित्रकार या चित्र की ज़िम्मेदारी है। चित्रकार अपने अनुभवों और मनोभावों को चित्र में रंगों या रूपाकारों से व्यक्त कर रहा होता है और समय विशेष के अनुसार उसके प्रभाव भी बदल रहे होते हैं, ऐसे में अगर वह सोच–विचारकर चित्र बनायेगा तो क्या वह अपनी अभिव्यक्ति के माध्यम से न्याय कर रहा होगा?

• अपने स्वरूप में परिवर्तित होते हुए आपका चित्र आपसे क्या माँग करता है?

मेरा मानना है कि जब चित्रकार कोई भी नया चित्र शुरू करने वाला होता है तो उसे अपने कैनवस के साथ एक वार्तालाप शुरू करना होता है। वह रंग या रूपाकार किसी भी रूप में हो सकता है। मेरा वार्तालाप रंग से शुरू होता है और फिर चित्र अपना रूप लेना शुरू करता है। हर नये चित्र के साथ नयी बातचीत, नयी यात्रा शुरू होती है, जिसकी शुरुआत मैं करती हूँ और जिसे आगे चित्र स्वयं ले जाता है। उसकी माँग तो नहीं होती, अगर चित्र माँग करे तो चित्रकार और चित्र में सहज सम्बन्ध किस तरह विकसित होगा। इसके लिए तो प्रेम और मित्रता की आवश्यकता है। हाँ, यह ज़रूर होता है कि कई बार हमारी बातचीत शुरू कहीं से होती है और आगे बढ़ते हुए वो नया रूप ले लेती है, जो मेरे लिए भी रोमांचक होता है।

कई बार यह भी होता है कि मैं एक चित्र में आधा रास्ता तय करती हूँ और किसी और व्यस्तता की वजह से कुछ दिन उससे दूर होती हूँ जब वापिस चित्र पर लौटती हूँ तो आगे का रास्ता या भाव बद़ल जाता है। कई बार ख़ाली कैनवस के सामने बैठी रहती हूँ और रंगों को सोचती रहती हूँ पर जो सोचती हूँ वो रंग

नहीं उठाती कोई और ही रंग उठाती हूँ और कैनवस से बातचीत शुरू। मैंने अनुभव किया है कि मैं योजना बनाकर चित्रित नहीं कर सकती। मैं अवचेतन के प्रभाव में ही चित्र बना सकती हूँ।

• चित्रकला के प्रति आपकी आरम्भिक रुचि कैसे जाग्रत हुई?

मैं जब छोटी थी, तब से ड्रॉइंग और पेंटिंग में हमेशा रुचि रही। मुझे एकान्त पसन्द था। बहुत ही अन्तर्मुखी थी। मगर मैं इसको एकाकीपन की तरह नहीं देखती। बचपन में बच्चे जिज्ञासु होते हैं। हमेशा कुछ नया खोजने का प्रयास करते हैं। कई बच्चे होते हैं जिनको पढ़ने का शौक़ होता है। मैं उन बच्चों में से थी जिनको पढ़ने का बहुत शौक़ था। इसके साथ ही ड्रॉइंग करने का भी शौक़ था। मेरी माँ शिक्षिका हैं। ड्रॉइंग में मेरी बहुत ज़्यादा रुचि होने के कारण मैं हर चीज़ की हू–ब–हू कॉपी कर लेती थी। मैं उसको 'कॉपी' ही कहती हूँ। पहले मुझे लगता था कि मैं ड्रॉ कर लेती हूँ, असल में वो कॉपी होता था। आये दिन मैं जैसा देखती थी वैसा ही ड्रॉ कर लेती थी। मैं बोर्डिंग स्कूल में पढ़ी हूँ। मेरे जो कला शिक्षक थे, वह मुझे प्रोत्साहित करते थे। हमारे यहाँ एक नियम था सब बच्चों के लिए कि आपको रोज़ दो ड्रॉइंग बनाकर दिखलाना है और फिर उसके आधार पर वीकली ग्रेड मिलती थी। उसका रिकॉर्ड रहता था। सारे बच्चे रोज़ नहीं बना पाते थे, लेकिन मेरा रिकॉर्ड था कि मैं रोज़ बनाती थी और बहुत बेहतर ढंग से बनाती थी। जिस बोर्डिंग में मैं पढ़ती थी, वह तीस एकड़ में फैला हुआ था और उसके तीन तरफ़ तालाब थे। एक बहुत ही सुन्दर प्राकृतिक माहौल उस जगह का था। मैं उससे बहुत प्रभावित रहती थी। मैं मालवा के माहौल में पली–बढ़ी हूँ और मेरा जो नज़रिया है, उसमें मालवा का देशजपन शामिल रहा है।

• कह सकते हैं कि एक बेहतर भूदृश्य (लैण्डस्केप) था?

जी हाँ, वहाँ का लैण्डस्केप पूरी तरह से अलग था। चूँकि मैं प्रकृति के बहुत क़रीब रही, इसलिए मैं अपने ड्रॉइंग में इन सब बातों को शामिल करती हूँ। मेरे जो शिक्षक थे वह हमेशा ऑब्ज़र्वेशन पर ज़ोर देते थे। मेरा कोई इरादा नहीं था कि मुझे चित्रकार बनना है। हमेशा

ऑब्ज़र्वेशन पर मेरा ज़ोर रहा है। वो कुछ भी हो! फिर बात चाहे पढ़ने की हो, देखने की या घूमने की। मुझे लगता है कि ये बात मुझमें 'देखने' के कारण आयी। बच्चे जब अपने अकादेमिक दौर में रहते हैं, तो वे आईएएस, आईपीएस या बैंक परीक्षाओं की तैयारियाँ करते हैं। मेरे दिमाग़ में वो ही था, मैं आईपीएस ऑफ़िसर बनना चाहती थी। मेरे ताऊ जी आर्मी में मेजर रहे हैं। वो प्रभाव मेरे ऊपर था। उसके लिए मुझे बी.ए. करना था। एक दौर चला था, जब प्रोफ़ेशनल स्टडीज़ की तरफ़ बच्चों को तैयार किया जा रहा था। मेरी माँ को लगा, अगर इसके बजाय मैं कोई प्रोफ़ेशनल कोर्स करूँगी तो मुझे नौकरी मिलने में आसानी होगी। उन्होंने कहा कि बी.ए. तो प्राइवेट भी कर सकते हैं। मैं लिटरेचर से बी.ए. करना चाहती थी और इस तरह से उन्होंने मेरा एडमिशन वीमेन पॉलिटेक्निक में करा दिया। वहाँ पर मेरा लड़कियों वाला हिसाब–किताब कभी रहा नहीं। सिलाई–कढ़ाई में मुझे रुचि नहीं थी और मैंने पूरी कोशिश की कि फेल हो जाऊँ, ताकि मुझे यहाँ से निकाल दिया जाये, जो कि नहीं हो पाया, क्योंकि मैं हमेशा अकादेमिक में पढ़ाई में अच्छी रही थी। इस कारण चाहकर भी परीक्षा में बहुत ख़राब नहीं कर पायी। एक साल तो मेरा इस जद्दोजहद में रहा कि किसी तरह ये लोग मुझे निकाल दें। दूसरा वहाँ पर टेक्सटाइल और टेक्निकल सब्जेक्ट, टाय एण्ड डाय, डिज़ाइनिंग फ़ील्ड, ये सब शुरू हुआ, जिसमें मुझे दिलचस्पी आना शुरू हुई। इसमें कुछ टेक्निकल मेथड थे। इसमें दिमाग़ लगाना पड़ता था। इसमें क्रिएटिविटी थी, फिर धीरे–धीरे उसमें मेरी रुचि जागी। वो तीन साल का कोर्स मैंने किया। कोर्स करते ही मेरी नौकरी लग गयी। मैं जहाँ नौकरी करती थी, वहाँ टेक्निकल पार्ट देखती थी, ऑडिट वग़ैरह। ड्रॉइंग मेरे अन्दर था और वहाँ जब चेकिंग वग़ैरह चल रही होती थी, मेरी जो सीट होती थी–चेकिंग की उस फ़ाइल पर कुछ न कुछ ड्रॉ कर देती थी। इस बात को मेरे प्रोडक्शन मैनेजर ने नोटिस किया। फिर उन्होंने मुझे बुलाया और पूछा कि क्या तुम्हारी डिज़ाइनिंग में रुचि है? मैंने कहा–नहीं, ऐसा कुछ मैंने सोचा नहीं है कि मेरी रुचि डिज़ाइनिंग में है। उन्होंने मेरा पोर्टफोलियो मँगाया, जो उनको बहुत पसन्द आया और उन्होंने मेरा प्रोफाइल बदलकर मुझे डिज़ाइनिंग सेक्शन में डाल दिया। वहाँ से थोड़ा–सा ऐस्थेटिक व कलर सेंस मेरी ज़िन्दगी में आया। कुछ

समय बाद मैं दिल्ली नौकरी करने आ गयी। इस बीच मेरी माँ को अचानक लगा कि मुझे प्रोफ़ेशनल स्टडीज़ करना चाहिए, फिर एमबीए का दौर आ गया। मैंने दो साल का ड्रॉप लिया। ये जो दो साल का गैप था, ये मेरे लिए टर्निंग प्वाइंट था।

अब यह था कि मैं पहले से ही कलर थ्योरी के बारे में सब कुछ जानती थी, डिज़ाइनिंग की ज़रूरत मुझे पता थी, जितनी भी तकनीकी बातें थीं, वे सब मुझे पता चलीं। फाइन आर्ट की पढ़ाई मैंने नहीं की थी, लेकिन मेरे पास एक समझ थी। उसके साथ लैण्डस्केप और ड्रॉइंग हमेशा करती रहती थी। इन दो साल में मेरी कुछ कलाकारों से मुलाक़ात हुई। वो शायद मेरे भाग्य में था, इसलिए हुआ होगा, मुझे नहीं पता! उस दौरान उनसे बातचीत होती थी। जब मैं पढ़ नहीं रही होती थी, तब उन कलाकारों के स्टूडियो चली जाती और उनसे बातचीत करती थी। चूँकि मैं ये काम कर रही थी तो वहाँ उनके साथ कभी स्टूडियो में बैठे–बैठे चित्र बनाया करती थी, ये देखकर उनको लगा कि मैं काम कर सकती हूँ। एक बार मेरे जन्मदिन पर मुझे एक कलाकार ने कैनवस का पूरा रोल, बोर्ड, कलर और ब्रश गिफ्ट किये। उन्होंने मुझे कहा कि ये तुम्हारे लिए है और बताया कि इसको कैसे स्ट्रेच करके लगाना है और कैसे इसकी शुरुआत करोगी। उन्होंने कहा कि ये साल ख़त्म होते–होते तुम इसे पूरा करके मुझे देना और जो भी तुम करना चाहो वो करो। 'जो भी तुम करना चाहो वो करो'–ये बात जब आपके पास आ जाती है तो आपको लगता है कि मुझे क्या करना है। इसके बाद मैंने काम करना शुरू किया। मैं इस तरह से कभी किसी के काम से प्रभावित नहीं होती हूँ। पसन्द करती हूँ। वह मुझे प्रेरित भी करता है, लेकिन कभी भी मैं प्रभावित नहीं होती कि मैं उसकी तरह बनाने की कोशिश करूँ। मैं काम अपने तरीक़े से करती थी। भले ही मैं लैण्डस्केप करूँ या कुछ भी करूँ। मैं यात्राएँ करती रही हूँ। यात्राओं की स्मृतियाँ हैं उनको लेकर मैं अपना चित्रण करती थी। वो कैनवस मैंने पूरा किया, सालभर में। सौभाग्य से उसमें कुछ पेंटिंग बिक गयीं। उन्होंने मुझसे कहा कि तुम्हारी जो समझ है रंगों, शेड्स और सारी चीज़ों को लेकर, तुम्हारा हाथ बहुत अच्छा है, तुम्हें उसको गम्भीरता से लेना चाहिए। फिर उन्होंने मुझे प्रोत्साहित

किया। मैंने काम करना शुरू किया। दूसरा साल था, फिर मैंने एमबीए किया। उसके बाद जब मैं इसमें शामिल हो गयी। मेरा जो पूर्वानुभव था, वो लौटकर आया। लगा कि अब मुझे चित्र ही बनाना है। इसमें जोख़िम था। आप नौकरी कर रहे हो, उस वक़्त मेरी सैलरी पैंतीस हज़ार रुपये थी। मुझे कोई परेशानी नहीं थी। अगर मैं आगे काम कर रही होती तो बहुत अच्छे स्केल पर पहुँच जाती। अगर मैं नौकरी छोड़ती हूँ और पेंटिंग में मुझे नहीं पता था कि मेरा क्या भविष्य है, क्योंकि मेरी पढ़ाई भी चित्रकला की नहीं थी, मेरी इस तरह से लिंक भी नहीं थी। फिर भी मैंने जोख़िम लिया। मेरे घर पर बहुत हाहाकार मचा कि तुम अपना कॅरियर छोड़कर यह कैसे कर सकती हो! मैंने कहा—मुझे यही करना है! फिर मैंने फ्री—लांसिंग शुरू की। मेरी दोस्त जर्नलिस्ट थीं। उनके बहुत सारे दोस्त घर पर आते रहते थे, तो ऐसे ही मुझे कुछ—न—कुछ मिलता रहता था। मैंने कुछ अनुवाद किये। रविवारीय जनसत्ता में तीन साल तक ड्रॉइंग किये। इस तरह से काम चलता रहा, लोगों से मुलाक़ातें होती रहीं। इसी दौरान मेरी मुलाक़ात वरिष्ठ चित्रकार अखिलेश से हुई। वे मध्य प्रदेश के हैं। मेरी उनसे बहुत सारी बातचीत हुई। उनको लगा कि मैं किसी फाइन आर्ट कॉलेज से पास आउट हूँ। मैंने उनसे कहा कि नहीं, ऐसी बात नहीं है। उन्हें आश्चर्य हुआ कि तुम इतना सब कुछ कैसे जानती हो! मैंने कहा, मैं पढ़ती हूँ, तो उनको बहुत आश्चर्य हुआ कि कोई यंग लड़की इतना पढ़ रही है! आर्ट फील्ड में लोग इतना पढ़ाई करने पर ध्यान नहीं देते या उनका ऑब्ज़र्वेशन नहीं होता है। वो अन्तरराष्ट्रीय स्तर पर नहीं देखते कि चित्रकला में इन दिनों क्या काम हो रहा है और कंटम्परेरी कलाकार क्या कर रहे हैं। उन्होंने ये सब बातचीत की, फिर मुझसे कहा—अपना काम मुझे दिखाओ। वो दिल्ली आये हुए थे। वह मेरे घर आये, मेरा काम वग़ैरह देखा। फिर मुझसे कहा कि तुम बहुत बिखरा हुआ काम कर रही हो, अपना एक रास्ता ढूँढ़ो और उस पर काम शुरू करो। बात आयी—गयी हो गयी। उसी दौरान मैंने फ़ोटोग्राफ़ी शुरू की, जो कि अच्छी चल गयी, जिसकी वजह से मुझे अच्छा पैसा मिलने लगा। फ़ोटोग्राफ़्स की एडिटिंग मैं ख़ुद ही करती थी। मैं काफ़ी प्रयोग कर रही थी। जामिया से कोर्स भी किया था, लेकिन मैं जिस तरह का काम कर रही थी, उसके लिए

कोर्स की ज़रूरत नहीं थी। वहाँ की टीम ने जो मुझे दिया, वो सब हमने किया। मुझे लगा कि मैंने ग़लत फ़ैसला ले लिया। फ़ोटोग्राफ़ी के साथ मैं फ़ोटो एडिटिंग भी करने लगी थी। फ़ोटो एडिटिंग में एक ऑप्शन होता है डिस्टॉर्ट करना, पिक्चर को क्रिस्टलाइज करने का, लेकिन जब आप गहराई में डिस्टॉर्ट करते जाते हैं, वो फैलता जाता है। एक फ़ोटो आपने खींचा, यह लैण्डस्केप का फ़ोटो है, आप जैसे–जैसे उसको डिस्टॉर्ट करते जाते हैं वो हेक्जागोनल बॉक्सेज़ में शिफ़्ट होता जाता है और हर बार उसका रंग बदल जाता है। मेरे लिए यह बहुत ही रुचिकर था कि मेरे सामने एक दृश्य है, जिसको तोड़–तोड़कर मैं एक अलग ही दृश्य को देख पा रही हूँ और उसमें से कई तरह के रंग निकलकर सामने आ रहे हैं। मतलब आप सोचिये, उसमें कितने रंग होंगे कि हर बार रंग बदलते जा रहे हैं! जब मैं अन्तिम चरण में पहुँची तो जो रंग थे, वे इन रंगों से मेल ही नहीं खाते थे। वे बिलकुल अलग थे। मैंने उसको महसूस किया। उसके बारे में बहुत समझा। पहले कॉपी किया, फिर मैंने सोचा कि इस पर काम करके देखा जा सकता है। फिर उस पर काम करना शुरू किया।

• वहाँ क्या आपको अपने चित्रण के लिए कोई (रूपाकार) फॉर्म मिला?

हाँ, बस वो ही शुरुआत थी और उसी को बरत रही हूँ। अभी एब्स्ट्रेक्ट करती हूँ, लेकिन मुझे लगता है कि मेरा अमूर्तन ज़्यादातर प्रेरित है। वो प्रकृति का हिस्सा है, वो उसी में से निकला हुआ है और ये मेरे ख़याल से मैं ज़्यादा अच्छे से समझ पा रही हूँ कि मैंने वो बदलाव होते हुए देखा, वो ट्रांसफॉर्मेशन होते हुए देखा। तो मैं अपने काम के साथ सदृशः हूँ। मुझे पता है कि मैं चित्र बना रही हूँ, लेकिन ये असल में है कुछ और, मैं जिसके बहुत आगे जाकर चित्रित कर रही हूँ। मेरी पेंटिंग सामान्य आँखें जो देख सकती हैं, उससे बहुत आगे है।

• कम्फ़र्ट की आपने बात की। इतनी आत्ममुग्धता उस फॉर्म को लेकर क्यों है?

ये आराम है। मतलब ये घबराहट नहीं है। इसमें कोई आत्ममुग्धता नहीं। ये मुझे चुनौती देता है, इसलिए वो मुझे अच्छा लगता है। देखिये, आप इतने कलाकारों से मिले हैं, ज़्यादातर एक सवाल बहुत कॉमन होता है कि जब आप कैनवस के सामने बैठते हैं तो शुरू कैसे करते हैं। आप यक़ीन मानिये, मेरे साथ कभी यह दिक़्क़त नहीं हुई। आपने ये पूछा नहीं, लेकिन यह सामान्य सवाल होता है। उस लहजे में मैंने कहा था कि 'मैं कम्फ़र्टेबल हूँ अपने काम के साथ'। इसका मतलब यह नहीं कि वो मुझे चैलेंज नहीं कर रहा या मैं अटकती नहीं हूँ। कई बार अटक जाती हूँ। शुरू किसी और पर कर रही होती हूँ और वह पहुँच कहीं और जाता है। मैंने रंग कुछ और लगाया है, मेरे दिमाग़ में कुछ और चल रहा है कि ये इस तरीक़े से ज़्यादा अच्छा जायेगा और वो जब मैं करने लगती हूँ, तो करते–करते कहीं और पहुँच जाती हूँ। मैं पेंटिंग दिखाऊँगी आपको, समझ में आयेगा। वो मेरे लिए बहुत रोमांचक है। मेरे लिए खेल की तरह है। मेरे लिए बहुत दिलचस्प है। कोरा कैनवस मेरे लिए एक प्लेग्राउण्ड है। मुझे उस पर जाकर खेलना है। क्या और कैसे खेलना है, कैसे जमाना है, वह मुझे देखना है।

• एक रूपाकार और एक रंग, इन दोनों में से किसको महत्त्वपूर्ण मानती हैं?

देखिये, मेरा जो रूपाकार है, वो असल में मेरे चित्र की नींव है। वो उसको एक छवि दे रहा है, वही रूपाकार है, जिसको मैं आगे लेकर जा रही हूँ। रंग उसको खींचकर दिखाते हैं कि हाँ, अब इससे ये बनेगा। मेरे ख़याल से दोनों का अपना महत्त्व है, क्योंकि अगर मैं इस रूपाकार में नहीं करूँगी तो किसमें करूँगी? मैंने शुरू इसी से किया था। रंग इसका हिस्सा है तो मैं इसको अलग करके कैसे देख सकती हूँ। कभी–कभी ऐसा होता है कि आप काम कर रहे होते हैं, रूपाकार बढ़ता रहता है, फिर अचानक आपको लगता है कि ये कुछ और हो रहा है, फिर आप उसे वापस खींचकर बैलेंस करते हैं। बहुत साधारण ढंग से! लेकिन इस रूपाकार की एक ख़ास बात है। आप इसको कैसे भी रखिए, ये अपनी जगह बना लेता है, ख़ूबसूरत तरीक़े से। मैंने बहुत तरह से प्रयोग करके

देखा है। सब संयोजित है। बस, आप चलना शुरू कीजिये और वो चलते–चलते कब, क्या बना देगा, ये बहुत मज़ेदार होता है। एक चीज़ और होती है, जब मैं चित्र बना रही होती हूँ, मेरी दो विरोधाभासी वृत्ति हैं। एक तरफ़ मैं फ़ोटोग्राफ़र हूँ तो दूसरी तरफ़ चित्रकार। फ़ोटोग्राफ़ी में बहुत दौड़–भाग, दिमाग़ और एडिटिंग–ये सब चीज़ें करना पड़ती हैं और पेंटिंग में अपने आपको छोड़ देना होता है। मतलब, मैं जब कैनवस के सामने बैठी हूँ तो अपने आपको समर्पित कर देती हूँ कि ये रही मैं। मेरे लिए एक मित्रता वाला भाव है कैनवस के साथ।

• ...और फ़ोटोग्राफ़ी?

मित्र वो भी है, पर एकदम भागने वाला। वो गाली–गलौज करने वाला मित्र है, साले तुम बैठे कैसे हो, उठो, भागो टाइप का है।

• बतौर फ़ोटोग्राफ़र जब आप कैनवस के सामने होती हैं, तब ऐसी कोई फ़ोटोग्राफ़िकल इमेज ज़ेहन में होती है?

एडिटिंग करते वक़्त जब मैंने यह फ़ॉर्म पाया था, आप मानेंगे नहीं, मैंने हज़ारों पिक्चर्स क्लिक की हैं। उन सबको डिस्टॉर्ट करके देखा और उनमें से जो रंग निकलकर आ रहे थे, मुझे ऐसा लग रहा था कि वो सब चित्रित करने लग जाऊँ। जिस दौरान मैं इस रूपाकार को बरत रही थी, पेंटिंग और फ़ोटोग्राफ़ी को जब मैं मिला रही थी उसी दौरान मेरी समझ विकसित हुई कि अब मुझे किसी से प्रभावित होने की ज़रूरत नहीं होती। मतलब, आप फ़ोटोग्राफ़ी के ऑब्ज़र्वर हैं, आप हर चीज़ को बारीक़ी से देखते हैं, आसपास घटने वाली चीज़ों को देखते हैं। आप अच्छी तस्वीर नहीं खींच सकते, अगर आपके पास आँख नहीं है देखने के लिए। वो जो 'देखना' है, उसमें हमेशा एक चित्र शामिल होता है।

• आपके विजन में...?

हाँ, वो अवचेतन में है। असल में ये अवचेतन का मामला है। मैं फ़ोटोग्राफ़ी को भी अवचेतन का मामला मानती हूँ, क्योंकि जब

आप देख रहे होते हैं तो ख़ुद–ब–ख़ुद एक कहानी के साथ चल रहे होते हैं। उसी में से आप रंग उठा रहे होते हैं, उसी में से रूपाकार, उसी में से कहानी उठा रहे होते हैं। मैं अगर शाम को किसी कार्यक्रम में जा रही हूँ, ख़ूबसूरत शाम है और ढल रही है, तो मेरा ध्यान ट्रैफ़िक पर नहीं होता। मेरा ध्यान आसमान पर होता है, जहाँ पर एक रूपाकार बन–बिगड़ रहा है। बादल सुनहरे होकर कैसे धूसर में परिवर्तित हो रहे हैं, यानी मेरी पेंटिंग तब भी चल रही होती है। वह हमेशा मेरे साथ में है। ये देखना है। ये ग्रहण करना है। आपका दिमाग़ किसी चीज़ को ग्रहण कर रहा है। फिर जब मैं पेंटिंग करने बैठी हूँ, चाहे कितने भी दिनों बाद तो मेरे साथ वह देखा हुआ दृश्य है।

• यानी वो देखा हुआ याद आता है?

मेरी ग्रहण करने की क्षमता व याददाश्त बहुत अच्छी है। जो मेरा काम है, वो भी बहुत हद तक फ़ुरसती क़ाम है। इसमें बहुत गुंजाइश है और बहुत गहराई तक जाने की ज़रूरत है। अभी ये अपनी भाषा गढ़ने की प्रक्रिया में है। फ़िलहाल इसकी कोई भाषा नहीं बनी है। मेरे ख़याल से जब तक इसकी भाषा नहीं बनेगी, तब तक इसको पूरी तरह व्यक्त करना मुश्किल ही रहेगा।

• एक चित्र की भाषा क्या होती है?

चित्र की भाषा ये होती है कि वह दर्शक से संवाद करने लगता है।

• कलाकार से या देखने वाले से?

कलाकार से तो संवाद हो ही रहा है, तभी तो वह भाषा गढ़ेगा आगे जाकर। अगर मैं अपने चित्र से संवाद ही नहीं कर पाऊँगी, तो मैं क्या कर रही हूँ? क्योंकि जब तक संवाद नहीं बनेगा, तब तक चित्र कैसे बनायेंगे आप? अगर लोग बनाते हैं तो कैसे बनाते हैं, मुझे नहीं पता! वे बहुत माहिर लोग होंगे! मेरा संवाद उसके साथ है। यह संवाद ही आगे जाकर भाषा का रूप धरेगा। जब उसकी भाषा तैयार हो जायेगी, वो देखने वाले से बात करने लग जायेगा।

कुछ समय पहले भारत भवन, भोपाल में मेरे चित्रों की प्रदर्शनी थी। उसी दौरान एक दर्शक ने आकर कहा कि आपके चित्रों में कुछ ऐसा है, जिसको मैं बहुत सारी बातों से जोड़कर देख रहा हूँ। वो मेरे लिए विस्मय का क्षण था। प्रदर्शनी में जैसे ही कोई आता और बोलता कि 'वाह! कितने सुन्दर रंग हैं।' फिर मैं अपने चित्रों को एक अलग नज़रिये से देखती थी कि अच्छा! तो वो भाषा तो गढ़ रहा है, लेकिन उसमें गुंजाइश बहुत है। गुंजाइश रहेगी, तभी तो कहीं पहुँच पायेगा। जब मैंने फ़ोटोशॉप से अपने रूपाकार को उठाया था, उसमें से कुछ तकनीकी विचार निकलकर आये थे। आप सोचिये कि तकनीक भी प्रकृति से जुड़ी हुई है। मेरी प्रकृति तो मुझे तकनीक से ही मिली है। उसको मैं कम्प्यूटर में देख रही हूँ, लेकिन मैं एक लैण्डस्केप के बारे में सोच रही हूँ। यह जुड़ाव है ही। ये मेरे देखने का विस्तार है। कहीं मैं मधुमक्खी का छत्ता देख रही हूँ तो मुझे लगता है कि ये कुछ मिलता–जुलता–सा है। जब मकड़ी का जाला देख रही हूँ, लगता है ये मेरी पेंटिंग के जैसा लग रहा है। याद्दाश्त अपने देखे हुए से एक तरह का सम्बन्ध भी बनाती है। मैंने इस पर बहुत काम किया है। ये फॉर्म हमारे जीवन का हिस्सा है। शरीर के जो सेल्स हैं, अगर आप उनको माइक्रो स्तर में जाकर देखें, यही फॉर्म है, वो पूरा यही फॉर्म है। यहाँ तक कि जितने भी वाइरस हैं, उसमें सबका यही फॉर्म है। इतने सुन्दर, कमाल के रंग हैं कि आपको लगता है कि कितनी ख़ूबसूरत है ये ख़तरनाक चीज़।

• क्या इसमें डिज़ाइन होने की एक सम्भावना भी दिखती है आपको?

मैंने इसको छोड़ दिया है। मैं उसको अवधारणात्मक काम नहीं कहती। जैसे कई टेस्ट होते हैं, जो एक तरीक़े से उसको ढालते हैं, ये इस तरीक़े से हो जायेगा। मैं उसको छोड़कर करती हूँ। मैं अनियन्त्रित स्वतन्त्र ढंग से काम करती हूँ, जो बहुत रिस्की भी है। लेकिन मेरे साथ में अभी तक उसका तालमेल बैठा हुआ है। मैं उसको डिज़ाइन की तरह नहीं देखती। न ही देखना चाहूँगी। मैं उसको बाँधना नहीं चाहती।

• कोई मेमोरी, जैसा आपने शुरू में टेक्सटाइल डिज़ाइन के बारे में बताया...?

वो तकनीकी विषय है और उससे मेरी एक समझ व संवेदना विक. सित हुई थी। वैसे भी रंग, आकार और रूपाकार को लेकर मेरी एक संवेदना थी ही। लड़कियों में वैसे भी जोड़ने का गुण होता है। लड़कों में भी होता होगा, लेकिन लड़कियों में ज़्यादा होता है। वो मेरा था ही, लेकिन उस कोर्स की वजह से मुझे बहुत सारी चीज़ें समझ में आयीं। जैसे वहाँ पर हमें बुटिक सिखाया गया और जहाँ वो होता है वहाँ ले जाकर बाक़ायदा ट्रेनिंग दी गयी। वो भले ही स्क्रीन प्रिंटिंग हो, बुटिक, टॉय एण्ड डाय हो। मतलब, आप तकनीक के साथ कैसे काम करते हैं और उसको कैसे साधते हैं, ये मैंने वहाँ से सीखा। ये शुरुआत जब मैंने की तब उसके तकनीकी पक्ष से एक ऐसी चीज़ निकलकर आयी, जो मेरी पेंटिंग में फॉर्म की तरह स्थापित हुई, जिसकी तलाश मुझे पिछले कुछ साल से थी। उसके बीच मैंने कहीं भी अपने चित्रों को प्रदर्शित नहीं किया। मैंने बहुत काम किया। मेरा काम बिका भी, लेकिन मेरे काम में मेरा स्वभाव नहीं था कि देखकर कोई यह कह सके कि ये प्रीति मान का काम है। मैं उसकी खोज में थी। बिखराव नहीं चाहती थी। मुझे साधकर सारी चीज़ों को एक जगह लाना था। फिर चाहे लैण्डस्केप हो या पोर्ट्रेट, मैंने दो वृत्तियों को जोड़ना सीखा।

• क्या यह चुनौती थी आपके लिए?

बहुत बड़ी चुनौती थी। उन पाँच साल में मैं भयंकर तरीक़े से बेचैन रही। हर तरह का संघर्ष था। सौभाग्य से फ़ोटोग्राफ़ी भी उसी दौरान, उसी की भरपाई करने के लिए, शुरू की थी। जब ये फॉर्म मैंने खोज लिया तो धीरे–धीरे मेरी समझ उसके साथ बढ़ती गयी या मेरा तालमेल उसके साथ बैठता गया। फिर उसके बाद मेरा देखना शुरू हुआ। मैं हर चीज़ को उसी तरीक़े से देखती थी। अगर मैं एक फ्लॉवर पॉट देख रही हूँ तो उसको ब्रेक करके देखती थी। लेकिन, मैं उसको ब्रेक करूँ तो उसे अपने काम से रिलेट करने की कोशिश करती थी कि इसमें किन रंगों की सम्भावना है, जो मेरे लिए वैसे ही सरप्राइज़ होता था कि वो निकलकर कुछ दूसरा

ही आ जाता था। मैं इसकी तस्वीर खींचकर डिस्टॉर्ट करूँ तो वह कुछ और ही दिखने लगे। मज़ेदार था मेरे लिए। फिर धीरे–धीरे प्रकृति में मैंने देखना शुरू किया। असल में वो ख़ुद ही मेरी नज़र में आने लगा। मधुमक्खी का छत्ता! मेरी एक प्रदर्शनी में पेंटिंग के लिए किसी ने कहा था कि ये साँप की केंचुली की तरह लग रही है। मैंने साँप की केंचुली नहीं बनायी, पर उसको साँप की केंचुली दिख रही थी। फिर मैंने साँप की केंचुली सर्च की और तमाम तरह की केंचुलियाँ देखीं। तब लगा कि हाँ, ये फॉर्म तो है और ये कितनी ख़ूबसूरत चीज़ है। फिर उसकी ख़ूबसूरती समझ आना शुरू हुई। वो फॉर्म मुझे जमा। उस पर मैंने काम किया। उसकी और मेरी मित्रता भी हो गयी। हमारा मामला सही चल रहा था। हम हाथ पकड़कर चल रहे थे, लेकिन फिर उसने मुझे विस्तार दिया और ये विस्तार की जो सम्भावना है, वो जीवन में हर जगह है। जिस फॉर्म में मैं काम कर रही हूँ, मुझे नहीं लगता कि बहुत जल्दी मेरा इससे पीछा छूटने वाला है। मुझे लगता है कि इसमें बहुत सारी सम्भावनाएँ अभी बाक़ी हैं।

• अमूर्त और मौलिक?

सब कुछ। आप वो ब्रिक्स देखेंगे, जो आजकल सड़क पर लगते हैं। वो उसके दिये जा रहे हैं। ये छोड़िये। अभी यहाँ पर! इन्दौर के पास में एक जगह है, जहाँ रॉक्स फॉर्मेशन है। उसकी जो चट्टानें हैं, उसका रूप भी यही है। मुझे यह नहीं लगता कि मैं कुछ नया या अनोखा कर रही हूँ। मुझे प्रकृति ने ख़ुद ही यह फॉर्म दिया है।

• दो–तीन बार आपने डिस्टॉर्शन की बात की। ये कैसे आता है?

देखिये, सूक्ष्मता वैसे भी भारतीय का एक आदर्श रहा है। हमारे जो धर्मग्रन्थ हैं, उनमें सूक्ष्म–ज्ञान और इस पर हमेशा से ज़ोर दिया गया। सूक्ष्म–ज्ञान से आप देखें तो आपको क्या समझ में आता है? मतलब, आप एक चीज़ अपने सामने देख रहे हैं, उसकी सम्भावना कहाँ तक है। अगर मैं यूनिवर्स देख रही हूँ, अगर मैं आसमान

देख रही हूँ, मेरी निगाह जहाँ तक पहुँच रही है, मुझे वहीं तक दिख रहा है, लेकिन सूक्ष्मता में वो पता नहीं कि अनन्त कहाँ तक है। यही इनके मामले में होता है। हमने जो वाइरस और उसकी बात की, उसे बारीक़ी से आप देखिये, वो कहाँ तक पहुँच रहा है, लेकिन आप आँखों से उसको नहीं देख पा रहे हैं।

• इनमें दिखने वाला फ़्लो कैसे आता है?

ये फ़्लो तो नैचुरल ही आता है, इसमें मेरा कोई रोल नहीं है। इसमें मेरे अवचेतन की भूमिका मुख्य है और वो कैसे होता है, पता नहीं। कई बार आश्चर्य ही होता है। मैं इसमें जब हरा रंग डाल रही थी तो मुझे लग रहा था कि पता नहीं ये आयेगा या नहीं। पेंटिंग तो ख़राब नहीं हो जायेगी। आप इतने बड़े कैनवस को पेंट कर रहे हैं और बनने के बाद वो अगर वैसा नहीं बने, जैसा आप चाह रहे थे तो लगता है।

• स्पेस को लेकर आपके दिमाग़ में क्या है?

मेरी ये जो पेंटिंग है, ये बहुत समय लेती है। ये छोटे–छोटे ब्लॉक्स बनाना होते हैं, ग्रहण करना होते हैं। उसी दौरान आपको लय और ताल सब कुछ देखना होता है, संयोग देखना होते हैं, रंग देखना होते हैं। हालाँकि इसमें मैं थोड़ा–सा फ्री मोड में चलती हूँ, लेकिन मुझे बहुत डर लगता है, जब बड़े कैनवस के सामने बैठी होती हूँ। मुझे यह लगता है कि मैं वहाँ तक पहुँच पाऊँगी? क्योंकि मैं तो एक अणु से शुरू कर रही हूँ न! मैं पहला बीज डाल रही हूँ। उसे वहाँ तक पहुँचा पाऊँगी? अभी तक तो जितना हुआ, वो पहुँचता है, अच्छा पहुँचता है। जब धीरे–धीरे मेरी उससे बातचीत शुरू हो जाती है, काम जैसे–जैसे आगे बढ़ता जाता है, वो अपना रास्ता ख़ुद खोजता है।

• ये बहुत मैजिकल (जादुई) है?

हाँ, बहुत मैजिकल है। जब आप काम करना शुरू करते हैं, वो जैसे–जैसे आगे बढ़ता जाता है–वो जादू है!

• रूप परिवर्तन को कैसे महसूस करती हैं, क्या रूपाकार अपने आप बदलते हैं?

चित्रित करते हुए बीच–बीच में जब आप टेंस क्रिएट करते हैं और यह देखते हैं कि ये कहाँ तक पहुँच रहा है और मैं ये करना चाहती थी और इसने देखो अपना रास्ता खुद–ये आपको समझ में आता है। आप देख सकते हैं, अगर आपके पास देखने वाली आँख है, आपको समझ में आता है, बना रहा है। चित्र वाकई निर्देशित करते हैं कि अब आपको इस दिशा में बढ़ना है। ये कमाल का अनुभव है! मैं कितनी बार बैठी–बैठी हँसती रहती हूँ अपनी पेंटिंग को देखकर। यही इसका मज़ा है। ये मज़ा बना हुआ है तो फिर आपको यह फ़िक्र नहीं रहती कि ये बिकेगी या नहीं। मैं रात–रात भर चित्र बनाती थी। इस दौरान एक और अनुभव किया। ये बहुत मेडिटेटिव है। आप जब चार–पाँच घण्टे शान्त माहौल में चित्र बना रहे हैं, बिना रुकावट के तो इससे अजीब तरह की आत्मानुभूति और शान्ति महसूस करते हैं। आपको समझ में नहीं आता कि ये क्या जादू है। मुझे ये समझने में बहुत समय लगेगा। ये मेरे लिए बहुत आकर्षक है। सबसे ज़्यादा खुशी मुझे सिर्फ़ चित्र बनाने से ही मिलती है।

• अगर हम दूसरे कलारूपों की बात करें, जैसे नाटक, कविता, साहित्य आदि, क्या ये सब आपकी रचनात्मकता का हिस्सा बन पाते हैं?

बिलकुल! और इनके साथ के कारण आपकी समझ भी बढ़ती है। मैं फ़ोटो जर्नलिस्ट हूँ। आर्ट एण्ड कल्चर पर ही काम करती हूँ और ज़्यादातर उसी माहौल में रहती हूँ, अलग–अलग विधा के कलाकारों के बीच। उनका अलग तरीक़े का काम है। मैं अगर इसमें से थिएटर उठाऊँ, तो थिएटर हो गया, क्लासिकल म्यूज़िक, क्लासिक डांस, पेंटिंग और स्कल्पचर, जो भी कला विधा आप सोच सकते हैं, उन सबसे मेरा ताल्लुक है, मिलना–जुलना है, देखना है। जब थिएटर देखती हूँ, मैंने कई रिहर्सल भी देखी हैं। उसकी पूरी प्रक्रिया देखिये, जब स्टेज पर वे लोग रिहर्सल कर रहे होते हैं, किस तरह से स्टेज का इस्तेमाल करते हैं। अगर किसी कैनवस को आप देखें तो असल में वही मंच है। अब आप किस तरह से पूरे स्पेस को

इस्तेमाल कर रहे हैं! कई बार फ़ोटो खींचते–खींचते देखने लग जाती हूँ कि उन्होंने कहाँ से एंट्री की। थिएटर में भी यही होता है। थिएटर तो कमाल की चीज़ है! उसमें कलाकार कब, कहाँ से किधर जाता है, बिलकुल ऐसा लगता है जैसे शतरंज की बिसात बिछी हुई है। और हाँ, वो मुझे अपनी पेंटिंग में नज़र आती है।

- **आपके रूपाकार भी यहाँ से वहाँ हो रहे हैं?**

हाँ, वो भी अपना रास्ता ख़ुद बना रहे हैं। ड्रामे की तरह या स्टेज की तरह आप उसको देख सकते हैं, संगीत की तरह देख सकते हैं। उसमें लय है। अगर आप देखेंगे तो रंग एक लय में चलते हैं। मेरे ख़याल से यही सब ज़िम्मेदार हैं उसके लिए। मैं इतनी बारीक़ी से देखती और समझती हूँ इन चीज़ों को कि वो कहीं–न–कहीं मेरे दिमाग़ में, मेरे अवचेतन में जमा होते जाते होंगे और जब काम करने लगती हूँ तो वो शायद उसमें आ जाते हैं।

- **एक चित्र से आपका सम्बन्ध कैसे बनता है?**

चित्र बना रहे हैं तो आप एक सम्बन्ध स्थापित कर रहे हैं। भले व्यावसायिक स्तर पर कर रहे हैं या अपनी रुचि से कर रहे हैं, आपका सम्बन्ध तो किसी न किसी रूपाकार से बनता है। मुझे लगता है कि रीडिंग स्पेस होना चाहिए पेंटिंग और आर्टिस्ट के बीच में। जैसे मैंने किसी कैनवस पर पेंट लगाया तो उस पर दीवारों की तरह पेंट नहीं कर सकती, क्योंकि मुझे तकनीक पता है, मुझे रंग पता हैं, मैंने तय कर लिया है कि अब इसको ऐसा कर देना है। मैं वैसा काम नहीं कर सकती। मुझे बीच–बीच में उसको रीडिंग स्पेस देना पड़ेगा। थोड़ी देर उससे संवाद स्थापित करूँ। उसको देखूँ और उसको छोड़ूँ कि देखो, मैंने ये शुरू कर दिया। अब ज़रा रास्ता देखो कि कहाँ जाता है। ये बहुत कमाल की चीज़ है।

- **इसे लेकर आपकी अपनी कोई परिभाषा है?**

हाँ, यही मेरी परिभाषा है। अमूर्त की तरफ़ मेरा झुकाव इसलिए हुआ और ये सहज झुकाव है। अमूर्त में सम्भावनाएँ बहुत ज़्यादा हैं

और ये बँधा हुआ नहीं है। लैण्डस्केप, पोर्ट्रेट ये सब बँधे हुए हैं। ये आपको सीमित सम्भावनाएँ देते हैं। आप ज़्यादा–से–ज़्यादा क्या करेंगे, चेहरे को गुलाबी रंग देंगे या नीला रंग देंगे या एक्सप्रेशन में थोड़ा बदलाव कर देंगे। मुझे लगता है कि कार्टून, कैरीकेचर और अमूर्त ये ऐसे फॉर्म हैं, जो आपको असीमित सम्भावनाएँ देते हैं। इसमें कोई सीमा ही नहीं है। आप जितना खोजते जायेंगे, आपके लिए कुछ और नया निकलता जायेगा। वो जो भावनात्मक उत्साह होता है, जब आप रंग मिला रहे हैं व कुछ और बनाना चाह रहे थे, रंग कुछ और बन रहे हैं, फिर आप लगा रहे हैं और वो निकलकर कुछ और आ रहा है। दिमाग़ में कुछ और था, बन कुछ और गया जब वो समग्रता में सामने आता है। कला का काम आकर्षण है, सौ की सीधी एक बात।

• कला आकर्षण पैदा करती है...?

हाँ। अगर आप किसी पेंटिंग को देख रहे हैं, अगर मैं साधारण इनसान की तरह देखूँ, अगर इतनी सारी बातचीत को परे रखकर सिर्फ़ देखने के लिए पेंटिंग देखूँ तो मुझे वो ख़ुशी देना चाहिए। देखने में ख़ुशी हासिल होना चाहिए। कितने इज़्म हैं, भले ही अमूर्त हो या घनवादी हो, कुछ भी हो, वो अगर बाँध रही है और मुझे उसको देखकर ख़ुशी हो रही है तो पेंटिंग का काम हो गया।

• और रंग...?

रंग तो सारे ही लुभाते हैं, अगर आप कलाकार हैं और रंगों से ही आपका समाज है। एक तरह से आपके लिए समाज है। रंग सारे ही अच्छे लगते हैं, लेकिन मुझे ऐसा लगता है जब मैं काम करने बैठती हूँ बहुत ज़्यादा तय नहीं करती। हाँ, एक बेस ज़रूर बनाती हूँ कि चलो ठीक है, इस रंग से शुरू कर देंगे, इसके साथ ये अच्छा लगेगा। मेरे काम में आमतौर पर नीला, धूसर या गहरा नीला आ जाता है। हलका नीला आसमानी रंग का हर टोन आ जाता है। ये प्राकृतिक है। नीला रंग मुझे बहुत आकर्षित करता है या देखने में हमेशा नदी या आसमान खींचता रहा है। मेरे पिता को नीला रंग बहुत पसन्द है। शायद यह भी एक कारण हो सकता

है कि मैं उनके नज़दीक हूँ। अगर आप कभी नोटिस करें तो मेरे ज़्यादातर कपड़े नीले होते हैं और वो नैचुरल होते हैं मेरे साथ में। पीला भी काफ़ी हद तक होता है। लाल मुझे बहुत ज़्यादा पसन्द है। ऐसे नॉर्मल, डल ऑरेंज नहीं, ब्राइट ऑरेंज भी हैं। रंग मुझे हमेशा से आकर्षित करते हैं, लेकिन जिसको मैं पसन्द करती हूँ, वो रंग नीला है।

- **एक चित्र आपसे क्या माँगता है?**

आप जब पेंट कर रहे हैं, मुझे लगता है कि वो ध्यान माँगता है, वो समझ आपको बताती है कि आपको किस तरह चलना चाहिए और फिर यह बाद की बात है कि पेंटिंग अपना रास्ता ख़ुद तय कर रही है। लेकिन, शुरुआत आप ही कर रहे हैं, उसके लिए जगह आप ही बना रहे हैं! आप लगातार उसके बारे में सोच रहे होते हैं, आप लगातार रंग देख रहे होते हैं, आप लगातार रंगों को मिला रहे होते हैं, ये बिना ध्यान के नहीं हो सकता। उसके अलावा कई आर्टिस्ट हैं, जो फाइन आर्ट के पढ़े हुए लोग हैं, सीनियर हैं, मुझसे उम्र में काफ़ी बड़े हैं, वो मेरा काम देखते हैं बहुत तारीफ़ करते हैं। मुझे समझ में नहीं आता है! वो मुझे बोलते हैं कि 'आप बहुत रिस्क लेती हैं रंग के साथ, हम नहीं ले सकते।' और मुझे वो रिस्क लगता ही नहीं। मेरा बहुत स्वाभाविक सम्बन्ध है उससे।

- **शायद ट्रेंड माइंड, उस तरह का रहा नहीं?**

मेरी इस तरह से पॉलिशिंग नहीं हुई है। मेरा बहुत रॉ मामला है। मैं रिस्क लेने की क़ाबिलियत रखती हूँ। जैसे येलो वाला आप कह रहे हैं। बाद में मुझे यह बताया गया कि येलो से बहुत–से आर्टिस्ट घबराते हैं, क्योंकि वो बहुत मुश्किल रंग है लगाने में। लेकिन, मुझे कुछ भी ऐसा नहीं लगा। मुझे ख़ुशी होती है इस बात की, जब मैं इस तरह की बात सुनती हूँ कि मेरा एक सहज सम्बन्ध है रंगों से और अपनी पेंटिंग के साथ। मुझे कई सुझाव भी मिलते रहते हैं। जो फाइन आर्ट कॉलेज में पढ़े हुए आर्टिस्ट हैं, वे मुझे कहते हैं– 'आपको लेयरिंग करना चाहिए, ये करना चाहिए, वो करना चाहिए।'

मैं एक कान से सुनती हूँ और दूसरे से निकाल देती हूँ, क्योंकि मुझे सीखना नहीं है।

• क्या कोई विचार किसी चित्र को विस्तार देता है?

विचार महत्त्वपूर्ण होता है एक कलाकार के लिए। उस विचार को आप किस स्तर तक ले जा सकते हो, कितना विस्तार कर सकते हो, कितना विविध कर सकते हो, यह महत्त्वपूर्ण है। मेरी ये जो 'पिंक' वाली पेंटिंग है, वो बिलकुल अपोजिट है इस काम के। जैसे उसको आपने 'रिवर्स' कर दिया हो। ये, जब आप फ़ोटोग्राफ़ी में निगेटिव पर काम करते थे, वो वाला मामला है। आपने फ़ोटो खींची है, उसे डार्करूम में प्रोसेस किया और उसका पॉजिटिव बनाया। असल में देखें, यह बिलकुल अपोजिट साइड है। ये अपने आप में बहुत आइडिया देता है। किसी आइडिया को पकड़कर, उसको किस तरह से तोड़–मरोड़कर, एक्सपेरिमेंट करके कितना आप निचोड़ सकते हैं? अपने काम को आप किस स्तर तक फैला सकते हैं। आप उसको एक लिमिट तक नहीं रख रहे हैं। जैसे इंस्टालेशन वर्क। विशेष तौर से मुझे इंस्टालेशन के काम इसलिए आकर्षित करते हैं कि वो किस हद तक सम्भावनाएँ देखते हैं। अगर मैं भारतीय कलाकारों का नाम लूँ, सुबोध भी हैं। सुबोध का विचार बहुत साधारण है, उसका विस्तार उस स्तर पर है, जहाँ पर आप कल्पना नहीं कर सकते। अब जहाँ पर आम आदमी कल्पना नहीं कर सकता, वहाँ आप पहुँच रहे होते हैं। कला की ताक़त बहुत कमाल की है! और हैं वही चीज़ें, जो आप रोज़मर्रा में घर में देखते हैं। इंस्टालेशन आर्टिस्ट ज़्यादातर ऐसे ही काम करते हैं। 'साइपे' नामक एक 'इण्डोनेशियन' आर्टिस्ट हैं। उनके इंस्टालेशन के काम मैंने देखे। वो बैम्बू से नाव, और उनका बचपन भी उसी तरह का रहा है। उनके पिताजी मछुआरे होंगे। उन्होंने फाइन आर्ट की पढ़ाई की। फिर भी वो बैकग्राउंड उनके दिमाग़ में रहा। वह इस लेवल पर जाकर इसको बना रहे हैं कि उसको देखकर लगता है 'क्या ये भी सम्भव है?' सम्भावना से परे जब आर्टिस्ट देखने लग जाता है न, उसका मज़ा ही कुछ और होता है।

• आपके लिए पेंटिंग क्या है?

आप मुझसे बहुत ईमानदार जवाब चाह रहे हैं। मेरे लिए पेंटिंग एक दोस्त की तरह है। मुझे उसमें आनन्द मिलता है। एक तरह की सन्तुष्टि है मेरे लिए। मैं जिस शहर में रह रही हूँ, उसमें इतने दाँव–पेंच, भागदौड़ और ये सब है, अगर वहाँ पर मुझे कोई कोना ऐसा मिल रहा है, जहाँ मन अपने आपको शान्त कर रहा है और जिनमें से वो रंग या जो भी उभरकर आ रहे हैं या जो बन रहे हैं, वो मुझे ख़ुशी दे रहा है। वो सच्ची ख़ुशी होती है। वो महसूस होती है आपको। मुझे नहीं लगता कि मुझसे ज़्यादा सौभाग्यशाली कोई और भी है इस पूरे शहर में। अगर मुझे ये ख़ुशी थोड़ी–सी मिल पा रही है तो मेरे लिए आनन्द है।

• क्या किसी चित्रकार के रंगों को देखते हुए उनसे कोई प्रभाव ग्रहण करती हैं? मसलन, सैयद हैदर रज़ा के चित्रों को देखते हुए क्या महसूस होता है?

मैंने जब रज़ा के काम देखना शुरू किये थे, वो वाकई में उनके रंगों के विस्तार हैं। मैं कई बार उनके रंग चुराती भी हूँ। चुराने से मेरा तात्पर्य यह कि अगर मुझे रंग समझना है, अगर यह देखना है कि मुझे इस रंग के साथ में ये रंग रखना है तो कैसे जायेगा, तब मैं रज़ा की पेंटिंग्स देखना शुरू करती हूँ, क्योंकि वह कमाल तरीक़े से रंग रखते हैं! वह विरोधी रंगों को इस तरीक़े से रख देते हैं, एक–दूसरे के पास में कि लगता है यह बेहद कमाल का मामला है। वो चीज़ वहाँ से सीखने को मिलती है, इसमें कोई दो राय नहीं। मैंने उनके साथ काफ़ी समय स्टूडियो में बिताया। उनको रंग लगाते हुए भी देखा है। कलाकार किस तरह से काम करते हैं, ये मुझे उनको काम करते हुए देखकर सीखने को मिला। मैं उस तरह से नहीं, थोड़ा सँभलकर रंग लगाती हूँ। रज़ा बहुत फ्री रंग लगाते थे और वो लाइन से बाहर नहीं जाता था। ये साधने में मुझे कम से कम सौ साल लगेंगे। हाँ, रंगों को अपना तालमेल बनाना आता है। वे अपना स्वभाव जानते हैं। उनको बहुत खींचने की ज़रूरत नहीं है। उनको छोड़ देना चाहिए, वो अपनी दोस्ती कर लेंगे और जैसा उनको होना चाहिए, वैसा ही दिखेंगे। तो उनसे बहुत डरने

की ज़रूरत नहीं है। उनको आप जितना खुला छोड़ देंगे, जितनी स्वतन्त्रता उनको मिलेगी, उतनी ख़ूबसूरती से वो निखरकर आयेंगे।

• किस तरह की सम्भावनाएँ देखती हैं आप अपने काम को लेकर?

मैंने शुरुआत की, मैं अपना एक फॉर्म खोज रही हूँ, जो अभी एक प्रक्रिया में है। इसमें मैं कुछ काम करूँगी, लेकिन जैसे–जैसे मैं इसको देखती जा रही हूँ, अब मुझे इसमें इतनी सम्भावनाएँ दिख रही हैं, यहाँ तक कि मुझे ऐसा लगता है कि मैं इसमें एक बहुत ख़ूबसूरत इंस्टालेशन भी कर सकती हूँ, क्योंकि अब मैं प्रकृति में जहाँ भी देखती हूँ, यही फॉर्म नज़र आता है। इसमें विस्तार कमाल का है! अभी मैं रंगों के साथ प्रयोग कर रही हूँ और रंगों में ही इतनी उलझी हुई हूँ, फॉर्म को एक्सप्लोर करना अभी बाक़ी है। उसको मैंने साइड में रख दिया। जब मुझे लगता है कि हाँ, अब मैंने वो फॉर्म तैयार कर लिया है, उसके बाद इस फॉर्म को उठाऊँगी। इसमें क्या–क्या विस्तार किया जा सकता है, वो स्कल्पचर के रूप में, पेंटिंग के रूप में या इंस्टालेशन के रूप में या और किसी विधा में बरतने के रूप में, यह पता नहीं; मुझे लगता है कि ये मेरे लिए बेस है जिसमें मैं सम्भावनाएँ खोज सकती हूँ, जिसमें रचनात्मक ढंग से अपने आपको व्यक्त कर सकती हूँ। सम्भावना का एक रोमांस है, वो कमाल का है। हम और रंगों की बात करें तो रंगों में तो ख़ैर सम्भावनाओं की कोई कमी नहीं है। हर बार हमारी रंग पैलेट आती है, उसमें नये रंग जुड़ गये होते हैं। रंग को आप जितना चाहे विस्तार दे सकते हैं। रंगों से मेरा एक तरह का सम्बन्ध है भी, थोड़ा। मुझे हमेशा ब्राइट कलर बहुत आकर्षित करते हैं। मुझे हमेशा खिले–खिले रंग अच्छे लगते हैं।

• जैसा आपका स्वभाव है...?

वो झलकता ही है। मुझे ऐसा लगता है कि एक चित्रकार रंग का चुनाव भीतर से करता है, रंग आपका स्वभाव दर्शाते हैं। आप किस तरह का रंग पसन्द कर रहे हैं, कौन–सा रंग ज़्यादा इस्तेमाल कर

रहे हैं, वो आपके स्वभाव को दर्शाता है। मेरे काम में ख़ुद–ब–ख़ुद ब्लू और ग्रे आता है, वही मेरे स्वभाव में मुझे दिखता है। एक तरफ़ मैं बहुत ही शान्त और घर में पढ़ना व घरेलू लड़कियों की तरह रहना पसन्द करती हूँ, लेकिन जब बाहर जाती हूँ और लोगों से मिलती हूँ तो इतनी ज़्यादा बातूनी हो जाती हूँ कि कई बार लोग मुझसे घबराने लगते हैं। मैं उसको एन्जॉय करती हूँ।

तकनीक और प्रकृति मुझे समान रूप से पसन्द हैं

धर्मेन्द्र पारे

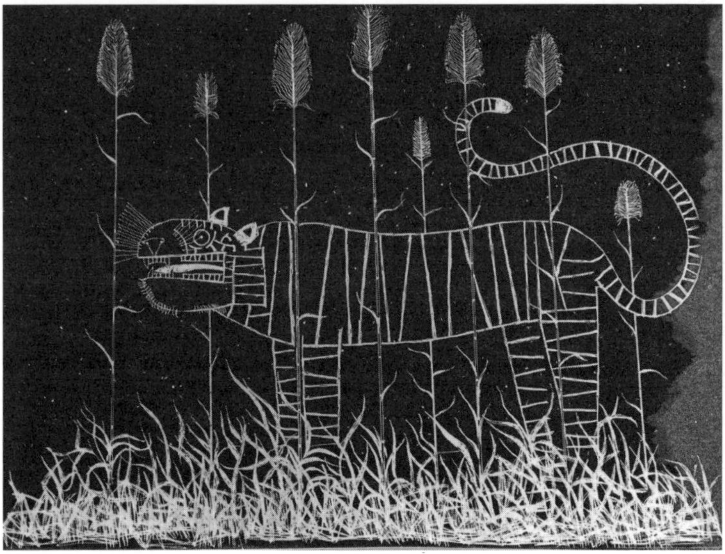

हम अपने देखने में कई परिचित–अपरिचित छवियों से रूबरू होते रहते हैं जो कहीं हमारी नियमित जीवनचर्या का हिस्सा भी होती हैं, कहीं बमुश्किल दिखती हैं। बरसों–बरस हम जाने–अजाने उन्हें देखते हुए गुज़ारते हैं। उन छवियों का स्थिर व स्थायी चरित्र कब हमारी स्मृति में स्थायी ढंग से वास कर जाता है इस बात से सर्वथा अनभिज्ञ रहते है। धर्मेन्द्र विविध रंगों के विपरीत अपने श्वेत–श्याम रेखाचित्रों में कुछ ऐसी ही परिचित–अपरिचित छवियों को अतीत के किसी हिस्से से चुनकर अपने रेखाचित्रों में सरल व सहज ढंग से चित्रित करते हुए नज़र आते हैं। कई तरह के मशीनी रूपाकार उनके रेखांकनों की मुख्य विषय–वस्तु रहे हैं। सम्भवतः इन्हें देखते हुए इनसे गहरा प्रभाव ग्रहण करते हैं। तकनीक को लेकर उनकी व्यक्तिगत रुचि ने इस तरह के रूपाकारों के प्रति आकर्षित किया हो। बतौर प्रयोग उनके रेखांकनों में कहीं–कहीं सपाट रंगों का इस्तेमाल भी है, यहाँ पर वे भारतीय लघुचित्र परम्परा में रंगों को लगाने के ढंग को याद करते हैं, उनके रेखांकनों को देखकर महसूस होता है। स्थापत्य के प्रभावों को भी वे अपने काम में लगातार आगे बढ़ाते रहे हैं। वस्तु छवियों के प्रचलित आकार से इतर उन्हें कई तरह से चित्रित करते हुए उनमें चकित व चमत्कृत करने वाले भाव को दर्शाना ही उनकी पहली कोशिश होती है, कि इनको देखने वाले एक 'रूपाकार' में कई छवियों को महसूस कर सकें। एक ही सतह पर 'ऑब्जेक्ट' और

उसमें मौजूद कथन पूरी तरह से खुलकर सामने हो। कैनवस और काग़ज़ दोनों की सतह पर काम करने के उनके भिन्न अनुभव रहे हैं, विशेषकर स्याही को काग़ज़ पर बरतने का। बड़े आकारों को रचने के लिए कैनवस उनके लिए बेहतर और सफल विकल्प की तरह रहा है। उनके रेखांकन छवियों का ऐसा संसार है जिसमें एक चित्रकार की अपनी एकान्तिक मौजूदगी, संयम, परिश्रम व स्वाभाविक मन्थरता प्रकट होती है। उनके लिए बुनियादी बात परिवेश है, वे उसमें जो देखते हैं उसको सरल व सहज ढंग से अपनी रेखाओं में प्रकट करते हैं। धर्मेन्द्र का शुमार उन समकालीन युवा चित्रकारों में है जिनका रुझान चित्रकला के बुनियादी स्वरूप रेखांकन (ड्राइंग) पर ज़्यादा रहा है। वह अक्सर सीधी रेखाओं से अपने रेखाचित्रों को विस्तार देते हैं। अपने आसपास मौजूद अनेक साधारण रूपाकारों से प्रभावों व कल्पनाशीलता को ग्रहण करते हुए उनके आकृतिमूलक रेखाचित्र अपने होने से एक दूसरे धरातल पर नज़र आते हैं, जो उन जैसे चित्रकार के अपने सहज व सरल होने का प्रमाण है। विशुद्ध रूप से रेखांकन में पहली खींची हुई रेखा ही उसका स्वरूप तय करती है, वह अपने होने से उसको विभाजित करते हुए उसमें बहुतेरे परिवर्तन भी अपने साथ लाती है। मूर्त और अमूर्त के मध्य लक्षित होते हुए धर्मेन्द्र के रेखांकन अपने में मौजूद सर्कल और ज्यामिति को भी रूपाकारों में ढाल लेते हैं। उनका रेखांकन स्मृति आधारित एक ऐसा भावपूर्ण अंकन है जो रंगों से नहीं, बल्कि रेखाओं से ख़ुद को व्यक्त करता है, जिसमें वे विस्तार की सम्भावना को भी बरकरार रखते हैं।

• चित्र बनाना आपके लिए क्या है? क्या उसकी रचना–प्रक्रिया में कोई वैचारिक आधार होता है?

किसी चित्र को बनाना या रेखांकन करना मेरे भावों की अभिव्यक्ति तो है ही, साथ ही एक माध्यम भी है, जिसको मैंने अब तक

देखा, समझा व जाना है। यह अभिव्यक्ति दूसरों तक पहुँचे, मेरा प्रयास यही है। चित्र बनाना या रेखांकन करना मेरे लिए तात्कालिक अनुभूति के साथ ही अतीत की स्मृतियों से अपने स्वभाव व उस बेचैनी को, जो बचपन से महसूस की, उसको जानना–समझना भी है। अन्य भारतीय चित्र कलाओं में आकारों, रूपाकारों को देखने की मेरी समझ अपने वर्तमान में इन सबके प्रति चिन्तन इन सभी का मिला–जुला परिणाम है, जो मैं चित्रों के माध्यम से व्यक्त कर पाता हूँ। एक तरह का स्वानुशासन भी है, जहाँ आप नियम स्वयं बनाने और उसे तोड़कर कुछ नया रचने के लिए पूरी तरह से स्वतन्त्र रहते हैं। देखे, समझे व जाने हुए को छोड़कर कुछ नया रचना अधिक महत्त्वपूर्ण और एक सुखद अनुभूति है। जब मैं स्वयं के देखने को एक मूर्तरूप लेते देख पाता हूँ, वहाँ चित्र रचने की प्रक्रिया का भी पूरी तरह आनन्द लेता हूँ। एक रोमांचक अनुभव और संवाद का माध्यम भी है–अपने समकालीन अन्य चित्रकारों के साथ। हर कलाकृति के पीछे चित्रकार का कोई–न–कोई विचार तो होता ही है, वो फिर मूर्त हो या अमूर्त, वह वो प्रत्यक्ष या परोक्ष रूप से कलाकृति में मौजूद रहता है। इसलिए अपने तरीक़े से देखने को विकसित करना भी अत्यन्त ही महत्त्वपूर्ण है, जिसके विकास में मेरे अच्छे गुरु व मित्रों के मार्गदर्शन का भी बहुत सहयोग रहा है। मेरे रेखाचित्रों में अक्सर एक 'ऑब्जेक्ट' (वस्तु) या। कोई यन्त्र ख़ाली सफ़ेद स्पेस के केन्द्र में दिखायी देता है। किसी खगोलीय पिण्ड की तरह, जिसमें अपना एक गुरुत्व हो, अन्य गुरुत्व बलों से मुक्त स्पेस में स्थिर, जिसे मेरे चित्रों की विशेष वस्तु माना जा सकता है। उदाहरण के लिए, हमेशा घर में रही सिलाई मशीन, जो बचपन से ही मुझे आकर्षित करती रही और चकित भी, जो मशीनों के प्रति मेरे रुझान और प्रेरणा का स्रोत भी रही। उसकी बारीक़ी, उसके चलने से उत्पन्न लयबद्ध ध्वनि मानो सिलाई मशीन नहीं कोई वाद्ययन्त्र हो। मैं बड़ा चकित होता था कि कैसे सारे कलपुर्जों की ताक़त एक सूई की नोक, एक महीन बिन्दु पर आकर एकाग्र हो जाती है। उसके हर पुर्जे, हर हिस्से की सटीकता और तालमेल को देखकर चकित रहता हूँ और उसे चलाने वाले से भी वह पूरी एकाग्रता की माँग करती है। सूई में धागा पिरोने जैसा ध्यान! मेरे लिए विषय

वस्तु तो महत्त्वपूर्ण है ही, पर मेरे रेखाचित्रों में हर 'ऑब्जेक्ट' को बनाने के पीछे एक विचार पर अधिक बल देता हूँ, क्योंकि विषय वस्तु चित्र के विस्तार को कम कर देती है, जबकि विचार काफ़ी विस्तृत होता है। उसमें और अधिक विस्तार की गुंजाइश हमेशा रहती है। या तो मेरे पास कोई विचार पहले से ही मौजूद रहता है। फिर उसे व्यक्त करने के लिए किसी 'ऑब्जेक्ट' की खोज में लगा रहता हूँ, एक ही 'ऑब्जेक्ट' के कई अलग–अलग रेखाचित्र बनाता हूँ या फिर किसी वस्तु को देखकर भी किसी विचार का रास्ता मुझे मिल जाता है तो उसे ध्यान में रखते हुए रेखांकन करता हूँ। मेरे लिए चित्र बनाना एक वैज्ञानिक खोज की तरह भी है। निरन्तर प्रयोग करते रहना मुझे अच्छा लगता है। हर कलाकृति अपने होने में पूर्ण हो ऐसा निश्चित तौर पर कहना थोड़ा मुश्किल है, क्योंकि हर कलाकृति में आगे काम करने की गुंजाइश तो रहती ही है। बस, उसे कहाँ पर छोड़ देना है, यह चित्रकार पर निर्भर करता है। जहाँ मैं कुछ हद तक ख़ुद सन्तुष्ट हो पाता हूँ। कई बार किसी कृति को पूर्ण करने के बाद उसे देखकर भी कोई नया विचार या बदलाव मन में आता है, तब वह मेरे लिए किसी नयी कृति की तरफ़ बढ़ने का इशारा होता है, लेकिन पूरी तरह सन्तुष्ट हो पाना हमेशा ही सम्भव नहीं होता और नयी कृति में उस सन्तुष्टि को पाने का प्रयास निरन्तर जारी रहता है।

• क्या आपको रचनात्मकता में कहीं 'प्रभाव' महसूस होते हैं? यदि कृति में वह मौजूद हैं तो वे किस तरह से प्रकट होते हैं? क्या कोई कृति प्रभावों से मुक्त हो सकती है? किसी कृति को रचने के दौरान क्या किसी कलाकार या पूर्व में निर्मित किसी की कृति की स्मृति आपके साथ रहती है?

यदि हम चित्रों में प्रभाव पर बात करें तो केवल आदिकालीन चित्र ही प्रभावों से सबसे अधिक मुक्त रहे होंगे। वहाँ चित्र बनाने के पीछे अत्यन्त ही सहज भाव था। मनुष्य के विकास के साथ कला का भी विकास हुआ। समय के साथ दो अलग–अलग समुदाय कबीलों और संस्कृतियों का प्रभाव एक–दूसरे पर सहज ढंग से पड़ा। जो अच्छा लगा उसे साध लिया और कुछ छोड़ा। वैचारिक

आदान–प्रदान भी हुआ और इस सबका असर पारम्परिक कला पर भी बराबर समानान्तर रहा। इन कलाओं का संस्कृति के विकास में और वैचारिक आदान–प्रदान में महत्त्वपूर्ण योगदान रहा है। जब कोई कला किसी नये विचार को ग्रहण करती है, कुछ नया उद्‌घाटित होता ही है, पर जब आधुनिक कला पर बात करते हैं तो वहाँ कलाकार का व्यक्तिगत विचार भी महत्त्व रखता है। भारतीय चित्रकारों ने न सिर्फ़ पारम्परिक कलाओं के प्रभाव और विचारों, बल्कि देश के बाहर के चित्रकारों के विचारों को भी ग्रहण किया, जिससे हमेशा ही कुछ नया उद्‌घाटित होता रहा है। कुछ अत्यन्त आधुनिक विचार ऐसे भी थे, जो हमारी भारतीय पारम्परिक शैलियों में पहले से मौजूद थे। उदाहरण के लिए, हम क्युबिज़्म की बात करें, भारतीय मिनिएचर और अन्य पारम्परिक शैलियों में उसके पीछे का मूल विचार अत्यन्त ख़ूबसूरत ढंग से पहले से मौजूद था। ये सब कहने का मेरा तात्पर्य यह है कि कला में प्रभाव हमेशा रहे हैं और उनका असर कला पर रचनात्मक ही रहा। किसी प्रभाव को ग्रहण करना ग़लत नहीं, पर उसके पीछे उद्देश्य क्या है, यह कलाकार को मालूम होना चाहिए। सिर्फ़ देखकर नक़ल करना और उस नक़ल को ही अपना कला उद्देश्य मानकर करते रहना एक अलग बात है, पर उसके मूल भाव को आत्मसात् कर उसके अच्छे तत्त्व ग्रहण करके कुछ अपना खोज निकालना एक अलग मसला है। समय के साथ उससे निकलकर आगे कुछ खोजना ही महत्त्वपूर्ण है। जो प्रभाव आप ग्रहण कर रहे हैं, क्या वह स्वाभाविक है, सहज है या फिर किसी की तरह बनने या मैं भी ऐसा कर सकता हूँ यह बताने के लिए कर रहे हैं। इस पर भी कलाकार को विचार करना चाहिए। समय के साथ अनावश्यक चले भी जाते हैं, वहाँ फिर धैर्य और आत्ममन्थन महत्त्वपूर्ण होता है। ये अत्यन्त ही महत्त्वपूर्ण प्रश्न है कि मुझे अपनी रचनात्मकता में प्रभाव कहीं महसूस होते हैं। और यदि वह हैं तो किस तरह से प्रकट होते हैं। अपनी कला–यात्रा के दौरान प्रभाव को बिलकुल महसूस किया है, पर उन्हें उसी तरह से ग्रहण किया, जिस तरह कोई शिष्य अपने गुरु से ग्रहण करता है और सौभाग्यवश मुझे शुरुआत से ही गुरु मित्रों का साथ मिला, जिनमें रूपाकारों को लेकर गहरी समझ थी। मैंने इस ओर ध्यान

दिया और अध्ययन भी किया कि उनके काम कहाँ से और कैसे आये। उन मूलभूत कारणों और उनकी खोज के पीछे उनकी यात्रा का अध्ययन भी किया और इस तरह वैचारिक संवाद स्थापित हुआ, जिसमें काफ़ी समय लगा। मुझे लगता है कि आप स्वतः ही उस ओर आकर्षित होते हैं, जहाँ वैचारिक समानता है। इससे मेरे अपने विचार को बल मिला और आगे काम करने का एक रास्ता भी। उस दौरान मैंने रेखांकन पर अधिक ज़ोर दिया, क्योंकि रेखांकन सबसे बेहतर माध्यम है, आकारों को समझने और उन्हें आत्मसात् करने के लिए। मैंने अपने चित्रों में आये प्रभाव से चतुराई से बचने का कभी प्रयास नहीं किया। जो भी प्रभाव आये वे अत्यन्त सहज और स्वाभाविक ढंग से आये, क्योंकि मुझे अपने देखने पर भी उतना ही भरोसा था। जो प्रभाव आये वे समय के साथ चले भी गये। सरल ज्यामितीय आकार और रूपाकारों में मेरा रुझान अधिक रहा है तो स्वाभाविक तौर पर वे वरिष्ठ चित्रकार, जिन्होंने अत्यन्त सरल ज्यामितीय आकारों और रेखाओं पर काम किया है या जिन मूल तत्त्वों को मैं वैचारिक तौर पर आदर्श मानता हूँ। जिनका सान्निध्य भले ही न मिला हो, पर मैं उनके विचारों का सम्मान करता हूँ। उनका प्रभाव मेरे चित्रों में भी दिखायी देता है। उदाहरण के लिए, रज़ा साहब के चित्रों और उनके सरल ज्यामितीय आकारों को सहज किन्तु ठोस ढंग से रखने के तरीक़े ने मुझे बहुत प्रभावित किया। वे इतने स्थायी लगते हैं कि उनके अनुपात और स्थान में बदलाव मानो सम्भव ही न हो। उन्होंने अपने हर चित्र में ज्यामितीय आकारों का स्थान और अनुपात यदि बदला भी है तो उसके अनुसार चित्र संयोजन भी बदल जाता है। हर ज्यामितीय आकार का अर्थ महसूस होता है, उनके चित्रों में बुनावट दिखायी देती है। भारतीय दर्शन की एक गहरी समझ दिखायी देती है। वहाँ प्रकृति–चित्रण नहीं, बल्कि प्रकृति व भारतीय पारम्परिक चित्रकला, वास्तुकला और अध्यात्म का मेल दिखायी देता है और रहस्यात्मकता भी, जो आकर्षित करती है। हालाँकि यह रज़ा के प्रति मेरा नज़रिया है। मैंने चित्रों में जो भी प्रभाव ग्रहण किये, वे अभिव्यंजनात्मक हैं। वहाँ सरल ज्यामितीय आकारों का संयोजन किसी प्राकृतिक या मानव निर्मित आकृतियों का आभास होता है। या फिर ये कहूँ कि उन आकारों में सरल ज्यामितीय आकारों को खोजना है। मूर्त में अमूर्त की खोज। जहाँ

इन दोनों के बीच एक सन्तुलन बनाये रखने की कोशिश करता हूँ। उदाहरण के लिए, कोई धागा या तार मेरे लिए सिर्फ़ एक सरल रेखा है। कुछ मूल ज्यामितीय आकार अपने आप इतने ठोस हैं कि उनके मूल स्वरूप में कोई विशेष बदलाव को मैं उचित नहीं समझता। मेरे चित्रों में उन्हें अपने तरीक़े से रखने का प्रयास करता हूँ। ये प्रश्न अत्यन्त महत्त्वपूर्ण है कि क्या कोई कृति प्रभावों से मुक्त हो सकती है। ऐसा निश्चित तौर पर कह पाना बड़ा मुश्किल है, क्योंकि किसी कलाकृति में प्रभाव भले ही स्पष्ट तौर पर हमें नज़र न आ रहे हों, पर यदि हम मूल में जायेंगे तो कहीं–न–कहीं से चित्रकार प्रेरणा ग्रहण करता ही है। ऐसा भी हो सकता है कोई दो कलाकृतियाँ देखने में एक–दूसरे से भिन्न हों, पर उनमें वैचारिक समानता हो या फिर ये भी हो सकता है कि प्रभाव कभी उजागर नहीं हो सका हो। इसके लिए हमें कलाकृति के मूल में पहुँचना होगा। कुछ चित्रकार ऐसे भी रहे, जिन्होंने कुछ नये प्रयोग किये। उदाहरण के लिए, जैक्सन पोलक, जिन्होंने अमूर्त पर काम किया, पर वहाँ उन्मुक्त ढंग से काम करने के बावजूद काम में बदलाव करने की सीमा कुछ हद तक तय थी। हम जब आकारों पर बात करते हैं तो घनवाद, जिसमें पिकासो का नाम ख़ासतौर पर आता है। पिकासो ने नाटकीय रूप से एक नया और स्वाभाविक चित्र बनाया। अफ्रीकी आदिवासी मुखौटों के स्मरणकारी और उनके स्वयं के घनवादी रूपाकार का चित्रण किया था। विश्लेषणात्मक घनवाद को पाब्लो पिकासो और जार्ज ब्रॉक ने संयुक्त रूप से विकसित किया, लेकिन इन सबके बीच मूल विचार एक ही सतह पर सरल ढंग से रखना था। वर्तमान में आधुनिक समकालीन कला में अत्यधिक प्रभावों का नज़र आना स्वाभाविक है, क्योंकि बहुत कुछ तो बहुत पहले ही बेहतर ढंग से किया जा चुका है। कोई चित्रकार किसी विचार को कितने बेहतर और अपने तरीक़े से रख पाता है, यह उसी पर निर्भर करता है। वर्तमान में नित–नये प्रयोग हो रहे हैं और आगे भी होते रहेंगे, क्योंकि कुछ नये की गुंजाइश हमेशा बनी रहती है।

• अपनी रचना–प्रक्रिया व अपने देखने में आपके लिए सबसे महत्त्वपूर्ण क्या है? क्या आप अन्य कला माध्यमों पर भी

विचार करते हैं? क्या अन्य कलाओं के साथ आपका किसी तरह का परस्पर सम्बन्ध बन पाता है?

अपनी रचना–प्रक्रिया में मैं रेखांकन को सबसे अधिक महत्त्वपूर्ण मानता हूँ, क्योंकि रेखांकन ही आदिकाल से चित्रकला का सबसे सरल व बुनियादी तरीक़ा रहा है। वहीं सरल ज्यामितीय आकार व उनके संयोजन और विच्छेदन से बने रूपाकार और रेखाओं का संयोजन मेरे लिए अत्यन्त महत्त्वपूर्ण है। वही बिन्दुवृत्त, जिसकी उपस्थिति मेरे रेखाचित्रों में स्पष्ट रूप से दिखायी देती है। भारतीय दर्शन हो या विज्ञान, वैचारिक तौर पर दोनों ही जगह इसके अस्तित्व को स्वीकारा गया है। यह पूरे ब्रह्माण्ड में बृहद् से बृहदतर और सूक्ष्म से सूक्ष्मतम रूप इसके होने पर विचार किया जाता रहा है। मैं ख़ुद भी अपने चित्रों में इसे एक विचार के तौर पर ही रखता हूँ। वृत्त या बिन्दु मेरे चित्रों में पूर्ण और अपूर्ण दोनों ही रूपों में दिखायी देता है। इसके माध्यम से वर्तमान में विज्ञान की मैं कृष्ण विवर (ब्लैक होल) जैसी परिकल्पना पर भी विचार करता हूँ। ब्लैक होल ऐसी खगोलीय वस्तु होती है, जिसका गुरुत्वाकर्षण क्षेत्र इतना शक्तिशाली होता है कि प्रकाश सहित कुछ भी इसके खिंचाव से बच नहीं सकता। ब्लैक होल के चारों ओर एक सीमा होती है, जिसे घटना क्षितिज कहा जाता है, जिसमें वस्तुएँ गिर तो सकती हैं, परन्तु बाहर कुछ भी नहीं आ सकता। इसे ब्लैक (काला) इसलिए कहा जाता है, क्योंकि यह अपने ऊपर पड़ने वाले प्रकाश को अवशोषित कर लेता है और कुछ भी परावर्तित नहीं करता। भौतिकविद् स्टीफन हॉकिंग के अनुसार हम ऐसे कृष्ण विवरों के अध्ययन से ब्रह्माण्ड की आरम्भिक अवस्थाओं के बारे में बहुत कुछ पता लगा सकते हैं। हालाँकि यह पूर्णतः एक वैज्ञानिक विचार है, जिसका उल्लेख मैं सिर्फ़ बिन्दु के महत्त्व को समझने के लिए कर रहा हूँ। विज्ञान भले ही तार्किक हो, पर इन अवधारणाओं के पीछे कोई–न–कोई दार्शनिक विचार अवश्य ही छुपा होता है। उसे खोजकर उस पर विचार करना भी मैं महत्त्वपूर्ण समझता हूँ। मुझे लगता है कि एक ऊर्जा, एक लय प्रकृति और पूरे ब्रह्माण्ड में हर जगह मौजूद है, पर हमें वह तब आकर्षित करती या दिखायी देती है, जब वह कोई आकार ग्रहण करती है। वैज्ञानिक तर्क के आधार पर यह ऊर्जा स्थिर और गतिज

दोनों ही रूपों में विद्यमान है। वही हमारे अन्दर भी मौजूद है और समस्त मानव निर्मित वस्तुएँ दरअसल, उस ऊर्जा का ही रूपान्तरण है। फिर भले ही वह हमें निर्जीव या स्थिर दिखायी देती हों, पर उनमें ऊर्जा अपने स्थिर रूप में हमेशा मौजूद रहती है और सिर्फ़ इन्हीं वस्तुओं या वास्तु पर ही मनुष्य का आधिपत्य सम्भव है। प्रकृति से हमारा सीधा सम्बन्ध होते हुए भी हम उसे किसी रूप में उसके रूपाकारों की रचना उससे बेहतर ढंग से नहीं कर सकते। हम सिर्फ़ उसकी रचना–प्रक्रिया को समझकर उसका अनुसरण व आत्मसात् भर कर सकते हैं। यदि हम चित्रों की बात करें तो भारतीय और पाश्चात्य कलाओं में प्रकृति और व्यक्ति चित्रण के पहले ही बेहतर प्रयास किये जा चुके हैं। मेरा कहने का तात्पर्य सिर्फ़ यह है कि प्रकृति में पहले से मौजूद कोई भी रूपाकार या फिर कोई पैटर्न ही क्यों न हो, उसे हूबहू या उसके जैसा बनाने का प्रयास एक अध्ययन के तौर पर तो ठीक है, पर उसे कलात्मक नहीं माना जा सकता, क्योंकि प्रकृति उसे अतिसूक्ष्म और बेहतर ढंग से करती है। वहाँ मैं प्रकृति के सामने समर्पण कर देना ही बेहतर समझता हूँ और भारतीय दर्शन व चित्र शैलियों में भी। इसीलिए अलंकरण या कलात्मकता और हमारे स्वयं के देखने पर ही ज़ोर दिया गया है मेरी रचना–प्रक्रिया में। मैं मानव निर्मित रूपाकार, फिर वह कोई भारतीय चित्रकला शैली हो वास्तुकला हो या कोई वस्तु या यन्त्र के अध्ययन करने और उसे अपने ढंग से देखने, उसे अभिव्यंजनात्मक रूप से रखते हुए स्वयं को अभिव्यक्त करने पर ही अधिक बल देता हूँ। मेरे चित्रों गें कुछ आकार स्थिर हैं तो कुछ गति का आभास देते हैं, जिन्हें सन्तुलित ढंग से संयोजित करने की कोशिश करता हूँ। अपने रेखाचित्रों में मैं रेखाओं को भी महत्त्व देता हूँ। मेरे चित्रों में कोई भी रेखा एक रेखा न होकर अनेक सूक्ष्म रेखाओं के समूह की तरह लगती हैं, जिससे चित्र में एक स्पन्दन का आभास होता है। जब दो आकार आपस में जुड़ते हैं तो उस आकार की बाहरी रूपरेखा में उनके विपरीत भी कुछ बन रहा होता है या फिर जब मैं केन्द्र में किसी आकार को रचता हूँ तब स्पेस पर भी मेरा ध्यान रहता है, क्योंकि ये दोनों एक–दूसरे के पूरक हैं, जिसकी वजह से ही कोई आकार सन्तुलित हो पाता है। सफ़ेद पृष्ठभूमि पर काले

रंग से रेखांकन का तरीक़ा मुझे सबसे अधिक पसन्द है, क्योंकि ये दोनों ही एक–दूसरे के विपरीत होते हुए भी एक–दूसरे के पूरक हैं। यह भी महत्त्वपूर्ण प्रश्न है। यदि आप एक कलाकार हैं तो आपका अन्य कला माध्यमों पर भी विचार होना चाहिए, क्योंकि पूरे विश्व में भिन्न–भिन्न संस्कृतियों में भी किसी एक क्षेत्र की संस्कृति की कोई–न–कोई ख़ास विशेषता होती ही है, वहाँ की बोली, खानपान, रहन–सहन से लेकर लोकसंगीत, नृत्य, चित्रकला में परस्पर सम्बन्ध और समरूपता स्पष्ट दिखायी देती है। हमारे देश में बंगाल की कालीघाट या पट्टचित्र शैली इसका एक स्पष्ट उदाहरण है। उन चित्रों में महाभारत, रामायण और अन्य मिथकों का उल्लेख किया जाता रहा है और फिर उन चित्रों की व्याख्या गा–गाकर की जाती है। हालाँकि अर्थपूर्ण और शाब्दिक समानता है, पर यदि हम किसी क्षेत्र शैलीगत विशेषताओं की अन्य विधाओं पर, परस्पर सम्बन्ध पर विचार करें तो दक्षिण भारत में अत्यधिक लयात्मकता पर अधिक ज़ोर दिया गया है, जो वहाँ की चित्रकला, मूर्ति व वास्तुकला नृत्य और संगीत यहाँ तक कि भाषा में भी स्पष्ट दिखायी देती है। कला माध्यम भले ही अलग हों, पर भावाभिव्यक्ति उसका मूल उद्देश्य है। आधुनिक चित्रकला भी इन अलग–अलग विधाओं के सार–तत्त्व को ग्रहण करती हुई प्रतीत होती है। किसी बेहतर चित्र में काव्य की तरह रस, अलंकार, अभिव्यंजना आदि को महसूस किया जा सकता है। उसे किसी अच्छे संगीत–संयोजन की तरह सुना भी जा सकता है। उसमें नाटकीयता भी हो सकती है। नृत्य की–सी गति भी हो सकती है। फिर वह मूर्त हो या अमूर्त, वह हमारे अपने देखने के अनुभव पर निर्भर करता है। हम यह सब महसूस कर पाते हैं या नहीं। जब कोई कलाकार मंच पर अपनी प्रस्तुति देता है, तब वह मंच एक स्पेस की तरह होता है, जहाँ वह विभिन्न मुद्राओं के संयोजन से एक फॉर्म क्रिएट करता है। वह मेरे लिए मेरे चित्रों में किसी फॉर्म को स्पेस में ख़ूबसूरती से रखने जैसा है। साथ ही मैं अभिव्यंजनात्मक ढंग से भी अपनी बात को रखने का प्रयास करता हूँ। यह भी हो सकता है कि मैं कोई वाद्ययन्त्र बनाऊँ और उसमें श्रृंगार की अनुभूति हो। साथ ही एकाग्रता और अभ्यास सभी कला माध्यम के लिए महत्त्वपूर्ण हैं ही। सभी में संयोजन का महत्त्व

है। हर कलाकार अपनी तरह का संयोजन करता है। आप किस तरह से बात को दर्शकों के सम्मुख रखते हैं कि वह उसका ध्यान आकर्षित कर सके। माध्यम चाहे जो भी हों, दर्शकों को बाँधे रखने की क्षमता एक अच्छी प्रस्तुति व कलाकृति में होती है। उसमें एक सरलता भी हो, ताकि वह उससे जुड़ सके और एक रहस्य भी, जो और अधिक जानने व खोजने की उत्सुकता पैदा कर सके। मैं अपने काम में निरन्तर बदलाव को भी महत्त्व देता हूँ। एक ही बात को कई तरीक़े से उसमें क़ायम रखने की कोशिश करते हुए। यह ख़ूबी भी कलाकृति में होनी चाहिए। जैसे किसी शायर का शेर पढ़ने का अन्दाज़ लोगों को लुभाता है। मुझे कबीर के दोहे बहुत पसन्द हैं। सटीकता और कमाल की अभिव्यंजना है उनके दोहों में। कई बार उनके दोहों में कोई–न–कोई वस्तु या ऑब्जेक्ट दिखायी देता है, जिसे वे किसी बात को कहने के लिए रखते थे। जैसे–चाकी चाकी सब कहे, और किली कहे न कोय। जो कीली से लाग रहे, बाको बाल ना बाँका होय...या कबीरा कुआँ एक है....या दीया, माला जैसी साधारण–सी वस्तुओं को वे बड़ी ख़ूबसूरती से रखते हैं। चित्रकला वह विधा है, जो विभिन्न कला माध्यमों के सार को ग्रहण करती है। फिर भले ही वो हमारी दो अलग इन्द्रियों से सम्बन्धित क्यों न हो, हम जो भी देखते और सुनते या पसन्द करते हैं, वह हमारे काम को प्रभावित करता है।

• चित्र में कथन या कथ्य को आप कितना अनिवार्य मानते हैं? क्या किसी कृति का इनके बग़ैर कोई अस्तित्व रहता है? क्या कोई कृति अपने समग्र रूप में कुछ कहने का प्रयास होती है?

कथन और कथ्य दोनों ही महत्त्वपूर्ण हैं। यदि कोई कलाकार समग्र रूप से व्यक्त करना चाहता है तो उसे इस पर विचार करना चाहिए। मैं यह महसूस करता हूँ कि कोई भी कलाकृति कलाकार की कला–यात्रा का एक वर्तमान पड़ाव तो होती ही है, साथ ही उसके अतीत की स्मृतियों का अंश और वर्तमान व भविष्य को लेकर उसके विचार उसमें मौजूद रहते हैं। ये कलाकार पर निर्भर है कि वह इन सभी पहलुओं पर कितनी गहराई और सूक्ष्मता से विचार

करता है। साथ ही यह उसकी कल्पनाशीलता पर निर्भर है कि वह स्वयं को कितने बेहतर ढंग से रख पाता है। कोई भी कलाकृति एक तात्कालिक विचार क्यों न हो, कलाकार के काम करने का ढंग, उसके काम की विशेषता, उसके जीवन के सम्पूर्ण अनुभवों का एक ब्योरा भी उस कलाकृति में चला आता है। उसके पीछे कोई–न–कोई कहानी अवश्य होती है, जिसे कलाकार कहने का प्रयास करता है। यहाँ कलाकृति की विषय–वस्तु तात्कालिक विचार हो सकता है। मेरे कहने का यह तरीक़ा है, जिस पर मैं लम्बे समय से विचार करता रहा हूँ, जो मेरी लम्बी कला–यात्रा के परिणामस्वरूप विकसित हुआ है। सामान्य तौर पर भी किसी वस्तु, जगह, गन्ध, ध्वनि, स्वाद को देखने या सुनने की अनुभूति में उस समय का तात्कालिक अनुभव होता है। कभी आपने यह अनुभव किया हो कि कोई गन्ध, ध्वनि या दृश्य में आपको आनन्द की अनुभूति इसलिए भी महसूस होती है कि उससे आपकी स्मृति जुड़ी है। वह सीधे हमें वर्तमान में उस अतीत की गहराई में छुपी स्मृति से जोड़ देती है और हम आनन्दित हो उठते हैं। एक बेहतर कलाकृति में यह ख़ूबी होती है कि वह कलाकार और उसे देखने वाले के बीच अनुभूति या भाव का कुछ हद तक सम्प्रेषण कर पाती है। अतीत की स्मृतियों पर मेरा विचार सीधा–सा है कि यदि हम अपने अवचेतन के रास्ते उन तक पहुँचे तो वह कभी भी किसी स्पष्ट छायाचित्र या कथाचित्र की तरह नहीं होती। उनका स्वरूप बदल जाता है, केवल उनका सार और अनुभूति रह जाती है, क्योंकि हम एक उम्र तय कर चुके हैं। उस बीच अनेक अनुभव, स्मृतियाँ जुड़ चुके हैं। यदि मैं सिलाई मशीन जैसी कोई वस्तु बनाता हूँ तो उस वस्तु से जुड़ाव के पीछे कोई कहानी या अतीत की कोई स्मृति हो सकती है, जिसे मैं कहना चाहता हूँ, जो चित्र के सन्दर्भ में अलग से लिखी या कही जा सकती है। जो मैं बना रहा हूँ, वह हूबहू सिलाई मशीन की तरह तो है ही नहीं, अब वो तो मेरे आकारों को लेकर, मेरे विचार की तरह है और मैं जब कोई वीणा या उस तरह का कोई वाद्ययन्त्र बना रहा हूँ, तब भी। मेरी स्मृति में अक्सर नाथ महाराज की सारंगी, जो कि खण्डवा स्थित मेरे घर हर गुरुवार और शायद मंगलवार को आया करते थे। हलकी नारंगी पगड़ी, सफ़ेद धोती और कुर्ता। दायें कन्धे

से बायीं तरफ़ कमर तक कई पतली काले रंग की सुतलियों से बुना काला पट्टा, जिसके छोर पर शायद चिंकारे के सींग से बना शंख लटका होता था। कन्धे पर एक बड़ा–सा झोला और हाथों में सारंगी जैसा अनघड़–सा वाद्ययन्त्र और एक धनुष, जिसके एक छोर पर कुछ घुँघरू बँधे होते थे। उसकी रगड़ से उस यन्त्र से निकलती मधुर आवाज़ मुझे चकित करती थी और साथ में भजन भी गाते, जिसके शब्द तो मुझे कभी समझ में नहीं आये, बस उसकी धुन ध्यान में है। वो ज़्यादा देर दरवाज़े पर ठहरते नहीं थे। एक कटोरी भर आटा लेकर मैं दौड़ पड़ता था। आटा लेकर वे अपने हाथ में पकड़ा शंख फूँक देते। मेरी तो सारी उत्सुकता बस उस वाद्ययन्त्र को देखने में रहती थी। कुछ साल पहले तक भी वे नाथ महाराज नज़र आते रहे। उनकी वेशभूषा, भजन और संगीत, वो वाद्ययन्त्र भले ही अनघड़ सही, पर मेरे लिए वो सबसे मधुर है, क्योंकि वह मुझे मेरी बचपन की स्मृतियों तक पहुँचा देता है। बचपन से ही मैं बड़ा एकाकी और धुनी प्रवृत्ति का रहा हूँ। अपनी धुन में मस्त रहना मुझे अच्छा लगता है। कुछ–न–कुछ खेल बनाते रहना, ठीक न लगे तो तोड़ना, फिर दुबारा बनाना–कोई यन्त्र कोई खिलौना। कोई एक धुन सवार हो जाये तो तब तक उसके पीछे लगे रहना जब तक कि वह ठीक ढंग से न बन जाये। मैं गुलेल बनाकर उसे अलग–अलग ढंग से सजाने और बेहतर बनाने के लिए नित–नये माध्यमों की खोज में लगा रहता था, ताकि वह और सटीक बने। मैं उससे घण्टों अभ्यास करता रहता, किसी बड़ी वस्तु पर निशाना सध जाता तो और छोटी वस्तु रख देता, उस पर सध जाये तो दूरी बढ़ा देता। मुझे लगता है जब हम लगातार किसी चीज़ से जुड़े रहते हैं तो एक समय ऐसा भी आता है, जब हमें ऐसा महसूस होने लगता है कि वह हमारे शरीर का ही कोई अंग हो। वहाँ फिर अभ्यास का मक़सद उस काम को सीख लेना भर नहीं रहता और न ही लक्ष्य को भेद लेने की महारत हासिल कर लेना अन्तिम लक्ष्य। आप अनन्त में किसी बिन्दु पर ख़ुद को एकाग्र करने की चाहत में स्वयं को साधने के लिए निरन्तर अभ्यास करते रहते हैं। खेल–खेल में ही सही, पर उस समय मैंने एकाग्रता को कुछ हद तक महसूस किया। समय के साथ माध्यम बदल जाते हैं, पर

अभ्यास के पीछे भाव वही रहता है। वहाँ उस माध्यम में महारत हासिल कर लेना भर उद्देश्य नहीं रहता। मेरी धुनी प्रवृत्ति बचपन से ही मेरे स्वभाव में है। मेरे मुहल्ले में एक बड़ा–सा अकाव का झाड़ था। गर्मियों के शुरुआती दिनों में वह दूधिया सफ़ेद फूलों से लदा रहता था, जिस पर काले भौंरे आकर बैठते और मँडराते रहते थे। मैं घण्टों बड़े ध्यान से उनके क्रियाकलापों को देखता रहता तो कभी मेरे घर के बरामदे में सफ़ेद चूने से पुती दीवारों के किसी छिद्र पर उस भौंरे को मँडराते, उड़ते–उड़ते स्थिर हो जाते ध्यान से देखता रहता। उसकी घुनघुनाहट सुनता, उसे महसूस करता तो कभी इस पर विचार करने लगता कि ये भौंरा अपनी दुनिया कैसे देखता होगा। मेरे घर के आँगन के बागीचे में बारिश के अन्तिम और ठण्ड के शुरुआती दिनों में तितलियों और चिड़ियों का आना–जाना लगा रहता था। उसमें नीबू का एक झाड़ था, जिस पर लाइम बटरफ्लाई और कॉमन मोर्मन तितलियाँ ख़ूब मँडराती थीं, जिनके यह नाम हालाँकि मुझे बाद में पता लगे। मैं बड़े ध्यान से देखता रहता कि वे पत्तियों पर बार–बार बैठतीं, उड़तीं, फिर किसी दूसरी पत्ती पर। आख़िर ये उन पत्तियों पर करती क्या हैं! बहुत ध्यान से देखा तो पता लगा कि एक छोटी–सी राई के दाने जैसी पर सफ़ेद रंग की कोई चीज़ पत्ती के निचले हिस्से पर छोड़ देती थी। बाद में समझ में आया कि वे अण्डे थे उनके। प्रकृति की सूक्ष्मताओं को देखने में मुझे बड़ा आनन्द था। 150 साल से भी ज़्यादा पुराना हमारा घर, जिसके निर्माण के समय का अन्दाज़ा मुझे कवेलुओं पर डले सन् से पता लगा। 1860 के आसपास दीवारों पर केवल सफ़ेद चूने की पुताई ही होती थी, जिस पर काली कजरी से एक नाग जिरोती बनी हुई थी। हर साल दीपावली पर पुताई में वह दब जाती थी और नागपंचमी पर उसे दुबारा बना दिया जाता। वह सिर्फ़ दो रंगों और सरल रेखाओं में बनी हुई आज भी मेरी स्मृति में है। एक पुरानी सिलाई मशीन, जिसका ज़िक्र मैं पहले भी कर चुका हूँ और सिलाई से जुड़ी अन्य चीज़ें, कुछ किताबें, जिन पर अलग–अलग तरह की पोशाकों के हिस्सों की कटिंग के डायग्राम बने हुए थे और कुछ अधूरे रह गये पोशाकों के अलग–अलग हिस्सों की कटिंग भी घर में थी। उन्हें भी मैं अक्सर जिज्ञासावश खँगालता

रहता था। पहचानने की कोशिश करता था कि कौन–सा हिस्सा कहाँ का है और किधर जुड़ता है। पहले पुरानी चीज़ों को बहुत सहेजकर रखा जाता था। पिता वन विभाग में रहे। उन्हें अपने काम और जंगलों से गहरा लगाव था। इस वजह से मेरा भी रुझान प्रकृति में ज़्यादा रहा है। बहुत–सी स्मृतियाँ जंगलों से जुड़ी हुई हैं। जंगलों का रहस्य मुझे ज़्यादा आकर्षित करता है, पर मैं प्रकृति चित्रण के बजाय उसके मूल तत्त्वों को समझने को ज़्यादा महत्त्वपूर्ण मानता हूँ। बहुत–सी स्मृतियाँ, अनुभव, जिन्होंने हमारे जीवन को, विचारों को प्रभावित किया है, हमेशा ही हमारे जेहन में रहती हैं। कोई कृति समग्र रूप में उन्हें कहने का प्रयास ही होती है। बस, हर कलाकार का कहने का तरीक़ा अलग हो सकता है।

• अपने स्वरूप में परिवर्तित होते हुए आपका चित्र आपसे क्या माँग करता है?

मेरे लिए मेरी हर कलाकृति, मेरा वहाँ पूर्ण रूप से मौजूद होना ही है। हालाँकि कोई कलाकृति हमेशा पूर्ण नहीं हो पाती। कुछ शेष रह जाता है, जो आगे काम करते रहने के लिए प्रेरित करता है। फिर भी अपने स्वरूप में परिवर्तित होते हुए कलाकार के पूर्ण समर्पण और स्वयं के प्रति ईमानदारी की माँग करती है, यही एक ऐसी जगह है, जहाँ हम अपनी अभिव्यक्ति, अपने विचार खुले तौर पर रख पाते हैं, जिसकी जवाबदारी भी स्वयं कलाकार की होती है। जो तरीक़ा कलाकार ने चुना है या जिस माध्यम में आप स्वयं को बरत रहे हैं, वह कलाकृति पूर्ण ज़िम्मेदारी की माँग भी करती है। अतः एक कलाकार के लिए अपने काम से सम्बन्धित विभिन्न पहलुओं पर गम्भीरता के साथ गहन विचार अत्यन्त महत्त्वपूर्ण है। कला एक शोध की तरह है, जहाँ एक कलाकार नया कुछ खोजते, जानते और कुछ छोड़ते हुए आगे बढ़ता है। हम यदि प्रकृति से प्रेरणा लेने की बात करें तो वह भी निरन्तर परिवर्तनशील है। मेरे अध्ययन में भी मैंने हमेशा ही यह महसूस किया है। प्रकृति में मुझे कहीं भी परिस्थितियों के प्रति विरोध नज़र नहीं आता। उसमें नये रास्ते खोज लेने और उसके अनुसार स्वयं को कायम रखते हुए बड़ी ख़ूबसूरती के साथ ढल जाने की अद्‌भुत क्षमता होती है।

वहाँ अचानक कुछ भी नहीं घटता। हमें उस धैर्य, उस गति को देखना और समझना चाहिए। एक कलाकृति अपने आसपास बेहतर वातावरण के निर्माण की माँग भी करती है, जिसमें वह फल–फूल सके, जिसकी जवाबदारी भी कलाकार की रहती है। वह आपके और चित्र के बीच गहरे सम्बन्ध की माँग करती है। आप अपने चित्रों को कितने बेहतर ढंग से देख पाते हैं–न सिर्फ़ खूबियाँ, बल्कि ख़ामियों को भी। इसके लिए निरन्तर देखते रहना और अध्ययन करते रहना महत्त्वपूर्ण है। अपने देखने को आप कितने बेहतर और ठोस ढंग से एक विचार की तरह सबके सामने रख पाते हैं। वह एक भाषा की तरह भी है, जो आप कहना चाह रहे हैं, उसे दर्शक समझ सकें। एक सामंजस्य स्थापित कर सकें, उसमें एक रचनात्मकता भी हो, जो देखने वाले को आनन्दित करने के साथ ही और अधिक जानने की जिज्ञासा पैदा कर सके। वह आपके मूल विचार के प्रत्यक्ष रूप से मौजूद रहते हुए अपने अस्तित्व की माँग करती है। उस भाव की उपस्थिति के साथ, जो आप व्यक्त करना चाह रहे हैं।

• काम में आपके लिए सबसे मूलभूत चीज़ क्या है?

मुझे ऐसा लगता है कि ड्रॉइंग सबसे बेसिक चीज़ है। वो मेरी बेसिक पसन्द है। ड्रॉइंग सबसे साधारण, सहज व सरल महसूस होती है। उसमें बहुत ज़्यादा ताम–झाम भी नहीं है और उसको आप कहीं भी, कभी भी, किसी भी तरह से कर सकते हैं। यानी एक रुटीन की तरह आप कर सकते हैं। दूसरा यह कि शुरू से ही जिस चीज़ में मेरी कमाण्ड रही है, कॉलेज के समय से ही मैं पेन से काफ़ी ड्रॉइंग्स् करता था। मेरी अच्छी अण्डरस्टैंडिंग बनी हुई है उस माध्यम के साथ।

• आपको ड्रॉइंग में सबसे महत्त्वपूर्ण क्या लगता है?

लाइन।

• किस तरह से?

मेरा अपने हाथ का जो तरीक़ा है, यानी जो फ्लो है वह बहुत ही

साधारण–सा है। मेरी ड्रॉइंग में बहुत ज़्यादा सफ़ाई नहीं है, जैसे फ़ोर्सफुल या मिनियेचर में लाइनें होती हैं।

• फ़ोर्स को क्यों एवॉइड करते हैं ड्रॉइंग में?

'फ़ोर्स' से मेरा मतलब यह है कि सीधी या बहुत जल्दी की गयी ड्रॉइंग करने को मैं फोर्स नहीं मानता। एक अच्छे और सही ढंग से खींची हुई लाइन में अपने ही ढंग का एक फॉर्म होता है। वो गहराई से आता है। उस पर ज़्यादा फोकस होता है इसलिए ऐसा हो जाता है कि उस चीज़ को आप पूरा समय देते हैं। आप एक 'डॉट' को पूरा समय देते हैं। एक लाइन को, जो ब्रश या पेन के उपयोग से बनती है, उसको पूरा–पूरा समय देते हैं।

• ड्रॉइंग्स् के जो फॉर्म्स हैं, वो आपके पास कहाँ से आते हैं?

फॉर्म में प्रभाव को मैं हमेशा मानता हूँ। इस सम्बन्ध में मुझे चित्रकार मित्र जितेन्द्र व्यास से बहुत सीखने को मिला। कंस्ट्रक्शन के बारे में, डिज़ाइन के बारे में, फॉर्म के बारे में मैंने उनसे सीखा भी, फिर कुछ चीज़ें लीं कुछ छोड़ी भी, फिर कुछ चीज़ें उसमें जोड़ी भी और स्टडी भी की ऑब्जेक्ट्स की। ऑब्जेक्ट्स से मुझे अपना सीधा रास्ता मिल गया। मेरे ज़्यादातर ड्रॉइंग्स् ऑब्जेक्ट्स पर काम करने के हैं और एक ही सर्फ़ेस में या किसी भी ऑब्जेक्ट्स की या जो भी तस्वीर मैं बनाता हूँ, उसकी सारी ख़ूबियाँ सर्फ़ेस पर विस्तृत और उसे साधारण ढंग से लाना चाहता हूँ।

• आपने किन–किन ऑब्जेक्ट्स को लेकर काम किया है?

बहुत सारे ऑब्जेक्ट्स हैं–सिलाई मशीन, ग्रामोफ़ोन, टेलीफ़ोन, सिने प्रोजेक्टर, वीडियो कैमरा आदि। ये हमारे जीवन में उपयोग और भावनात्मक ढंग से शामिल रहे हैं।

• आपकी स्मृति में ये ऑब्जेक्ट्स कहाँ से आये?

कुछ तो पुराने हैं, बचपन से देखे हुए हैं, परिवेश में देखे हुए हैं। जिनको देखकर आप बड़े हुए हैं। मेरी शुरू से ही प्रवृत्ति रही है

चीज़ों को बहुत ध्यान से देखने की। मैं उसके एक–एक हिस्से को बड़े ध्यान से देखता हूँ तो वही चीज़ें लौटकर आती हैं। जब भी ड्रॉइंग करता हूँ तो वो चीज़ें सतह पर दिखने लगती हैं कि मेरा देखना कैसा है इन चीज़ों को लेकर। कई बार छोटी चीज़ों को बड़ा भी बना देता हूँ। यानी जो उसके छोटे–छोटे हिस्से हैं, उनको सामान्य आकार से बड़ा भी बनाता हूँ और कहीं छोटा बना देता हूँ। मैं उन सारी चीज़ों को अपनी तरह से संयोजित करता हूँ। जो भी फॉर्म है उनका आपस में एक तरह का सम्बन्ध बनता है।

• इनमें एक तरह का 'फन' और 'विट' भी दिखता है।

हाँ, बहुत सारी चीज़ें हैं और वे एक साथ आती हैं। मान लो सिलाई मशीन मैं बना रहा हूँ, मेरे दिमाग़ में जो दूसरी चीज़ें हैं, मैं लोगों को बहुत अलग ढंग से दूसरे फिगर की फीलिंग भी देता आया हूँ। असल में आपकी स्टडी और लम्बे समय से चीज़ों को, फॉर्म्स को देखते रहने एवं उन्हें समझते रहने की वजह से वो सारी चीज़ें उसमें दिखने लगती हैं। कभी–कभी एक फॉर्म दूसरे तरह की फीलिंग देता है और हो सकता है कि वो हर आदमी को अपनी तरह से कुछ अलग मज़ा देता हो। उसको वो अलग दिखता हो।

• यह अलग–अलग दिखना क्या है?

बेसिकली मेरे काम में मुख्य चीज़ है फॉर्म और स्पेस, जिसको मैं बहुत ज़्यादा मानता हूँ और जो दिखता भी है मेरे काम में कि एक ऑब्जेक्टिव फॉर्म है और दूसरा स्पेस और जो एक सिम्पल फॉर्म है। मान लो, सर्किल है या जो भी दूसरे फॉर्म हैं, उसमें मैं फ़र्क़ महसूस नहीं करता। मेरे लिए हर चीज़ एक फॉर्म है। मैं जो कन्स्ट्रक्शन कर रहा हूँ, वो अपने आप में फॉर्म है। उसके जितने हिस्से हैं, उन सबका अपना एक महत्त्व है।

• आपके लिए स्पेस और रेखा में से किसका ज़्यादा महत्त्व है?

दोनों ही बराबर हैं। हम जब फॉर्म को बना रहे होते हैं, उस समय स्पेस को ही बना रहे होते हैं। ड्रॉइंग का सीधा–सा तरीक़ा है, जब

हम फॉर्म को रख रहे हैं, गढ़ रहे हैं, बना रहे हैं तो उसके साथ स्पेस भी बन रही है। एक आर्टिस्ट के लिए उन दोनों ही चीज़ों को समझना बहुत ज़रूरी है। दोनों बराबर हैं।

• लाइन और स्पेस....?

हाँ, लाइन, स्पेस, फॉर्म सारी चीज़ें। यानी एक लाइन कहीं पर चल रही है तो वो उस चीज़ को विभाजित भी कर रही है। वो डिवीज़न कर रही है। उससे बहुत सारी चीज़ें बदली हैं। जो पहली लाइन खींची है, उसके अनुसार ही सारी चीज़ें, सारा कंस्ट्रक्शन शुरू होता है, बनते–बनते। यानी एक कंस्ट्रक्शन, जैसा हम लोग उसको मानते हैं कि ये सब चीज़ें एक–दूसरे के ऊपर रखी हुई हैं। फिर जब वह पूरी हो जाती है, आपको ऐसा लगता है कि अगर ये चीज़ हटा देंगे तो सारा कंस्ट्रक्शन बिगड़ जायेगा, क्योंकि सारी चीज़ें जमती हैं एक–दूसरे के ऊपर। वो पहले से मेरी योजना में नहीं रहता। हाँ, मेरे पास एक तैयारी ज़रूर रहती है कि किस चीज़ को लेकर फ़िलहाल काम कर रहा हूँ। यानी जो भी ऑब्जेक्ट है, उसको लेकर मेरे दिमाग़ में पहले से एक विचार रहता है।

• क्या सब कुछ आपकी कल्पना के अनुरूप हो पाता है?

पूरी तरह तो नहीं हो पाता। ज़्यादातर ऐसा होता है कि कभी बेहतर हो जाता है तो कभी कमतर। मेरे कुछ पुराने ड्राइंग्स् ऐसे हैं कि उनको दुबारा बनाने की बहुत कोशिश की, लेकिन कुछ और तरह से बन जाते हैं। यानी उतना बेहतर नहीं हो पाता। कभी ऐसा भी होता है कि कुछ चीज़ें बेहतर हो जाती हैं समय के साथ।

• रंग आपके ड्रॉइंग में कहीं–कहीं दिखते हैं, पर बहुत ज़्यादा नहीं?

मैंने रंग इस्तेमाल किये हैं, अभी तो फ़िलहाल ड्रॉइंग पर ही कांसंट्रेट करूँगा। एक तरह से मोनोक्रॉम की फीलिंग पर ही ज़्यादा ध्यान देने की कोशिश होती है।

• कलर्स की फीलिंग उसमें आ रही है, वो चीज़ क्यों?

वो एक प्रयोग की तरह है। मिनियेचर के जो सपाट रंग होते हैं, उसको रखने का उसमें प्रयास है।

• मैंने अभी तक आपके जो ड्राइंग्स् देखे हैं, उन सबमें कई तरह की मशीनें नज़र आती हैं?

मशीनों और तकनीक में मेरी रुचि हमेशा रही है। उतना ही लगाव प्रकृति के साथ भी रहा है। मुझे ऐसा लगता है कि ये चीज़ें प्रकृति से ही आती हैं। हम यदि मशीन की तरफ़ भी जायेंगे, उस ऑब्जेक्ट को बहुत ध्यान से देखेंगे तो कहीं–न–कहीं उसमें प्रकृति का कोई तत्त्व नज़र आयेगा। सामान्यतः प्रकृति से ही हम लोगों ने सबकुछ सीखा है। वो चीज़ें वहीं से आयी हैं और फिर वो फॉर्म कहीं–न–कहीं जुड़ता है और कहीं–कहीं प्रकृति के साथ जुड़ जाते हैं।

• तो क्या वो डिज़ाइन है या ड्रॉइंग?

आप दोनों चीज़ें मान लो। आप बहुत अच्छा डिज़ाइन भी मान सकते हैं और एक बहुत अच्छा फॉर्म भी। मैं सभी को उस तरह से सही मानता हूँ कि यदि आप डिज़ाइन कर रहे हैं तो सिर्फ़ बनाने की कोशिश नहीं कर रहे, आप अपनी एक कलाकृति तैयार कर रहे हैं। आपको उसकी अच्छी समझ है तो वे दोनों ही नज़रिये से देखा जा सकता है। असल में डिज़ाइन तो हमारा देखा हुआ है, जो कहीं–न–कहीं उसमें परिवर्तित हो रहा है।

• पहली कोशिश क्या रहती है, डिज़ाइन या ड्रॉइंग बनाने की?

पहली कोशिश मेरी ड्रॉइंग बनाने की रहती है। डिज़ाइन को समझना बहुत ज़रूरी है। ये नहीं कि मैं उसको प्रॉपर डिज़ाइन कर रहा हूँ, बल्कि ड्रॉइंग, अपने ढंग से ही मैं करता हूँ। मैं उसको डिज़ाइन नहीं करता, लेकिन हो जाता है। यह हो सकता है कि मैं जिस चीज़ से स्टडी कर रहा हूँ या जो ऑब्जेक्ट ले रहा हूँ, वो अपने आप में डिज़ाइन ही है।

• दोनों के बीच बारीक़ फ़र्क़ क्या है?

डिज़ाइन और ड्रॉइंग में बारीक़ फ़र्क़, यह कह सकते हैं कि डिज़ाइन किया है बहुत ही प्रॉपर और पूरी कम्प्लीटनेस के साथ। उसके पीछे उपयोग भी हैं कि उसको कहीं भी लें। लेकिन, मैं जो ड्रॉइंग कर रहा हूँ, उसके पीछे मेरा ऐसा कोई मक़सद नहीं है कि मैं उसको बहुत अच्छे तरीक़े से डिज़ाइन कर दूँ या उस तरह से उसके बारे में नहीं सोचता।

• सर्फ़ेस आपके लिए कितना महत्त्वपूर्ण है, क्योंकि आपने पेपर पर भी ड्रॉइंग की है और कैनवस पर भी?

सर्फ़ेस हर तरह बहुत महत्त्वपूर्ण होता है। बहुत फ़र्क़ पड़ता है। पेपर का अपना एक फील है। पेपर और पेन का बहुत अच्छा फील है। पेपर पर जब मैं पेन से ड्रॉइंग करता हूँ तो वो चीज़ उस तरह से कैनवस पर आसानी से आती नहीं है। कहने को दोनों ही अपने माध्यम हैं। कैनवस पर मैं इसलिए कर रहा हूँ कि इतने बड़े साइज़ में पेपर अरेंज करना बड़ा मुश्किल है। मेरी सबसे बड़ी समस्या भी यही है और फिर उसकी साज–सँवार भी थोड़ी मुश्किल होती है। पेपर मैं एवॉइड कर रहा हूँ। अब कैनवस पर भी वो चीज़ आ जाये, जो मैं ड्रॉइंग कर रहा हूँ पेपर पर। बस, इसीलिए कैनवस की तरफ़ आया हूँ।

• आपका सर्फ़ेस बिलकुल फ़्लैट है?

हाँ। मैं एक बात बताता हूँ, थ्री डायमेंशन की सबसे बड़ी बात! यानी वो थ्रीडी दिखता तो है, लोगों को सीधा–सीधा समझ में भी आता है, लेकिन उसकी पूरी ख़ूबियाँ या पूरी चीज़ नहीं है सर्फ़ेस के ऊपर। यह थ्रीडी की प्रॉब्लम है, हम उसका एक ही हिस्सा देख पाते हैं। हम उसको सब दूर से, यानी चारों ओर से एक बार में नहीं देख पाते, जिस तरह से क्यूबिज़्म में पहले भी काफ़ी लोग काम कर चुके हैं। दूसरा, हमारे जो मिनियेचर हैं, उसमें इन चीज़ों को लोगों ने फॉलो किया है काफ़ी लम्बे समय से कि एक ही सर्फ़ेस में पूरी स्टोरी आ जाये, पूरा पर्सपेक्टिव भी आ जाये,

क्योंकि जब हम चित्र बना रहे हैं, पेंट कर रहे हैं तो हम उसमें कोई चीज़ ऐसे नहीं छोड़ सकते कि इसके पीछे क्या है। वो सारी चीज़ एक ही सर्फ़ेस पर निकलकर आना चाहिए, क्योंकि हमें पूरी बात लोगों को कहना है या पूरी स्टोरी या जो भी हम कहना या बताना चाह रहे हैं, जो भी हमारा विचार है, वो सब!

• क्या अपने काम में बाहरी प्रभावों को महसूस करते हैं?

हाँ, जिस शहर से मेरा सम्बन्ध है, इन्दौर से, वहाँ मेरे बहुत–से पुराने मित्र वग़ैरह हैं। सभी के काम शुरू से मैंने देखे। उन लोगों के काम मैं बहुत गहरे तौर पर पसन्द करता हूँ। मुझे लगता है कि मैं उनको समझ नहीं पाता, लेकिन हाँ, ये चीज़! तो उनका प्रभाव भी मेरे काम में कहीं–न–कहीं आता ही है। वो सीधा नहीं आता, एक अलग रूप में अपने ढंग से आता है। वो एक अटैचमेंट है दोस्तों के साथ में और जिनके काम को हम समझते हैं तो अपना एक रिस्पेक्ट भी उनलोगों के लिए होता है।

• क्या आपके काम किन्हीं बातों को कहने का प्रयास है?

नहीं, मैं ऐसा प्रयास नहीं करता।

• क्या आपको काम करते हुए किसी तरह अमूर्तन का विचार आता है?

हाँ। मैं मूर्त और अमूर्त के बीच में अपने काम को रखता हूँ। एक सर्किल भी अपने आपमें एक ऑब्जेक्ट है या जो मैं बना रहा हूँ वो ऑब्जेक्ट है, क्योंकि वह मेरे काम का एक हिस्सा भी हो सकता है, यानी संयोजन का। बहुत–से ऐसे फॉर्म हैं, जिनको हम लोग अमूर्त कहते हैं, जो बहुत ही सिम्पल हैं। अपने आप में पूर्ण। आप एक सर्किल को एक फॉर्म मान सकते हैं कि वो एक फॉर्म है और उन चीज़ों से मिलकर एक पूरा कम्पोजिशन बनता है।

• आप कह रहे हैं, टोटल ड्रॉइंग में जायेंगे तो वो अपने आप ही कम्पोजिशन हो जायेगा, पर जहाँ आप ऑब्जेक्ट को लेकर काम करते हैं, किसी विषय को लेकर काम करते हैं,

तो उसका कम्पोज होना बहुत ज़रूरी है। अगर आप रियल फॉर्म की तरफ़ जायेंगे, अगर आप एब्स्ट्रेक्ट चार लाइन खींचेंगे तो क्या वो कम्पोजिशन कहलायेगा?

वो भी कम्पोजिशन ही है। हम लोग डिवाइड कर रहे हैं। मैंने डिवीज़न के बारे में पहले भी बात की। हमारे पास एक सर्फ़ेस है, जिसको अपने ढंग से विभाजित कर रहे हैं। वो चाहे एब्स्ट्रेक्ट हो, चाहे फॉर्म, उसकी अपनी ख़ूबसूरती है।

• किसके ड्राइंग्स् बहुत ज़्यादा अच्छे लगते हैं? किसकी लाइन्स अच्छी लगती हैं?

सभी के। मुझसे बड़े अपने लोगों में, जैसे अखिलेश जी, मेरे मित्र जितेन्द्र, इनके सबके काम में देखा है कि उनका अपना एक लाइन और एक स्ट्रोक है, जो ख़ास ढंग का स्ट्रोक है। लेकिन, जब आप उसको वैसे देखेंगे तो उसमें एक समानता भी दिखती है। सभी ने एक चीज़ को समझा है और उस चीज़ को फॉलो किया है। यानी उनका उस स्ट्रोक के साथ में अटैचमेंट है। पहला स्ट्रोक तो लाइन ही है। हम लोग उसे स्ट्रोक कह लें या लाइन।

• और कोई बड़े नाम याद आते हैं, जिनकी ड्राइंग्स् बार–बार देखते हैं, अच्छी लगती हैं?

मास्टर्स में रज़ा साहब। रज़ा साहब का काम मुझे ध्यान में आता है। उनके सारे ऑब्जेक्ट्स मुझे बहुत पसन्द हैं। वे अपनी तरह के एप्लीकेशंस रखते हैं। उनके काम में एक बहुत अच्छी चीज़ मुझे लगती है कि वह पर्टिक्यूलर एक लाइन नहीं रखते। मेरा तो ख़ैर अपोज़िट काम है। वह दो फॉर्म रखते हैं, उसके बीच में जो जगह छोड़ते हैं वह एक लाइन हो जाती है। वह भी वही फॉर्म और स्पेस है। मैं उसको बहुत अलग ढंग से, यानी अपने ढंग से बनाता हूँ और अपनी तरह से चीज़ें लाता हूँ। उनका तरीक़ा बहुत ही अच्छा है। मेरे ख़याल से जो हमारे भारतीय दर्शन की चीज़ें हैं, वे सब उनके चित्रों में प्रतीत होती हैं। मैं कोशिश करता हूँ उनके चित्रों को देखकर उनसे सीखने व समझने की।

• क्या विचार की कोई जगह रहती है काम करते समय?

वैसे मैंने कभी विचारों को बहुत ज़्यादा रखने की कोशिश नहीं की, लेकिन काम करते–करते वे अपने आप प्रकट हो जाते हैं। मैंने जो काम शुरू में किये थे, उस तरह से कभी नहीं सोचा था कि इसको विशेष ढंग से बनाकर इस पर काम करूँगा। वह करते–करते ही आया। इस बारे में लोगों से बातचीत भी हुई, लोगों से मुझे जानकारी भी मिली और कई लोगों ने फिर उस चीज़ के लिए मुझे प्रोत्साहित किया और कहा कि हाँ, तुम्हारे ये ड्रॉइंग ज़्यादा बेहतर हैं।

• यह बात आपको दूसरों के सुझावों से मिली या इसको आपने कैनवस पर पाया?

नहीं, मेरा ख़ुद का भी काम है। ड्रॉइंग में तो मैं ख़ुद को शुरू से बरत ही रहा था, लेकिन एक बात कहूँ कि ड्रॉइंग को लेकर मैं ज़्यादा कॉन्फीडेंट हूँ। यदि आपको उस पर सकारात्मक प्रतिक्रिया मिलती है तो कई बार आप जो सोच रहे हैं उससे चीज़ें और अधिक कॉन्फिडेंट हो जाती हैं।

• और कोई मोनोक्रॉम ड्रॉइंग किसी की याद आती हो कि उसकी तरह करना है, उसकी तरह लाइन खींचना है?

नहीं, उस तरह से तो ऐसे कोई विचार या किसी की स्मृति नहीं आती।

• क्या आपने नसरीन मोहम्मदी की लाइनें कभी देखी हैं?

हाँ, आपने उनका ज़िक्र किया, धन्यवाद! मुझे उनका ग्रे कांट्रास्ट एप्लीकेशन बहुत पसन्द है। मोनोक्रॉम में उस तरह की चीज़ें तो आती हैं, उसको मैं एवॉइड नहीं कर सकता, क्योंकि उस तरह का काम हुआ है कहीं–न–कहीं, देखा भी है। तो वो चीज़ें आती हैं, अपने काम में महसूस होती हैं, लेकिन वो उस तरह से नहीं आतीं। यानी अकादेमिक स्तर पर हम लोग उस चीज़ को समझ सकते हैं। ब्लैक एण्ड व्हाइट का जो कांट्रास्ट है। हमारे यहाँ मोटिव्स का

काफ़ी महत्त्व रहा है, शुरू से ही। हम मुग़ल मिनियेचर, आर्किटेक्चर या डिज़ाइन देख लें, जो भी चीज़ें हैं उनमें मोटिव्स अहम है। उनके कांट्रास्ट से मैंने काफ़ी सीखा भी है, लेकिन मेरा अपने ढंग से चीज़ों को देखने का नज़रिया है और उसमें साधारण ढंग से मैं करता हूँ। यानी मोटिव्स जो है, मैं कोशिश करता हूँ कि उसको बहुत साधारण ढंग से रखूँ और वो मेरे ढंग का मोटिव्स हो। वो जो फ्लो है आर्किटेक्चर ड्रॉइंग का, वो आता है उसमें। लेकिन, वो दूसरे ढंग से रूपाकार में परिवर्तित हो चुका है। वो आर्टिस्टिक नहीं है, रियल मैनर में है। हम लोगों ने उसको शुरू से देखा है। हमने सीखा भी वहीं से है या पूरा बेस कह लें।

• आर्किटेक्चर ड्रॉइंग का कितना प्रभाव मानते हैं अपने काम में?

बहुत ज़्यादा मानता हूँ। इसके साथ ही इण्डियन ट्रेडिशनल लाइन्स हैं, फोक की जो लाइन्स हैं, ख़ासतौर से वरली की लाइन्स मुझे बहुत पसन्द है। उनका बहुत साधारण तरीक़ा होता है लाइन को रखने का। यानी उनको सबसे अधिक सहज बोल सकते हैं। साधारण तरीक़ा है। घर में कभी जिरौती बनती थी, वो चीज़ें हमेशा ध्यान में रहती हैं। वो बहुत सहज है। उसके लिए बहुत ज़्यादा अकादेमिक अभ्यास और वो सारी चीज़ों की तरफ़ आपको नहीं जाना है। आप समझ सकते हैं उसको वैसा का वैसा।

• शायद बेहद सहज है?

हाँ, असल में बनाना तो वही है। हम लोगों ने वहीं चित्र देखे, वहीं से बनाना सीखा या जो पुराना भी रहा है, बहुत ज़्यादा पुराने समय में भी रहा है, जहाँ से हम लोगों ने चित्र बनाना शुरू किये, ड्रॉइंग शुरू की। कह सकते हैं कि इसमें प्रि–हिस्टोरिकल बेस है। क्यों हम लोगों की इच्छा होती है ड्रॉ करने की, हम क्यों बनाना चाहते हैं? हम कुछ कहना चाहते हैं। हम उसको आगे तक पहुँचाना चाहते हैं। यानी हम लोग यदि विचार की बात करें, मक़सद की बात करें तो हमारा मूल विचार शुरू से वही रहा है। जो हम देख रहे हैं, जो सारी चीज़ें हैं, हम सीधे सर्फ़ेस पर उसको लाना चाहते हैं।

• कितना होना चाहिए? एक ड्रॉइंग की कुछ माँग होती है जो निर्दोष होती है। अगर आपने चित्रकला की पढ़ाई नहीं की है और ड्रॉइंग कर रहे हैं, जैसे कि एक बच्चा जो ड्रॉइंग करता है, उसमें एक तरह की सरलता रहती है। कई बार आप उसी सरलता को पकड़ने के लिए बहुत लम्बा रास्ता अख़्तियार करते हैं?

दो चीज़ें हो सकती हैं। एक तो सहज मैं अपने सारे काम को नहीं बोलता, लेकिन कई चीज़ें बहुत सहज हो जाती हैं। जैसे आपने किया, वो एक निश्चित चीज़ बन गयी। लेकिन, हम जब सीखने जाते हैं, हमारे साथ और भी बहुत चीज़ें हैं, जो समय के अनुसार मैं जानता हूँ, समझ रहा हूँ, सीख रहा हूँ। मतलब एक यात्रा के साथ में, आर्ट में अपने समय को व्यतीत कर रहा हूँ। असल में वो चीज़ें भी आती हैं। जब मैं सोच रहा हूँ तो वो आता ही है कहीं–न–कहीं, सर्फ़ेस में। दूसरा, जो चाइल्डहुड चीज़ें हैं। वो रहता है उस तरफ़ जाने का कि इन चीज़ों को छोड़कर मैं उसी तरफ़ जाऊँ, मेरा लक्ष्य ऐसा रहता है कि उस तरफ़ जाऊँ तो सारी चीज़ें सिम्पल हो सकें।

जब मैं फ्री–हैण्ड ड्रॉइंग करता हूँ, उसको ख़ासियत भी कह सकता हूँ या एक प्रॉब्लम भी, यदि मैं रियलिस्टिक सेंस में कहूँ तो थोड़ी–सी परेशानी होती है मुझे फ्री–हैंड ड्रॉइंग करने में। चीज़ों को अनुपात में छोटा–बड़ा करना, शुरू से मेरी ड्रॉइंग की प्रॉब्लम रही है। मैंने उसको छोड़ने के बजाय अपना लिया कि यदि मुझे कहीं रियलिस्टिक ड्रॉइंग करना है तो ठीक उसके प्रपोर्शन में या तो उसको आर्टिस्टिक कॉपी या ग्राफ़ करके कर लूँगा, वो ज़्यादा बेहतर है। लेकिन, जब मैं फ्री–हैण्ड ड्रॉइंग कर रहा हूँ या किसी भी तरह से ड्रॉइंग कर रहा हूँ, वो ख़ासियत उसमें मुझे प्रॉब्लम नहीं करती, बल्कि एक अच्छी क्वालिटी की तरह से वो मेरे ड्रॉइंग में आती है।

• अगर आप अपने काम कुछ आगे बढ़ाते हैं, एक नया खोजते हैं, ख़ुद उसके अन्दर मोनोक्रॉम कलर के रास्ते कर रहे हैं तो कैसे कर रहे हैं। आपने जो तरीक़ा ईजाद किया, वो क्या है?

ड्रॉइंग तो मैं कर ही रहा था। मेरा जो प्रॉपर अपने लिए टारगेट है, टाइम के साथ मैं रेग्युलर काम कर रहा हूँ। आपको मैंने बताये कलर वाले और जो दूसरे माध्यम वाले काम हैं, वहाँ से मैंने अपने उसी फॉर्म को लेकर और अपना ड्रॉइंग वाला जो फॉर्म था, उन दोनों के बीच टेम्परेरी काम किये थे।

• वो कलर वाले काम पेंटिंग के थे या ड्रॉइंग के?

पेंटिंग मान सकते हैं। मैं उसको पेंटिंग में कलर से डिवाइड नहीं करता। यदि विजुअल आर्टिस्ट की तरह सोचूँ या एक आर्ट वर्क की तरह से सोचूँ तो वो एक फ्रीडम है कि मैं दोनों तरफ़, कहीं पर भी भविष्य में जा सकता हूँ। यानी मेरे पास वो सामान है, लेकिन मुझे लगता है कि लम्बे समय तक ड्रॉइंग में मेरा काम करना ठीक है। मुझे इसको समय देना चाहिए। इसमें कुछ–न–कुछ हो सकता है। मैंने एक सेट को लेकर उसको सोचा था। इसके साथ में वो वाला फील आये, जो सारी चीज़ें आपस में कनेक्ट होती हैं और जो स्पेस है। स्पेस में भी एक कंस्ट्रक्शन होना चाहिए। मैं चाह रहा था यहाँ प्रॉपर कंस्ट्रक्शन हो, एकदम फ़्लैट सर्किल में दिखे। फ़्लैट के साथ में एक टेक्सचर दिखे, वो मैंने किया था। पर सँभाल नहीं पाया, क्योंकि इतना मैच्योर नहीं मानता हूँ अभी ख़ुद को। इसके लिए मुझे लम्बा समय देना पड़ेगा।

• तकनीकी दक्षता ज़रूरी है, आपकी इस बात से समझ आ रहा है?

तकनीकी दक्षता वही है कि आप इसको फिनिश बहुत अच्छा करें। मुझे ऐसा लगता है कि यह बहुत आसान भी है। यानी अच्छा बनाने के लिए समय के साथ फिनिश करना। जैसे आप लम्बा समय देते हो किसी एक चीज़ को बनाने में, मान लो, मैं सर्फ़ेस को समय दूँ, तब जाकर वो चीज़ें पकड़ पाऊँगा।

• चाहे पेपर हो या कैनवस, सर्फ़ेस चेंज करने की क्या कोई माँग होती है?

हाँ, कभी–कभी काम में ऐसा लगता है।

• कैनवस के अलावा उसका विकल्प क्या है?

मैंने कैनवस के ऊपर ही सर्फ़ेस डेवलप करने का, यानी अलग से कोई सर्फ़ेस, स्पेशल टेम्प्रा किया था। उसमें फ़्लैट सर्फ़ेस है, जैसे डिवीज़न पर होता है न! मुझे लगता है कि इसमें कॉम्प्लीकेशन ज़्यादा ही है। इस तरफ़ अगर जाना ही है, तो वो भी है। ब्लैक के साथ आगे भविष्य में काम करूँगा। फिर ब्लैक के लिए पीछे सर्फ़ेस। मैं आपको दिखाऊँगा। असल में उस तरह से मैं बता नहीं सकता। अगर आप देखेंगे तो समझ जायेंगे। वो आपके काम के साथ हमेशा रहता ही है। उसका भी कंस्ट्रक्शन है, उसमें एक ताना–बाना चल ही रहा है, जो कि वहाँ पर रहता है, लेकिन आपको इतना दिखता नहीं है। अगर आप दूर से देखेंगे तो वह आपके लिए फ़्लैट है। जब आप पेपर पर करते हैं तो पेपर का टेक्सचर है, वो फ़्लैट है, लेकिन जब हम लोग कैनवस पर काम कर रहे हैं तो वो है उसके साथ में। और कैनवस पर कपड़े का जो डेवलप किया, उसको लम्बे समय में सोच–समझकर ही किया। थोड़ा ताना–बाना है वो।

• सर्कल को लेकर क्या रहता है आपके मन में, आपकी ड्रॉइंग में सर्कल ज़्यादा दिखते हैं?

मुझे लगता है कि सर्कल धीरे–धीरे परिवर्तित होते हुए आया है। उसमें पहले कुछ कोने ज़्यादा थे। हैक्जानेवल शेप भी ज़्यादा था उस तरह से। मुझे लगता है कि ट्रैंगल सबसे ज़्यादा सॉलिड फॉर्म है। वहाँ से चीज़ें बदलती हैं, वो आगे सीधा सर्किल पर या सीधी लाइन पर आकर ख़त्म हो जाती हैं। मैं ज्यॉमैट्रिकल–वे में आपको चीज़ें बता रहा हूँ। जैसे ये ड्रॉइंग मैंने किया है। मैं सर्फ़ेस ऐसा चाह रहा हूँ। पूरी एक यात्रा की तरह से, पीछे से आगे की तरफ़ मैं उसको लेकर जा रहा हूँ। तो वो चीज़ वहाँ सर्फ़ेस पर भी दिखे। जिसको हम डिज़ाइन बोलते हैं, वो आर्ट से निकलकर आया है, जो कलाकारों ने पहले भी किया है। जिस–जिस तरह के लोगों ने इस पर काम किये हैं, उनके हवाले से या उससे प्रभावित होकर कुछ लोगों ने फिर डिज़ाइन किया है। मेरे हिसाब से वो डिज़ाइन है

और आर्ट उसके बिलकुल अपोजिट है, जो हम लोग क्रिएट करते हैं। हो सकता है कि मेरा काम कहीं डिज़ाइन में आये या कोई प्रभावित होकर उसको डिज़ाइन की तरह ले सकता है। अभी भी मास्टर्स के काम ऐसे हैं, जो डिज़ाइन की तरह से उपयोग होते हैं। पुराने लोगों में भी होते हैं। तो मुझे डिज़ाइन और आर्ट में यही फ़र्क़ समझ में आया कि आर्ट हम लोगों का अपना क्रिएशन है। एक टाइम पीरियड में जो हम लोगों ने किया वो हो गया, लेकिन उसको हम प्रॉपर, पहले से तय करके कि डिज़ाइन की तरह से मैं अपना काम करूँगा!

• आपका ऐसा कोई प्रयास रहता है?

नहीं, मेरा प्रयास ऐसा नहीं रहता। मैं उसको डिज़ाइन की तरह से, यानी अपना काम करते वक़्त कभी उस पर डिज़ाइन नहीं करता। वो ख़ूबसूरत बाद में हो सकता है। उस तरह से डिज़ाइन करने का कोई भी प्रयास नहीं रहता।

• किस तरह की विजुअल पॉसिबिलटी होना चाहिए अपने काम में?

एक तो यह हो गया कि मैं अपने काम के बारे में क्या सोचता हूँ, वो मेरा पर्सनल है कि मेरा जो उद्देश्य था या जो मेरी यात्रा थी, उसको एक्सप्लेन तो नहीं कर सकता, लेकिन यही कि यदि कहीं मेरी कोई सोच काम के साथ रही है तो वो चीज़ वहाँ तक पहुँचती है कि नहीं। वो इम्पैक्ट तो मेरा रहता ही है कि वह भी उसको महसूस करे। सीधी–सी बात है, जो अधिकतर कलाकार कहते हैं, वो अपना इमोशनल या जो भी उसका कंस्ट्रेक्टिव या टेक्निकली है, वह वहाँ तक जाये। यानी यदि बारीक़ी है तो वो डेप्थ में उसको फील हो। कई बार कंस्ट्रक्शन को सँभालना मुश्किल हो जाता है। चुनौती भरा है। एक लाइन मैंने अभी लगायी है तो उसके अनुसार बहुत सारी चीज़ें बदलती हैं। मैं भी उसको कई बार बदलता हूँ। यदि अपना कोई फॉर्म थोड़ा–सा ही मूव करता है तो उसके अनुसार सारी चीज़ें बदल जाती हैं। वो चैलेंजिंग तो

रहता ही है, उसको आख़िर तक लाकर रखना है और कई बार मैं सन्तुष्ट नहीं भी होता। एक शो में ये सारी चीज़ें आती हैं। एक रिद्म है। हम लोग 'हारमनी' कह लें। यानी ऐसा नियम, जो पेंटिंग में हमारे दर्शन के हिसाब से भी हो। वो सारी चीज़ें उस पर लागू होती हैं।

• ड्रॉइंग आपको अपने हिसाब से मूव कराता है या अपने हिसाब से उस पर कमाण्ड करते हैं?

नहीं, मैं कमाण्ड नहीं करता। कभी–कभी यह होता है कि ड्रॉइंग के हिसाब से ही मुझे जाना पड़ता है। जब मैंने ड्रॉइंग शुरू की है तो वो चीज़ें वहीं पर बदलती जाती हैं। वो गाइड करती हैं। एक चीज़ रखने के बाद आपको अगली चीज़ का पता चल जाता है कि अब यहाँ ये होना चाहिए या उसके अगले फॉर्म के बारे में पता चल जाता है। वो कंस्ट्रक्शन जैसी चीज़ है कि आपको एक के ऊपर एक जमाना है। आपको लग रहा है कि ये एक चीज़ आपने रखी है, उसके ऊपर कहाँ पर क्या रखना है, जैसे ट्रैंगल। वो मूव करता है। यदि ज़रा–सा भी आप उस ट्रैंगल को घुमाते हैं किसी सर्फ़ेस पर तो बहुत हलचल होती है। मेरा ऐसा मानना है। वो मुझे बहुत डिस्टर्ब करता है। यदि एक ट्रैंगल को मैं थोड़ा–सा तिरछा रख दूँ, मुझे लगता है कि पूरे सर्फ़ेस को या एक एरिया मैं पेंट कर रहा हूँ, वहाँ पर बहुत चीज़ें बदलती हैं उसके हिसाब से। यदि बहुत सोच–समझकर ट्रैंगल को बहुत सेट करके रख देते हैं तो कोई दिक़्क़त नहीं है कहीं पर भी, वो बहुत सॉलिड रहेगा। लेकिन, यदि वो घूम रहा है तो उसके अनुसार काफ़ी चीज़ें बदल जायेंगी। मैं जब मास्टर्स या दूसरे आर्टिस्टों के काम देखता हूँ तो अपने थॉट की तरह से भी देखता हूँ। कंस्ट्रक्शन उसमें काफ़ी मायने रखता है और उस पर मैं बहुत ज़्यादा ध्यान देता हूँ। वो चाहे क्रिएटिव वर्क हो या एब्स्ट्रेक्ट। कंस्ट्रक्शन बहुत मायने रखता है। यदि फॉर्म कहीं पर रखा है, सॉलिड तरीक़े से वहाँ पर रखा गया है तो उसकी जगह निर्धारित–सी लगती है कि वो वहीं पर होना चाहिए था या वो पहले से ही वहाँ पर था, ऐसा भी मान सकते हैं।

• किसी के काम में या आपके किसी काम को देखते हुए उसका कंस्ट्रक्शन, पर्टिक्यूलर फॉर्म एक ही जगह पर हो। ये आपके देखने में फिक्स है कि ये यहीं होना चाहिए?

यह तो आपको देखकर ही पता चल जाता है कि जो सॉलिड फॉर्म है, वहाँ पर कितना सॉलिड तरीक़े से रखा गया है। हाँ, एक लाइन है, एक फिगर है, वो मुझे लगता है कि एक निरन्तर प्रयास और लम्बे समय के बाद ही आता है। यदि उसने लम्बा समय दिया होगा तो उतने ठोस तरीक़े से उसे रखा होगा। किसी भी काम में, चाहे पेंटिंग हो या ड्रॉइंग। जब हम आर्ट वर्क ख़ुद ही देखते हैं तो एक ख़ास तरह का हर कलाकार को विजुअल एक्सपीरिएंस होता है।

• यानी एक कलाकृति एक कलाकार से एक ख़ास तरह से देखने की माँग करती है?

जी हाँ, क्योंकि मेरा मानना है कि दोनों एक–दूसरे के पूरक हैं। उनमें इस तरह का दृष्टिगत संवाद तो होना ही चाहिए।

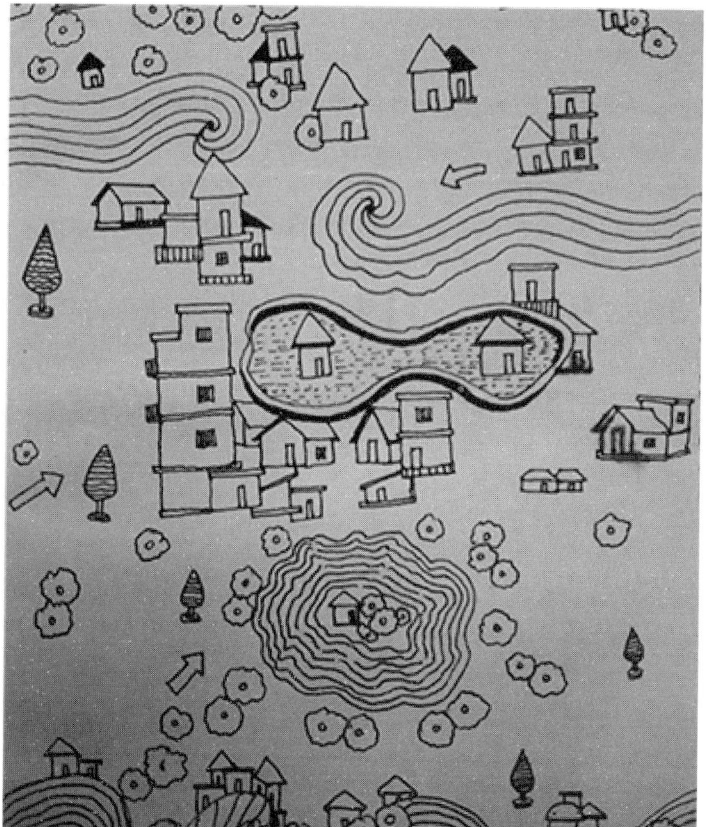

चित्र में तकनीक का बहुत महत्त्व होता है

गोविन्द बिस्वास

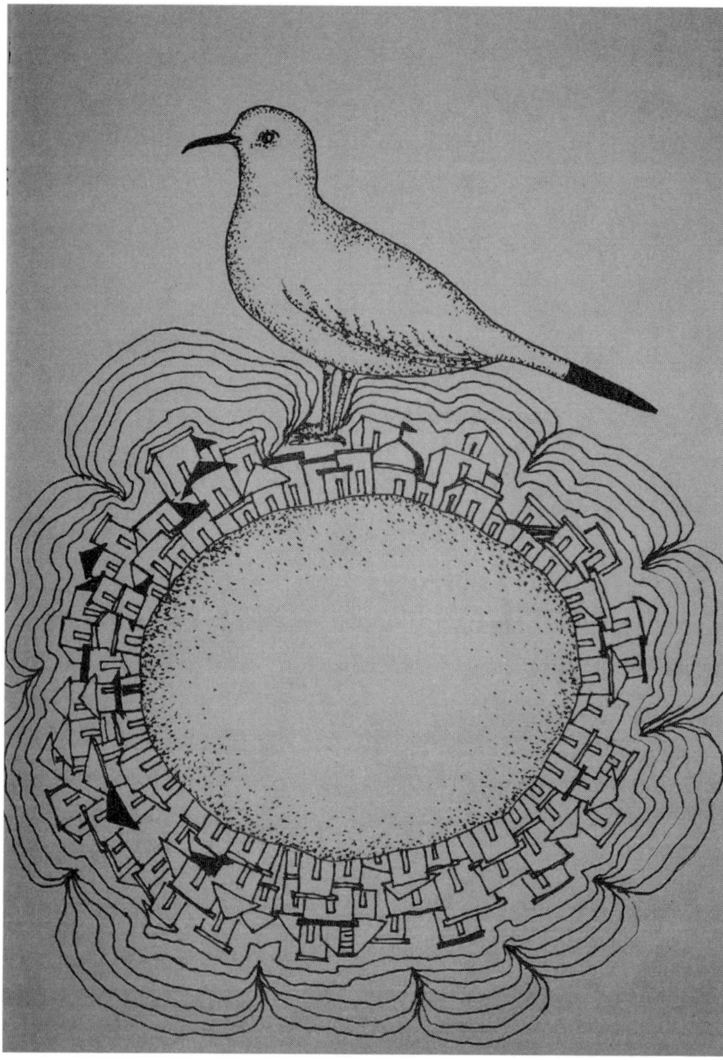

अपनी चित्रकला के आरम्भिक दौर में अमूर्तन को आधार बनाकर चित्रण करने वाले गोविन्द बिस्वास ने कालान्तर में अपने चित्रों की धारा को कई प्रचलित दृश्यों और छवियों की तरफ़ परिवर्तित किया। वे चित्रों को कई तरह की समसामयिक घटनाओं, कहानियों, गतिविधियों व सुने हुए प्रसंगों को भूदृश्यों में रूपान्तरित करते हैं। गोविन्द एक विस्थापित परिवार से सम्बन्ध रखते हैं, उनके परिवार ने लगभग चार दशक से पहले विस्थापन की पीड़ा को झेला था। विस्थापन सम्बन्धी बहुत सारी बातों और क़िस्सों को उन्होंने अपने घर के बड़े–बूढ़ों से सुना है। एक चित्रकार की तरह गोविन्द के लिए यह बातें अलग–अलग तरह की 'स्पेस' को महसूस करने की तरह हैं, जो उनके चित्रों का मुख्य आधार भी है। विस्थापन जैसे विषयों को चित्रण में 'स्पेस' के माध्यम से दर्शाने के उनके प्रयास एक सामान्य से दिखने वाले भूदृश्य उनकी दृष्टि में सर्वथा भिन्न ढंग से लक्षित होते हैं, कहीं वह मानचित्र के विस्तार में है तो कहीं काल्पनिक स्थानों के प्रतिनिधि की तरह जिनमें वे अपने ढंग से कई दूसरे प्रतीक और रूपाकारों को चित्रित करते हैं। 'स्पेस' उनके चित्रण में बहुत ज़्यादा महत्त्वपूर्ण है, वे इसको चित्रण का एक प्रमुख आधार मानते हैं। किसी भूदृश्य को समानान्तर ढंग (आँखों के स्तर) से न देखते हुए उसको 'एरियल व्यू' (हवाई दृश्य) की तरह देखते हुए चित्रित करना उनके लिए अमूर्त ढंग से वास्तविकता को चित्रित करने की कोशिश है। चित्रकला के शुरुआती दौर

के चित्रों को उन्होंने 'टाइम और स्पेस' को आधार बनाकर ही रचा है। उनका चित्रण प्राकृतिक घटनाओं के अन्वेषण और उस पर पड़ने वाले भौतिक प्रभावों को इंगित करता हुआ प्रतीत होता है। जिस तरह से हम एक लिखित और बोली जाने वाली भाषा को जानते हैं, तो क्या हम दृश्य भाषा को भी जानते हैं? इस सम्बन्ध में संस्कृति की अपनी भूमिका महत्त्वपूर्ण होती है। मानचित्र उनकी दृष्टि में एक क्षेत्र या दृश्य, वास्तविक या काल्पनिक स्थानों का प्रतिनिधित्व करते हैं, इनके मध्य गतिशीलता और परस्पर आकारों की मौजूदगी होती है। इस तरह के भूदृश्यों को कैनवस की सतह पर चित्रित करने की प्रक्रिया में गोविन्द का प्रयास कैनवस की सतह को तैयार करते हुए उसको रोचक बनाने का भी रहता है। सम्भवतः दर्शकों को इन चित्रों में दिखने वाली आकृतियों को देखते हुए अपने स्तर पर किसी घटना या प्रसंग से जुड़ने का अहसास होता होगा? देखने वाला इनमें अपने लिए किसी बात या प्रसंग ढूँढ़ने के लिए स्वतन्त्र है। अधिकांश मौक़ों पर उनके चित्रों का निजी स्थानों और घटनाओं से सम्बन्ध रहता है, वे विभिन्न मुद्दों का प्रतिनिधित्व करते हैं और वे ही उनके चित्रण का आधार बनते हैं। गोविन्द के चित्रों में रेखा, रंगों व रूपाकारों में प्रकृति, वास्तुकला और कई तरह के आकल्पनों व दैनिक जीवन में प्रकट होने वाले बहुत सारे दृश्यों से से ली गयी प्रेरणा भी नज़र आती है। गोविन्द अपनी कल्पनाशीलता से चित्रों में जिन रूपाकारों को चित्रित करते हैं, उसमें समकालीन संसार का घटना प्रधान स्वरूप व उसकी गतिशील अवस्था अपनी मौजूदगी दर्ज करवाती है।

• चित्र बनाना आपके लिए क्या है? क्या उसकी रचना–प्रक्रिया में कोई वैचारिक आधार होता है?

चित्र बनाना मेरे लिए चित्र के माध्यम से नये संसार को रचने जैसा है। चित्रों को मैं नहीं बनाता, वो खुद को मेरे द्वारा बनवाते हैं। यह

एक ऐसा सुखद अनुभव है, जो व्यक्त नहीं, सिर्फ़ महसूस किया जा सकता है। उदाहरण के लिए, हम बात करें कि कैसे एक बच्चा माँ के गर्भ में प्राकृतिक ढंग से वृद्धि करता है? उसी प्रकार एक चित्र को आकार लेने में मेरी सभी इन्द्रियों के क्रमशः विकास व उसके सृजन के पीछे की मंशा दिखायी देती है। विचार मेरे चित्रों का अभिन्न अंग है। विचार के आत्म–द्वन्द्व से कोरे कैनवस की सतह पर दिखता हुआ आकार स्वयं की प्रतिकृति है। किसी कलाकृति का पूर्ण होना न होना एक 'भ्रम' की तरह है। कभी–कभी ये 'भ्रम' चित्र के बनने से लेकर इसके प्रदर्शित होने तक रहता है और कभी ये अपने होने से केवल 'भ्रम' ही प्रदान करता है। मेरे लिए एक चित्र से दूसरे चित्र में जाने की यात्रा ठीक उसी तरह से है, जिस तरह से दुनिया के एक छोर से दूसरे छोर तक जाने की प्रक्रिया। मैं इस प्रक्रिया को बेहद महत्त्वपूर्ण मानता हूँ। यह एक ऐसी भाषा है, जिसका एक रूप है और इस रूप को चित्रों के माध्यम से व्यक्त कर स्वयं को प्रस्तुत कर पाने की ये प्रक्रिया निरन्तर चलती रहती है। जब हम चित्र बनाते हैं, तब भी और जब चित्र नहीं बनाते तब भी। जिस प्रकार संगीतकार के मन में धुन अपने आप जन्म लेती रहती है, ठीक उसी प्रकार चित्रकार के मस्तिष्क में भी रचनाओं का एक संसार बनता और बिखरता रहता है। उसमें से जो सार–तत्त्व निकलकर बाहर आता है, यही उस कलाकार की अभिव्यक्ति है, जिससे वह अपने आपको व्यक्त कर पाता है।

• क्या आपको रचनात्मकता में कहीं 'प्रभाव' महसूस होते हैं? यदि कृति में वह मौजूद हैं तो वे किस तरह से प्रकट होते हैं? क्या कोई कृति प्रभावों से मुक्त हो सकती है? किसी कृति को रचने के दौरान क्या किसी कलाकार या पूर्व में निर्मित किसी की कृति की स्मृति आपके साथ रहती है?

प्रभाव मनुष्य के जीवन का एक हिस्सा है। मैं ख़ुद को अछूता नहीं मानता। अपनी नियमित दिनचर्या में शामिल बहुत सारी ऐसी बातें होती हैं, जो आपको प्रभावित करती हैं या जिनसे आप प्रभावित होते हैं। कोई क़िस्सा, घटना या कई तरह की सुनी हुई बातें, जो अपने आप में कहानियों की तरह नज़र आती हैं, यह सब मुझको

प्रभावित करता है। प्रभावित होने की इस प्रक्रिया को मैं बहुत ही प्राकृतिक मानता हूँ। प्रभाव मेरी कृतियों में सीधे–सीधे चिह्नित नहीं होते, वे कई तरह के प्रतीकों के माध्यम से प्रकट होते हैं। मेरे शुरुआत के चित्रों में सीधे–सीधे 'गूगल–अर्थ' का प्रभाव दिखता था। अब मैं उसमें अपने ढंग से विचार करते हुए अपनी कल्पना का संसार रचता हूँ। मेरा मानना है कि प्रभावमुक्त कृति तभी हो सकती है, जब मस्तिष्क की स्थिति शून्य हो। एक सामाजिक प्राणी होने के नाते मनुष्य के मस्तिष्क का शून्य होना वहम से कम नहीं है। इस स्थति में यदि हम कहें कि चित्रकार जब रंग और कैनवस के साथ चित्र बनाता है तो उसके सामाजिक जीवन की बहुत–सी बातें चलती रहती हैं, जो उसे प्रभावित करती हैं। किसी कलाकृति को बनाते समय मुझे मेरे गुरु अखिलेश की बहुत–सी बातें याद आती हैं। मुझे याद आता है भोपाल में बिताया हुआ वह समय, जब मैं अखिलेश को उनके स्टूडियो में काम करते हुए देखता था। मैं उनके रंगों के चुनाव से प्रभावित होते हुए और उनसे चित्रों को लेकर बातचीत से जो मैंने हासिल किया, उसका प्रभाव आज मैं अपने चित्रों व अपनी सृजन–प्रक्रिया में महसूस करता हूँ। 'बड़ौदा स्कूल ऑफ़ आर्ट' के इन्द्रोप्रोमित रॉय, वासुदेवन अकित्थम, बी.वी. सुरेश, अरविन्द सुतार जैसे शिक्षकों की बातों का प्रभाव मैंने समय–समय पर महसूस किया। पूर्व में निर्मित कलाकृति की स्मृति कई बार दूसरे चित्रों में होती है, कई बार नहीं, परन्तु चित्रों के मूल सार का स्मरण हमेशा होता है। कई बार पूर्व निर्मित चित्रों का अंश नये चित्र में दिखायी देता है।

• अपनी रचना–प्रक्रिया व देखने में आपके लिए सबसे महत्त्वपूर्ण क्या है? क्या आप अन्य कला माध्यमों पर भी विचार करते हैं? क्या अन्य कलाओं के साथ आपका किसी तरह का परस्पर सम्बन्ध बन पाता है?

मेरी रचना–प्रक्रिया में सबसे महत्त्वपूर्ण सूक्ष्म विचार होते हैं, जो मस्तिष्क के किसी कोने में हमेशा उपजते रहते हैं। यही विचार मेरे चित्रों का आधार हैं। मैं अपने घर के बुजुर्गों से अनेक ऐसी बातें सुनता रहा हूँ, जो विभाजन के समय उन पर बीतीं। उन

सभी बातों को सिर्फ़ मैं महसूस ही कर सकता हूँ। मेरे काम में ये बातें व क़िस्से अपने ढंग से कैनवस पर प्रकट होते हैं। जब मैं चित्र बनाना शुरू करता हूँ, तब उसमें एक तरह का वेग (गति) होता है। कई बार चित्र में बहुत से प्रतीक एक साथ आ जाते हैं, जिनको सँभालना थोड़ा–सा मुश्किल हो जाता है। परत–दर–परत चित्र पर काम करते वक़्त महसूस कर पाता हूँ कि मुझे कहाँ रुकना है। यह चित्र का स्वयं का निर्णय होता है। उसमें अगर कभी मैं ज़बर्दस्ती किसी रूपाकार या रेखा को उकेरने की कोशिश करता हूँ, जो चित्र के अनुसार नहीं होता है तो यही वेग (गति) रोकता भी है। मैं अनेक माध्यम में काम करता रहा हूँ और फ़िलहाल कर भी रहा हूँ। दूसरे माध्यम में काम करने की प्रक्रिया मेरे अकादेमिक अध्ययन के समय से शुरू हुई थी। अपनी आर्थिक परिस्थितियों के सही न होने की वजह से मैंने अख़बार और ग्राफ़िक्स में उपयोग होने वाले वाइपिंग पेपर को इस्तेमाल कर कुछ बड़े कोलाज किये। इस तरह के काम में सतह तैयार करने की जो अनुभूति है, उसे व्यक्त कर पाना मुश्किल है। उन्हीं पेपर कोलाज को 'पोलाक क्रासनेर फ़ाउण्डेशन' ने पुरस्कृत भी किया। मुझे लगता है जो विचार है, वही आर्ट (कला) है, जिसका आनन्द आप उठाते हैं। वह किसी भी माध्यम में हो सकता है। संगीत, नृत्य, नाटक जैसे अनेक कला माध्यम हैं। इनमें अपनी ही तरह का आनन्द मौजूद होता है, जो अलग–अलग ढंग से अभिव्यक्त होता है। जिस प्रकार संगीत, नृत्य में नाटक व अन्य कला माध्यमों में रियाज़ महत्त्वपूर्ण है उसी प्रकार चित्रकला में भी यह अनिवार्य है। सबसे महत्त्वपूर्ण यह है कि हम कितना समय अपने चित्र के साथ व्यतीत कर रहे हैं। मैं वरिष्ठ चित्रकार अखिलेश से एक बात हमेशा सुनता आया हूँ कि जब तक आप चित्र के साथ हैं वो आपके साथ है, जब आप चित्र के साथ नहीं वो किसी और के पास चला जायेगा। मेरे लिए चित्र में सुर, ताल, लय, भाव व सतह का संयोजन उसको महत्त्वपूर्ण बनाता है।

• चित्र में कथन या कथ्य को आप कितना अनिवार्य मानते हैं? क्या किसी कृति का इनके बग़ैर कोई अस्तित्व रहता है? क्या कोई कृति अपने समग्र रूप में कुछ कहने का प्रयास होती है?

चित्र में कथन या कथ्य हो यह ज़रूरी नहीं। चित्र एक विजुअल (दृश्य) माध्यम है, यह चित्रकार पर निर्भर करता है कि 'कथन' या 'कथ्य' से दर्शकों से किस प्रकार अपने विचारों का आदान–प्रदान कर सके, क्योंकि चित्रकार और दर्शक के बीच चित्र ही एक ज़रिया है। सबसे पहले दर्शकों को अपने विवेक व विचार से चित्र को देखने देना ज़रूरी है, फिर दर्शक और कलाकार दोनों चाहें तो 'कथन' या 'कथ्य' बातचीत का विषय हो सकता है। यदि मैं अपनी बात करूँ तो मेरे सभी चित्रों को फ़िल्म की तरह समझा जा सकता है। जैसे (मिनियेचर) लघु चित्रों के परिप्रेक्ष्य में देखें तो यहाँ पर दृश्य को अलग–अलग किया जाता है। उसी प्रकार मेरे चित्रों में परिप्रेक्ष्य का मापदण्ड 'मिनियेचर' की तरह माना जा सकता है। हर कृति का अपना अलग विचार होता है, सभी में 'कथन' या 'कथ्य' हो ये ज़रूरी नहीं। कई बार कृति खुद ही बिना कुछ कहे बहुत कुछ कह जाती है। चित्र एक (विजुअल) दृश्य माध्यम है। इस विषय पर बहुत से मतभेद पहले से चलते आये हैं।

• अपने स्वरूप में परिवर्तित होते हुए आपका चित्र आपसे क्या माँग करता है?

अपने स्वरूप में परिवर्तित होते हुए चित्र समय माँगता है। उसके साथ चित्रकार का बिताया हुआ समय ही महत्त्वपूर्ण है। एक कोरे कैनवस से चित्र को उसके मूल स्वरूप में आने में जितना समय लगता है, चित्र और चित्रकार के बीच जो बातचीत होती है, उसमें अनुपात वॉल्यूम, स्पेस सभी विषयों पर कलाकार के सूक्ष्म विचार चित्र को गढ़ने में सहायक होता है। चित्र को गढ़ते समय जो आनन्द की अनुभूति होती है उसे शब्दों में व्यक्त कर पाना मुश्किल है। जैसे आप अपने बच्चे को चलना सिखा रहे हो। प्रत्येक चित्र बनाते समय उसके विजुअल का एक खिंचाव महसूस होता है और ये खिंचाव चित्र में षडंग के बग़ैर अधूरा है। रूप–भेद, प्रमाण, भाव, लावण्य–योजना, व सादृश्य, वर्णिका–भंग और आज की समकालीन चित्रकला में ये सभी अपवाद हैं।

• आपके लिए आपका कोई भी चित्र कैसे महत्त्वपूर्ण होता है और कौन–सी चीज़ उसको महत्त्वपूर्ण बनाती है?

प्रथम उसका प्रकटन है क्योंकि वो माध्यम है। दृश्य महत्त्वपूर्ण होना चाहिए। मैं शुरू करता हूँ हमेशा कुछ मटमैले रंगों से और बाद में उस पर परत चढ़ाता रहता हूँ, क्योंकि उसमें वो मटमैला रंग भी रहता है और जैसे मास्किंग करके करता हूँ तो मटमैला रंग नीचे रहता है, फिर ऊपर भड़कीले, थोड़े चटख रंग। उससे प्रकटन और स्ट्रांग हो जाता है। मेरे ख़याल से वो मेरे अतीत के रंग हैं। जिन स्थानों पर मैं रहा हूँ, उनकी स्मृतियाँ इन रंगों में कहीं–न–कहीं हैं।

• जहाँ आप रहे हैं, उन जगहों की स्मृतियाँ उन रंगों में दिखती हैं कहीं–कहीं। विशेष रूप से जिस मटमैले रंग की बात कर रहे हैं...?

बिलकुल! उसकी कुछ ज़्यादा। मिट्टी कलर होते थे। बचपन में कुछ ऐसे डिज़ाइन होते थे। दादी त्योहारों पर बनाती थीं। कभी–कभी मैं वो डिज़ाइन भी इस्तेमाल करता हूँ। आप देखेंगे, कहीं पैटर्न्स जैसे दिखते हैं या वह गाँव की चौखट पर कुछ डिज़ाइन बनाकर रखती थीं इस तरह का, हमारा मिट्टी का घर था। उन्होंने मिट्टी के घर में बल्ली डालकर पार्टीशन कर रखा था और खपरा डाला हुआ था। मुझे अभी एक स्थान याद है, उस पर एक हिस्सा ग्रे किया हुआ था। वहाँ पर साँप ने अण्डे दिये थे। उधर, सफ़ेद धब्बे थे। तो ग्रे के ऊपर एक सफ़ेद धब्बे जैसा एक कलर! अभी भी मेरी स्मृति में है वो जगह, वो कोना। वो चीज़ें हैं, काम में आ जाती हैं किधर भी। कभी–कभी याद आता है। हालाँकि गाँव में ऐसे चटख रंग सिर्फ़ साड़ियों में ही दिखते हैं, बाक़ी सब तो डल ही दिखता है।

• बहुत सारे भिन्न रंग दिखते हैं यहाँ पर...?

इन दोनों में जो समानताएँ या अन्तर है, वो भी काम में आते हैं। इसमें कुछ तत्त्व, जिनको मैं चित्रित करता हूँ, उसको कथ्य के अनुसार करता हूँ। जैसे मैंने हिरण या कुछ हवाई जहाज़ बनाये थे। ये ऑब्जेक्ट्स आते हैं। मैं जब न्यूज़ देखता हूँ या कुछ ऐसी चीज़ें सुनता हूँ। तो जगह को लेकर बहुत सारी गतिविधियाँ हो रही हैं।

ये सब चीज़ें बाद की हैं। मतलब, ये बाद में ऊपर से करता हूँ। छोटे–छोटे काम भी करता हूँ। छोटे काम को मैं फिर नहीं बनाता। उसको अगर बड़ा करने जाऊँ तो मुझसे नहीं हो पाता है, क्योंकि उसमें ऐसा लगता है कि मैं बँध गया हूँ। इन दिनों शूट (फ़िल्म की शूटिंग) के दौरान मैंने कुछ छोटे–छोटे काम किये हैं। उसमें ये तत्त्व, जो मैं बता रहा हूँ, अभी डालना बाक़ी है। अभी सिर्फ़ ऊपरी जैसा काम करके रखा है, क्योंकि जब मुझे समय मिलता था, आधा घण्टा, एक घण्टा, मैं करता था और वो ऑइल पेस्टल से करता था।

• वो कौन–से तत्त्व होते हैं, जो ख़ुद के लिए ज़्यादा महत्त्वपूर्ण होते हैं? जैसे आपने बताया कि रंग से मैं शुरू करता हूँ, उसके कुछ मज़मून होते हैं।

फिर दूसरा नक़्शे वाला तत्त्व है, क्योंकि जैसे पहले मैं एक मौजूदा शहर को लेकर काम करता था। जब शुरू में काम कर रहा था, दादा (अखिलेश) ने बहुत सारी बातें कही थीं कि तुम अभी कुछ वास्तविक जगह के नक़्शे को लेकर चित्र बनाकर देखो। मैंने वो करके देखा। कुछ समय तक किया, फिर धीरे–धीरे मुझे उसमें ऐसा लग रहा था कि ये शहर तो है और इसमें ये रास्ते यहीं से हैं, वो कोना वहीं से हैं। वो देख–देखकर करना और फिर ख़ुद मुक्त होकर करना, उसमें थोड़े हिस्से में मैंने अपने मन से भी किया। उस जगह पर खेलने में ज़्यादा मज़ा आया। अपने ढंग से जहाँ पर मैं, मान लीजिये, इधर से ये चौराहा गया, उधर से आगे जाकर एक सर्कल ख़ुद बना दिया। वहाँ से तीन रास्ते अलग कर दिये। उस जगह को ड्रॉ या चित्रित करने में ज़्यादा मज़ा आया, न कि वो देखकर, जो मैंने उसमें किया।

• अच्छा! उस मौजूदा जगह को देखने में बहुत सारी चीज़ें मिलीं?

जो एक काल्पनिक जगह मैंने बनायी, उसमें ज़्यादा मज़ा आया, न कि उसको देखकर पेंट करने में। उसमें फिर कुछ चीज़ें वृक्ष वग़ैरह भी जोड़ देता हूँ, क्योंकि सामान्यतः जैसे हम लोग आजकल

देखते हैं कि पेड़ काटते तो बहुत हैं, लेकिन लगाते नहीं हैं। मैं अपने बेटे अनय के जन्मदिन पर पेड़ ज़रूर लगाता हूँ। ये चीज़ें जब मैं ख़ुद जीता हूँ तो उसको चित्रित भी करता हूँ। इस तरह से चीज़ों को मैं तत्त्वों में बदल देता हूँ। मतलब, ऐसा कोई भारी विचार नहीं डालता, लेकिन जो भी है, बस उसे सरलता–सहजता से चित्रित करता जाता हूँ।

• मतलब कोई घटना विशेष या कोई संकल्पना का एक महत्त्व है आपके लिए?

हाँ, होता है। दैनन्दिन जीवन की बहुत सारी चीज़ें, जो मुझे झकझोरती हैं, वे कहीं–न–कहीं आ जाती हैं, क्योंकि मेरे ख़याल से मेरी प्रकृति के हिसाब से ये मेरा प्राकृतिक होना है। सबका अपना एक स्वभाव होता है।

• एक चित्र बनाने से पहले आपकी विचार–पद्धति क्या होती है?

मैं कहना चाहूँगा, इसकी अलग–अलग अवस्थाएँ हैं। पहले मैं बहुत सारी चीज़ें बिना सोचे–समझे शुरू करता था। हालाँकि अभी भी ऐसे ही शुरू करता हूँ। रंग देखकर, एक कोरा कैनवस देखकर मेरे दिमाग़ में बहुत सारी चीज़ें आती हैं, जो मैं करना चाहता हूँ। सोची हुई चीज़ों को अगर उस तरह से नहीं कर पाऊँ, तो मुझे अच्छा नहीं लगता। फिर उसको मैं उस तरीक़े से नहीं करता। अब मैं शुरू करता हूँ एक परत, एक रंग के साथ। उसमें अगर कुछ मिक्स मीडिया इस्तेमाल करना चाहूँ तो उस तरीक़े से करता हूँ। एक सतह बनाकर धीरे–धीरे उसका विस्तार करता हूँ कि किस स्थिति पर लेकर जाऊँ, और वो चित्र स्वयं मुझे बोलता है कि ये करो। इसमें अगर कभी कुछ ज़्यादा जुड़ जाता है, होता ही है कि ये जम नहीं रहा और फिर उसको वो अपने तरीक़े से गढ़ता जाता है। मैं उसे नहीं बनाता, वो मुझे बनाता है। मुझे ऐसा लगता है। जैसे कभी कुछ चीज़ें ज़बर्दस्ती लगाने की कोशिश करूँ तो वो फिर बाद में खटकता है। वो बोलता है, दबाव डालता है कि क्यों डाला। ये सारी वैचारिक प्रक्रिया है। हालाँकि मेरे चित्र में आकाश, रेखाएँ,

हाशिये आदि बहुत सारी चीज़ें हैं। वो कहीं–न–कहीं मुझे इशारा भी करते हैं। अगर कभी स्पेस में बहुत सारी चीज़ें भर देता हूँ, तब भी ऐसा लगता है कि वो अभी निकलकर बाहर आ जायेंगे। वो अभी नहीं चाहिए। वो मना कर रहे हैं। ये तो एक प्रक्रिया व संवाद है, जो पेंटिंग के साथ चलता रहता है। और जब मैं पेंटिंग नहीं भी कर रहा होता हूँ, तब भी वो चलता रहता है। दिमाग़ में चलता रहता है कि अब आगे जाकर क्या करना है। जैसे कुछ दिन पहले मैं बहुत सारी जगहों पर गया, राजस्थान में शुष्क बहुत सारी चीज़ें दिखीं, तो वो दिमाग़ में शुष्क रंगों का सफ़र चल रहा था। अभी मैं जिस चीज़ को वहाँ जी कर आया हूँ, जब चित्रित करूँगा, तो उस तरह की चीज़ें आयेंगी और वो सभी के साथ आती हैं। तो कोशिशें जारी हैं। बस, अभी नये काम शुरू करने वाला हूँ, क्योंकि अभी काम के लिए इस तरह से जैसे समय निकालना पड़ रहा है, बाक़ी छोटे काम तो लगातार कर ही रहा हूँ। बहुत सारे विचार हैं और ये सब तो चलता रहता है।

• अवकाश (स्पेस) का कितना महत्त्व है आपके चित्रों में?

मेरे चित्र में स्पेस का महत्त्व तो बहुत ज़्यादा है, क्योंकि आकाश को लेकर ही मैं काम करता हूँ। सभी का व्यक्तिगत और सामाजिक दायरा होता है। मेरे काम में भी ऐसा ही है। मेरा परिवार 1971 में बाङ्लादेश से विस्थापित होकर भारत आया था। तो उस जगह को और मेरे काम की जगह को मैं मानचित्र के माध्यम से अपने चित्रों में दर्शाता हूँ। कई बार नक़्शे में बहुत सारा घालमेल दिखता है, जैसे किसी गाँव की सड़क और गलियाँ, इन सबके बीच मुझे एक ऐसा स्पेस नज़र आता है, जहाँ पर आप गाँव से बाहर जाते हैं तो वे गलियाँ पतली होती हुई बाहर की ओर जाती हैं, जो फिर धीरे–धीरे थोड़ी–सी ख़ाली जगह या खेत–खलिहान की ओर जाती हैं। जब हम संयोजन इस तरीक़े से करते हैं कि घालमेल भरे जीवन से थककर आप बाहर की ओर जाते हैं तो आपको बेहद स्वतन्त्र माहौल महसूस होता है। उसी तरीक़े से हम अपने काम को भी देखते हैं। चित्र में देखने को हमेशा से महत्त्वपूर्ण माना जाता है कि जब हम काम करते हैं तो उसके साथ देखना भी ज़रूरी

है और देखना आना भी। जब तक हम चित्र के साथ बात नहीं करेंगे कि क्या है, ये जो मैं देख रहा हूँ, वो देखना सही है या हम जो संयोजित कर रहे हैं, उस पर विचार करना ज़रूरी है। ऐसी बहुत सारी चीज़ें हैं, जब टॉप व्यू से मैं पेंट करता हूँ तो इन सारी चीज़ों को ध्यान रखता हूँ। जैसे कभी–कभी नदियों के दोनों ओर की जो पठारी जगह (कार्टोग्राफ़ी) है, जिसका अलग मैपिंग होता है, उस तकनीक का भी अपने काम में इस्तेमाल करता हूँ। जैसे पहाड़, पठार या थोड़ा उभार वाली ज़मीन के लिए तीन–चार लाइनों को इकट्ठा दिखाता हूँ कि ये उभार है। जब आप मेरे चित्रों को देखेंगे तो उसमें ये दिखेगा। जैसे अगर समतल भूमि से 20–50 फीट ऊँचाई है, उसमें आप देखेंगे कि मैं उनको लाइन के माध्यम से दूसरे हिस्से में बाँट देता हूँ। उससे आपको पता चलेगा। अगर आपको कार्टोग्राफ़ी का थोड़ा–सा भी ज्ञान है तो आभास होगा कि ये ज़मीन उभरी हुई है। वहाँ उभार–सा महसूस होगा, जबकि होता दो आयामी है, लेकिन आपको महसूस होगा कि वो 3डी है। ये एक तकनीक है, जो स्पेस से ही प्ले होती है। आयाम होना चाहिए। जब हम चित्र की बात करते हैं, रेखाओं में वॉल्यूम जब तक नहीं होगा, तब तक हम किसी भी चीज़ (2डी) को 3डी महसूस नहीं कर सकते और ये सब एक समतल एरिया में सतह को लेकर जब तक हम प्ले नहीं करते, तब तक किसी भी चित्र का मज़ा नहीं आता है। ये सब स्पेस का ही खेल है। हालाँकि सभी चित्रकार इन बातों पर ध्यान देते हैं, अपने चित्रों में स्पेस को भी उतना महत्त्व देते हैं, ताकि आँखों को एक ठहराव मिले। पूरे चित्र को देखने के बाद एक समतल स्पेस पर आकर आँखें रुकें, वो भी महत्त्वपूर्ण है।

- **आपके लिए आपके चित्र क्या हैं?**

मेरी प्रकृति ही मेरा चित्र है। यूँ कह लें कि वो मेरा ही स्वरूप है। जिसने देखना सीख लिया, जिसने उन चित्रों को समझना सीख लिया, उसने मुझे समझना सीख लिया। चित्रकार के पास एक माध्यम ही है, उसके चित्र के हिसाब से ख़ुद को व्यक्त करने का। मेरा एक तरीक़ा है। अलग भाषा गढ़ने की कोशिश है, जिसे जो पढ़ना सीख जाता है, वह चित्रकार को भी समझ जाता है और ये समझने की

कोशिश करना चाहिए। हालाँकि कई बार ऐसा नहीं होता। बहुत–से व्यक्ति आकर पूछते हैं कि क्या बनाया है? मैं जो समझकर बनाता हूँ, वो उनको विस्तार से समझाता हूँ। अगर उनके जीवन से या किसी चीज़ से जुड़ा, उनको जब कुछ लगता है कि हाँ, जो बना हुआ है वो तो वह देख सकते हैं, जब उनको उसके बारे में थोड़ा–सा समझाया जाता है तो वो बड़े ख़ुश होते हैं। दिल्ली का मेरा एक अच्छा अनुभव रहा। मेरे चित्र में एक हिरण बना हुआ था और उसके बीच से एक लाल कलर से डिवाइड किया हुआ देश का हिस्सा था। एक दर्शक ने पूछा कि ये क्या है, कुछ बॉर्डर वग़ैरह है? मैंने कहा–ये 1971 के वॉर का है, जिसमें एक तरफ़ बाङ्लादेश है। हालाँकि वह ख़ुद भी शरणार्थी थे। बहुत आश्चर्यचकित हुए कि उनके दौर का भी कोई है, जो इस विषय को लेकर काम कर रहा है। तो मेरे चित्र में मैं दिखता हूँ, इतना मुझे पता है। यदि किसी को मेरे चित्र या मुझे जानना है, वो अगर मेरे चित्र को जान ले तो मुझे जान सकता है। आप उसमें देखेंगे कि वे कभी–कभी थोड़ा मुश्किल भी दिखते हैं। जैसा मैं हूँ, वैसे ही चित्र बनाता हूँ। कुछ जगह पर जटिल हूँ और कुछ जगह पर सरलता से चलता व बेबाक तरीक़े से बात करता हूँ। अगर मेरे चित्र को समझना है तो मुझे समझना पड़ेगा, मुझे समझना है तो मेरे चित्र को समझना पड़ेगा। ये होता है। सामान्यतः मेरे लिए तो है। मेरे बच्चे जैसा है, क्योंकि वो मेरे द्वारा ही रचा जाता है या हो सकता है मेरे हाथों से मैं उसको रच रहा हूँ या वो मेरे द्वारा अपना रूप ले रहा है– ऐसा कहा जा सकता है। अखिलेश एक बात बहुत सही बोलते हैं कि–"चित्र अपनी जगह स्वयं चुनता है।" भले ही वो आपके हाथ के द्वारा बनता है, लेकिन उसे कहाँ जाना है, उसे पता है। भले वो आपके स्टूडियो में तैयार हो रहा हो, लेकिन उसकी जगह उसने पहले ही तय कर ली है। हम तो एक माध्यम हैं, जो उसको गढ़ते हैं। लेकिन, उसको जहाँ जाना है, ख़ुद ही चला जाता है। उसी तरीक़े से प्रत्येक चित्रकार के देखने का नज़रिया अलग–अलग होता है। मेरा भी चित्रों को देखने का नज़रिया अलग है। मैंने बहुत सारे कलाकारों को, जब शुरू में चित्र का ज्ञान नहीं था कि उसे कैसे देखा जाये, कैसे समझा जाये, मुझे भी बिलकुल ज्ञान नहीं था,

तो मैं भी वही सोचता था कि क्या बना दिया है, क्या किया है। जब मैंने इसका अकादेमिक अध्ययन किया, इसके बारे में जाना कि इसको कैसे देखा जाये, उसको अपने हिसाब से कैसे व्यक्त किया जाये। प्रतीक के माध्यम से लोग कैसे एक–एक चीज़ को रखते हैं आदि। मैं भी अपने चित्रों में प्रतीक के माध्यम से बहुत सारी चीज़ों को चित्रित करता हूँ। लेकिन, दूसरे कलाकारों द्वारा किस तरीक़े से उसको रखा गया, जैसे पिकासो का अपना तरीक़ा था तो वैनगॉग और मातीस का अपना। यही बात विलियम टर्नर और पॉल क्ले के चित्रों में भी देखी जा सकती है। सबका अपना–अपना तरीक़ा और शैली होती है। मैंने कभी भी किसी के तरीक़े में बँधकर काम करने की कोशिश नहीं की। मुझे अगर आप पत्थर भी दे दो और उससे कुछ करने को कहो, अगर मैं उसको कलाकृति बोलकर यह करूँ, तो देख सकता हूँ, क्योंकि कला की परिभाषा देना कोई ऐसा नहीं है कि इसमें बँधकर ही काम किया जाये। पहले कैनवस पर काम करो तो ही वो कला है। इससे आपको ख़ुशी मिलती है! अगर नदी के पत्थर लेकर भी हम कुछ बना रहे हैं, जिससे हमें सन्तुष्टि मिल रही है, तो वो मेरे लिए कला है। मैंने ऐसा बहुत बार किया है। इसलिए चित्र ही मेरे लिए कला का एक माध्यम है, यह ज़रूरी नहीं। मैं अलग–अलग माध्यम में भी काम करता रहता हूँ। जिस माध्यम को करते हुए मुझे आनन्द मिलता है, तो वो मेरे लिए उचित है। चाहे वो पेंटिंग्स हो, इंस्टॉलेशन, वीडियोग्राफ़ी हो या फ़ोटोग्राफ़ी या फ़िल्म–कुछ भी हो सकता है।

• तकनीक का कितना महत्त्व है, अपने चित्र में आपके लिए?

एक चित्र में तकनीक का बहुत महत्त्व होता है। चित्र चाहे प्रि–हिस्टोरिकल टाइम का हो या कंटम्परेरी। प्रि–हिस्टोरिकल समय के चित्रों में आप देखेंगे कि पत्थरों पर उकेरकर एक लाइन बनाते थे और उस गहरी लाइन में अलग कलर से उसको भरकर वापस घिस दिया जाता था, ताकि वो लाइन साल–दर–साल उस चीज़ को वहीं मज़बूती से पकड़कर रखे। इनके बारे में जानकारी मुझे अपने अकादेमिक अध्ययन के बाद मिली। कोई भी एक माध्यम को जानने के लिए तकनीकी ज्ञान बहुत आवश्यक है। जैसे कि वाटर कलर में

भी बहुत सारी तकनीकें होती हैं। पहले तो पानी डालकर फ्लो करके काम करने का एक तरीक़ा होता है, दूसरा जिस पार्ट में हमको कलर फैलाना है, उसमें पानी डालकर फैलाते हैं और अलग–अलग जगह के हिसाब से भी उसको बाँटा गया है। जैसे कोलकाता का वाटर कलर आप देखें, आपको सभी एक जैसे दिखेंगे। पूरी शीट को गीला करके उसमें फ्लो के साथ खेला जाता है। अगर आप बड़ौदा में वाटर कलर देखेंगे, तो उसको ओपेक से ट्रांसपेरेंट करते हैं। अलग–अलग जगह की अलग तकनीक है। मुझे नहीं लगता कि तकनीक के बग़ैर चित्र का बनना सम्भव है, क्योंकि यही तरीक़ा है, जिसको हम रियाज़ के ज़रिये सीखते हैं। मेरी तकनीक में मैंने जो रबर का माध्यम चुना है, पहले मैं रबर मास्किंग के लिए इस्तेमाल करता था। एक दिन स्टूडियो में से मास्किंग निकालकर रखा और मुझे लगा कि ये भी मेरा माध्यम बन सकता है। उस माध्यम को मैंने थोड़ा और जानने का प्रयास किया। जब तक आप मुझे रबर वाले काम को करते हुए नहीं देखेंगे, तब तक उसे समझना बहुत मुश्किल है कि इस तरीक़े से उसमें बारीक़ चीज़ों को पेंट कैसे करते हैं। वो भी एक तरीक़ा है। ये जो रबर वाले तरीक़े में मैं काम करता हूँ, वो अभी भारत में कोई नहीं कर रहा। बहुत पहले जर्मनी में पैदा हुई एक अमेरिकन मूर्तिकार थीं 'इवा हेस', उन्होंने इस सामग्री से काम करने की शुरुआत की थी। न सिर्फ़ लेटेक्स बल्कि फायबर, ग्लास और प्लास्टिक आदि में भी बहुत काम किया। 1970 में उनकी मृत्यु हो गयी। उसके बाद से किसी और कलाकार ने इसमें काम किया हो यह दिखता नहीं। वो बहुत बड़े–बड़े दरवाज़े–खिड़कियों का इम्प्रेशन रबर से निकालती थीं और वह उन्हें सीधा प्रदर्शित करती थीं। मेरा तरीक़ा दूसरा है। मैं उस पर पेंट कर रिवर्स तकनीक से ड्रॉइंग भी निकालकर लाता हूँ और फिर ऊपर से बिन्दी वग़ैरह पेंट करता हूँ। हाँ, ख़ासकर बिन्दियों में एक मेरा माध्यम है। ये डालने का मक़सद यह था कि दक्षिण गुजरात में आप देखेंगे कि मन्दिरों के आसपास जो पेड़ हैं, उन पर सफ़ेद धागे लपेटे हुए होते हैं। महिलाएँ मन्नत माँगकर उसमें अपनी बिन्दियाँ चिपकाकर जाती हैं। वो दृश्य बहुत ही रोचक था। मैंने वो तकनीक और वो चीज़ें वहाँ से ग्रहण कीं। जैसे मैं सोमनाथ गया। वहाँ आसपास के ज़्यादातर

पेड़ों पर ऐसे कम्पोजिशन दिखायी देते हैं, छोटी–बड़ी बिन्दियाँ, तो मेरी वो तकनीक वहाँ से आयी और बाक़ी ये जो रबर वाला माध्यम है, उसमें तो ऐसा लगता है कि हम छूकर देखें। ज़्यादातर पेंटिंग पर लिखा रहता है–डोंट टच। पर मेरे चित्रों में ज़ाहिर है कोई भी आता है तो मैं उससे कहता हूँ कि आपको अगर महसूस करने की इच्छा हो रही है तो उसको छूकर देख सकते हैं। ये एक विशेष तरह का काम है, जब तक आप इसको करते हुए नहीं देखेंगे, तब तक समझना मुश्किल है। हालाँकि जब मैं इंस्टॉलेशन की बात करता हूँ तो इन सारी चीज़ों को लेकर सोचता हूँ। उसमें होता यह है कि आप सिर्फ़ 2डी पर नहीं खेल रहे होते, बल्कि पर्यावरण के साथ भी काम कर रहे होते हैं। उसका एक अलग प्रभाव होता है। आप स्थान विशेष के लिए काम कर रहे होते हैं, उसका एक अलग प्रभाव होता है। उस हिसाब से कलाकार को ढलना पड़ता है कि ये माध्यम नहीं, इसका क्या तोड़ है। किस चीज़ का इस्तेमाल करके हम उसको दृश्य के स्तर पर मज़बूत बना सकते हैं और जो बात हम कहना चाहते हैं, वो सरलता से लोगों को बता सकते हैं। स्थान विशेष के लिए किया गया काम भी खुले में लोगों के लिए होता है। हम चाहते हैं कि लोगों की रुचि इसमें हो। जैसे मैंने मुम्बई में एक लोटस वाला इंस्टॉलेशन किया था। उसमें लोग ख़ुद चाहते थे कि वे उसमें काम करें। मैंने लोगों को बहुत सारे लोटस पकड़ा दिये। उनको जहाँ–जहाँ लगाना था, लगाते गये। उस तरह से मेरा काम भी आसान हो गया और उनकी मौजूदगी भी उसमें दर्ज हो गयी। बाक़ी तकनीक की बात करें तो तकनीक का महत्त्व मेरे जीवन और काम दोनों में है। जब मैं पेंसिल चलाता हूँ तो उसमें तकनीक शामिल होती है। मोटे–पतले तरीक़े से लाइन चलाना, कभी चौकड़ियाँ, कभी गोले, कभी सिर्फ़ बिन्दु। आप देखेंगे तो उसमें बहुत सारी चीज़ें ऐसी हैं, जिनमें तकनीक सहज ढंग से महसूस होती है और वह उसके निर्माण का एक महत्त्वपूर्ण कारक भी।

• कला की जो दूसरी विधाएँ हैं–नृत्य, संगीत या साहित्य, कविताएँ और फ़िल्म आदि से क्या किसी तरह के प्रभावों को ग्रहण करते हैं?

दरअसल, मैं अभी फ़िल्म के लिए काम कर रहा हूँ। फ़िल्म इण्डस्ट्री में जिस तरीक़े से काम होता है, 2डी में जैसे मैं पेंटिंग करता हूँ, 3डी में भी उसी तरह से काम होता है। जैसे हम एक सतह को बाँटते हैं, एक संयोजन बनाते हैं। फ़िल्म बहुत बड़े कैनवस की तरह है, जिसे हम एक क़ैमरे के फ्रेम के ज़रिये देखते हैं और फ्रेम में हर छोटी–छोटी चीज़ का ध्यान रखा जाता है। जैसे लाइट शेड, डार्क शेड या परिस्थिति के हिसाब से हमें उसे तैयार करना होता है। हालाँकि यही चीज़ हम पेंटिंग में भी करते हैं। लाइट का ध्यान रखते हैं, उसे पेंट करते हैं, जबकि प्राकृतिक या कृत्रिम रोशनी से उसको और आकर्षक बनाने की कोशिश करते हैं। इन सारी चीज़ों का ध्यान रखा जाता है। मेरे जो फ़िल्म के गुरु हैं मनीष जी, वे कहते हैं कि हर छोटी–छोटी चीज़ को बारीक़ी से देखना चाहिए। सबसे पहले देखने और सुनने की आदत डालना चाहिए, ताकि हर एक चीज़ को किस तरीक़े से बेहतर ढंग से परदे पर दिखाया जा सकता है और विस्तार पर ज़्यादा ध्यान देना चाहिए। जब हम उसके बारे में थोड़ा रिसर्च करेंगे, तब इस चीज़ को जान सकेंगे कि हमें कितने विस्तार में जाना है। उदाहरण के लिए देखें, कोई सेट है, जिसमें सारी चीज़ें रखी हैं, पर वो माहौल जीवन्त नहीं लगता। मतलब हमें उसे कुछ ऐसा करना होता है, जैसे कोई बावर्ची अपना गमछा टेबल पर छोड़कर चला गया या वहाँ खाने की कोई टेबल है, जिस पर प्लेट पोंछते हुए वो कपड़ा प्लेट के ऊपर ही छोड़ दिया। तो वहाँ एक तरह की जीवन्तता नज़र आती है। फ़िल्म में ये सारी चीज़ें तुरन्त आँखों में आती हैं कि कोई काम कर रहा था, प्लेट पोंछ रहा था, पोंछते–पोंछते दूसरा काम करने लगा या वो ही चीज़ वहाँ छोड़ गया। ये सारी चीज़ें जब फ्रेम में आती हैं तो जीवन्त दिखने लगती हैं। वहाँ भी बहुत सारी चीज़ें हैं, जैसे लाइटिंग, वॉल्यूम और स्पेस का ध्यान रखा जाता है। कुछ फ़िल्मों में सिचुएशन के हिसाब से शेड्स रचे जाते हैं। उसी प्रकार, मैं अगर संगीत की बात करूँ तो इसका मुझे ज़्यादा ज्ञान नहीं है, बस सुनता हूँ और मूड के हिसाब से ही मेरा संगीत चलता रहता है। मतलब मैं न ज़्यादा फास्ट सुनता हूँ और न एकदम स्लो। कभी–कभी वाद्य संगीत भी सुन लेता हूँ। उसमें भी लय, ताल, बेस

जैसी चीज़ें हैं। कभी–कभी एकदम धीमी बजने वाली चीज़ें भी बहुत मधुर लगती हैं। जब मैं पेंट करता हूँ, तब भी ये सब चीज़ें सुनता हूँ। ख़ासकर कोई धुन बज रही होती है तो एक बहुत अच्छा फ्लो मिलता है काम करने का। मुझे पढ़ने का ज़्यादा शौक़ नहीं है। कभी–कभार जब मूड होता है पढ़ता हूँ और सुनता हूँ। मेरे मित्र रफ़ीक़ बहुत सारी चीज़ें मुझे पढ़कर सुनाया करते थे, वो मेरे ज़ेहन में आज भी है। मैंने देखने वाली चीज़ों से ही अपने काम के लिए ज़्यादा ग्रहण किया है। पढ़ने वाली चीज़ों में कुछ–कुछ चीज़ें हैं– जैसे मैंने गाँधी को पढ़ा। फिर साहित्य की एक–दो किताबें थीं जो मैंने पढ़ीं। हालाँकि अभी के दौर मैं ये सारी चीज़ें मुझे कहीं–न–कहीं पेंटिंग के माध्यम से, जब मैं काम करता रहता हूँ तो वो सारी चीज़ें और टीचर्स की बातें याद आती हैं। अगर कहूँ कि मैं शून्य होकर काम करता हूँ, तो ये मेरे लिए सम्भव नहीं है। मेरा प्रयास रहता है कि बहुत सारी चीज़ें दिमाग़ में न आयें, पर एक इन्सान होने के नाते वो सब चीज़ें आती रहती हैं और उनको चित्रित करता रहता हूँ, अपनी ख़ुशी से, मज़े से। मुझे लगता है कि काम में निरन्तरता और रियाज़ का होना बहुत ज़रूरी है। यदि हम लिखते हैं तो उसे रियाज़ के तौर पर हमेशा लिखते रहना चाहिए। उसी प्रकार कला में भी रियाज़ ज़रूरी है। पिछले दिनों एक फ़िल्म की शूटिंग के दौरान मेरी मुलाक़ात रणदीप हुड्डा से हुई। उनके साथ काम करने का मौक़ा मिला। उनसे बातचीत में मुझे बहुत कुछ बातें पता चलीं। वे कहते हैं कि फ़िल्म एक सामूहिक प्रयास में किया हुआ काम है। अगर हम सिर्फ़ अपने आर्ट पर ध्यान दें तो उसी में उलझकर रह जाते हैं। उसी प्रकार हमें सारी चीज़ों को एक फ़िल्म की तरह देखना चाहिए, न कि ये उसका हुआ, ये मेरा हुआ इस तरह से। हमें सारी चीज़ों को ऑब्ज़र्व करके देखना चाहिए। क्योंकि ये सामूहिक काम है, इसलिए इसमें सभी का जब तक सहयोग नहीं होगा, तब तक एक अच्छी फ़िल्म नहीं हो पायेगी। इन सारी चीज़ों को ध्यान में रखते हुए हमें अपने आँख, नाक, कान सभी खुले रखकर महसूस करना चाहिए। जैसे चित्र में होता है, बिलकुल उसी तरह मैं फ़िल्म को भी देखता हूँ। मैं हमेशा अपना श्रेष्ठ देने की कोशिश करता हूँ, ताकि जब फ़िल्मों को बाद में देखूँ तो ऐसा

न लगे कि मैंने अपने काम में कुछ ग़लतियाँ की हैं। मैं कोई भी काम दिल से करता हूँ और कोई ऐसी चीज़ नहीं छोड़ना चाहता कि बाद में लगे कि उस चित्र में मैंने ये किया होता तो और अच्छा लगता। जितना हो सके, मैं अपना श्रेष्ठ देने की कोशिश करता हूँ और हमेशा करता रहूँगा, चाहे वो मेरा चित्र हो, फ़िल्म या जीवन।

चित्र अगर चकित नहीं करे तो फिर किस काम का

उदय गोस्वामी

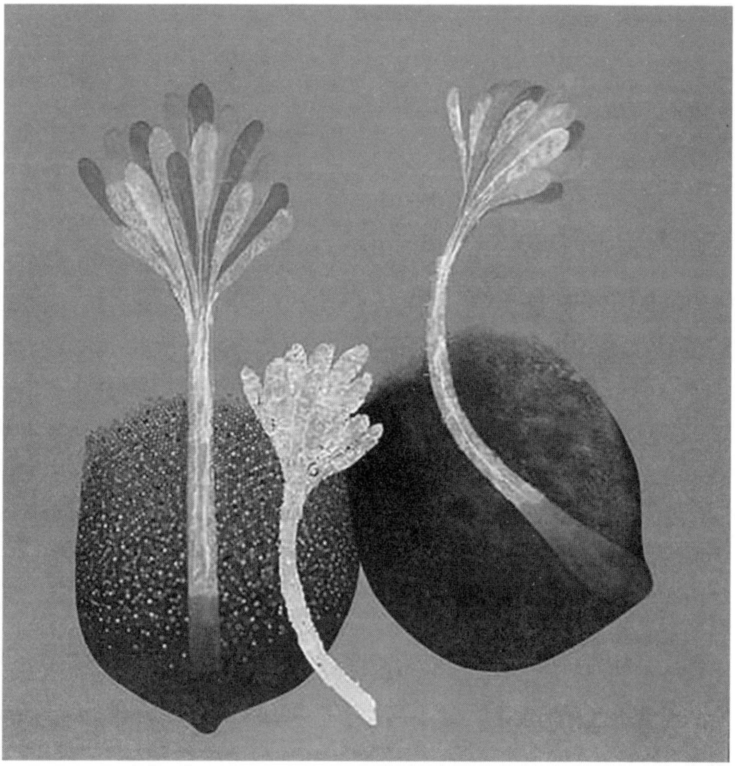

अपने चित्रों में उदय गोस्वामी विविध रंगों के प्रयोग द्वारा जिन रूपाकारों (फॉर्म) को निर्मित करते हैं उनका सम्बन्ध प्रकृति और जीवन से बनता है। चित्रों के इन रूपाकारों को लेकर उनके देखने में रूमानियत भरा भाव नज़र आता है। चित्रों में रूपाकार श्रृंगारिक हैं तो कहीं स्त्री से सम्बन्धित मगर इनका प्रकृति से सम्बन्ध बनता है। चित्र में किसी रूप को लेकर एक चित्रकार की तरह व्यक्तिगत कल्पनाएँ हैं, जैसे एक ही रूपाकार चित्र में स्तन, पतंग, बीज या किसी पौधों के अंकुरण की तरह प्रकट होता है। वे अपने चित्रों में किसी कथ्य या कथन को अनिवार्यता की तरह रखना चाहते है। ''अगर वह मेरे चित्र में आ रहा है तो मुझे यह महसूस होता है कि उसका कोई–न–कोई सम्बन्ध मुझसे ज़रूर है।'' किसी रूपाकार की विविधता को महसूस करने के लिए वे लम्बे समय तक उसको अपने चित्र का हिस्सा बनाये रखते हैं। चित्र को बनाते हुए उदय का प्रयास यह भी रहता है कि उसमें किसी तरह की प्रक्रिया नज़र न आये, चित्र को सहेजने और उसको सुन्दर बनाने पर उनका ज़ोर रहता है। चित्रकला के अकादेमिक दौर में ऑयल, एक्रेलिक, पेस्टल आदि रंगों के इस्तेमाल को लेकर प्रयोगधर्मी रहने वाले उदय के चित्र चटख रंगों की बहुलता से परिपूर्ण हैं। चित्र में वे पहले रूपाकार निर्मित करते हैं, उसके बाद उसका पार्श्व–भाग। चित्रों में चटख रंगों की मौजूदगी का सम्बन्ध वे रूपाकार से जोड़ते हैं, विशेष रूप

से लाल, नीला, हरा व गुलाबी रंग उनके अधिकांश चित्रों में दिखता है। वे इन रंगों से चित्र में दर्शक के लिए रहस्य को चित्रित करने का प्रयास करते हैं, वे इस बात को मानते हैं कि एक चित्र को दर्शक के लिए रुचिकर होना चाहिए, वह रुके, देखे और उसके रहस्य या जादू को हर स्तर पर महसूस कर सके। किसी भी तरह के अनावश्यक तत्त्व की मौजूदगी से परे अपने चित्रों में साफ़–सुथरेपन को वे अनिवार्य मानते हैं। एक चित्र बेहतर ढंग से संयोजित हो इसकी पूर्व योजना उनके पास रहती है। तेज़ रंगों को बरतने की अपनी तकनीक से उदय अपने कैनवस पर पारदर्शिता को चित्रित करते हैं, यहाँ पारदर्शिता का उद्देश्य चित्र में परिप्रेक्ष्य (पर्सपेक्टिव/क्षितिज रेखा) को चित्रित करना है। उनके चित्रों में परत–दर–परत चढ़ते रंगों से नज़र गहराई तक जाती है, चित्र को देखते हुए उसमें गहराई का अहसास देखने वाले को होता है। चित्रों के लिए अनेक माध्यमों को चुनना व उनको अपने काम के अनुरूप बनाने के लिए वे हमेशा प्रयत्नशील रहे हैं। कैनवस की तुलना में उदय ने अपना अधिकांश चित्रण काग़ज़ की सतह पर किया है, काग़ज़ को वे अपने रंग चयन और रूपाकारों के ज़्यादा अनुकूल पाते रहे हैं। निश्चित ही एक चित्रकार के तौर पर दोनों (कैनवस और काग़ज़) के अलग व्यवहार को वे अनुभूत करते हों पर इनके परिणामों की भिन्नता से खुद के लिए नये आयाम पाते हैं। उदय के लिए चित्र कल्पना, वास्तविकता, आँखों से देखा हुआ, महसूस किया हुआ, भुगता हुआ, जो कुछ भी वे चित्रित करने का प्रयास करते हैं वह शत–प्रतिशत तो नहीं लगभग वैसा मौजूद हो जाता है।

• चित्र बनाना आपके लिए क्या है? क्या उसकी रचना–प्रक्रिया में कोई वैचारिक आधार होता है?

प्रथम स्पर्श, प्रेमिका के बालों को स्नेहस्वरूप छूने का, महसूस कराता है कि जब अपने कोरे कैनवस पर इन हाथों को फेरता हूँ तो वही

सुख, वही कोमलता, वही लालिमा और वही सुगन्ध! आह! चित्र बनाना मेरे लिए प्रेयसी को सँवारने जैसा है। जैसे मैं चाहूँ वैसा उसका शृंगार हो। काजल, लाली, बिन्दी, झुमके, गजरा आदि मेरे अन्दाज़ में चित्रित हो। यही आनन्द होता है, जो मुझे चित्र गढ़ते वक़्त प्रेयसी के समीप होने का अहसास कराता है और मैं फिर उस साथ को न छोड़ने के लालच में गढ़ते रहता हूँ चित्र। इस मुलाक़ात के दौरान काफ़ी बातें होती हैं दोनों की। कभी–कभार अनबन किसी बात पर हो जाये जैसे, वैसे कुछ पलों के लिए कभी–कभार चित्र भी नाराज़–सा हो जाता है। मैं जानता हूँ, वह नाराज़गी मात्र इशारा होता है चित्र का अपने और क़रीब बुलाने का। तुम्हारा रूठना अच्छा लगता है और मान जाना भी। यही परस्परता मेरे और चित्र के बीच बनी रहती है। जैसे प्रेम का होना अगर सत्य है, सत्य अगर ईश्वर है और ईश्वर अगर सुन्दर है तो मेरे लिए चित्र को बनाना ईश्वर के क़रीब होना है, मानो चित्र में ख़ुद को पाना। मुझमें ही बसता है वह सब जो मैं ढूँढ़ता फिरता हूँ आसपास अपने। इसी तलाश पर जब मैं निकलता हूँ तो पाता हूँ सब जगह बस प्रेम निहित है।

चित्र का मुझमें होना मेरा चित्र में होना ये चित्र बनाने की शुरुआत में नहीं पता होता, जैसे प्रेम का पहला स्पर्श मात्र शरीर का रोम–रोम ठण्डा कर देता है, वैसे ही कोरा कैनवस प्रतीत कराता है कि मैं उससे प्रेम सम्बन्ध स्थापित करूँ, ताकि फिर महसूस कर सकें एक–दूसरे का भाव जैसे हर बार युगल जोड़ा एक–दूसरे के आलिंगन में डूब जाता हो प्रेम की खुमारी में। इस क्रिया में मुझे नहीं लगता कोई भी वैचारिक शक्ति काम करती होगी। यह भाव रिझाने का होता है, इस प्रक्रिया में नहीं महसूस होती कोई भी वैचारिक आधारशिला। मैं चित्र गढ़ते वक़्त सब जीवित पाता हूँ, सब हो रहा होता है उस चित्र गढ़ने की प्रक्रिया के दौरान। चूँकि क्रिया चित्रकर्म के दौरान जोड़े रखती है एक–दूसरे को, तो पूर्ण होना उचित शब्द नहीं माना जाना चाहिए यहाँ। वह आत्मसन्तुष्टि हो सकती है उस पल की, जिसमें हम चित्र को जी रहे होते हैं। किसी एक चित्र के पूर्ण होने पर निश्चित ही वह दूसरे किसी नये चित्र को गढ़ने की ओर इशारा होता है। मानो उस आत्मसन्तुष्टि

में कोई कमी रह गयी हो, जिसे और बेहतर तरीक़े से प्राप्त किया जा सके। इसी सिलसिले में अक्सर मेरे चित्रों की एक श्रृंखला तैयार हो जाती है और मैं देख पाता हूँ फिर उस जिये गये एक पल में कई और पल।

• क्या आपको रचनात्मकता में कहीं 'प्रभाव' महसूस होते हैं? यदि कृति में वह मौजूद हैं तो वे किस तरह से प्रकट होते हैं? क्या कोई कृति प्रभावों से मुक्त हो सकती है? किसी कृति को रचने के दौरान क्या किसी कलाकार या पूर्व में निर्मित किसी की कृति की स्मृति आपके साथ रहती है?

'प्रभाव' प्राकृतिक है, हम इसे छोड़ नहीं सकते, स्वयं ही आता है। मैं यहाँ उन प्रभावों की बात कर रहा हूँ, जो प्रकृति में निहित हैं और आकर्षित करते हैं, न कि किसी व्यक्ति विशेष की और न उसके चित्रकर्म की। मैं स्वप्न में हूँ, एक सुनहरी परी के साथ बादलों की सैर कर रहा हूँ। ठण्डी हवा है, परी के सुनहरे लम्बे केश मेरे चेहरे पर आ रहे हैं, रजनीगन्धा की सुगन्ध है उनमें, आकाश में नीला रंग है, गहरा और भूरा भी, घने वृक्ष, नदी, पंछी सब हैं इस मधुर वेला पर। इस पल मैं नहीं चाहता कि नींद खुले मेरी। मैं इस रात के स्वप्न में उस सुनहरी परी से प्रेम स्थापित करना चाहूँगा और कर भी पाता हूँ। भोर होती है, आँखों से कुछ धुँधला दिख रहा है और मन भी शान्त है, चेहरा मुस्कुरा रहा है, रात का स्वप्न, स्वप्न न होकर जैसे हक़ीक़त रही हो, चेहरे पर साफ़ ज़ाहिर हो रहा है। इस हक़ीक़त को अब मैं कैनवस पर चित्रित करना चाहूँगा, पर था तो स्वप्न, अब मैं कहाँ ढूँढूँगा उस सुनहरे बालों वाली परी को! तब देखता हूँ अपने आसपास प्रकृति में निहित हर एक उस वस्तु विशेष को, जिसमें मुझे परी जैसी सुनहरी काया वाली कोई छवि दिखे। तब तुम्हें (प्रेम) देखता हूँ और गढ़ने लगता हूँ। तुम्हारी आँखों से, हाथों से, बालों से, काया से, रूप से प्रभावित मैं, मेरा स्वप्न और मेरा चित्र। ''तुम्हारा मुझमें होना ही मेरा चित्र में होना है।'' जैसा कि आरम्भ में कह चुका हूँ कि 'प्रभाव' प्राकृतिक है और मेरे चित्रकर्म में स्वाभाविक रूप से महसूस होते हैं। अब ये ज़रूरी भी नहीं कि सभी को प्रभावित करते हों। मुझे लगता है प्रभाव स्वाभाविक

रूप से चित्रकार की कृति में निहित होता है और प्रभावमुक्त कृति की कल्पना करना मेरे लिए मुश्किल होगा। "किसी कृति को रचते वक़्त मैं सिर्फ़ इश्क में होता हूँ और मेरी स्मृति में तुम होते हो।"

• अपनी रचना–प्रक्रिया व अपने देखने में आपके लिए सबसे महत्त्वपूर्ण क्या है? क्या आप अन्य कला माध्यमों पर भी विचार करते हैं? क्या अन्य कलाओं के साथ आपका किसी तरह का परस्पर सम्बन्ध बन पाता है?

रचना–प्रक्रिया के दौरान कलाकार का देखना ही स्वाभाविक रूप से महत्त्वपूर्ण है। जब हम घर से निकलते हैं, घूमते हैं, खाते हैं, पीते हैं, सोते हैं, स्वप्न देखते हैं, विचार करते हैं, यही सबकुछ अनुभव रचना–प्रक्रिया के दौरान दिखायी देने लगता है। चूँकि हर माध्यम का स्वयं का एक स्वभाव होता है, इसलिए मुझे लगभग हर माध्यम के साथ वही रिश्ता क़ायम करना होता है, जैसा आप अपनी प्रेयसी के साथ रखते हैं। मिश्रित माध्यम मेरे काम का है। माध्यमों का स्वभाव मैंने कॉलेज के दिनों से ही जानना शुरू कर दिया था और भिन्न–भिन्न माध्यमों के साथ प्रयोग करना मेरी पसन्द रहा, जिसके चलते आज लगभग सात से आठ माध्यमों में मैं कैनवस पर काम कर रहा हूँ। कलाकार के देखने का स्वभाव ही तय करता है। आँख से उसे क्या दिख रहा है। सफ़र के दौरान मैं गरमी के दिनों में रेल यात्रा कर रहा था। चूँकि सेकण्ड क्लास का डिब्बा था, तो गरमी के कारण पसीना निकल रहा था। सामने वाली सीट पर एक परिवार भी सफ़र कर रहा था, जिसमें पति–पत्नी और एक नवजात शिशु शामिल था। गरमी के चलते वह शिशु वातावरण के अनुकूल ख़ुद को सहज नहीं पा रहा था और रो–रोकर उसने अपना मुँह लाल कर लिया था। माता–पिता द्वारा उसे चुप कराने के लगभग सभी प्रयास विफल रहे। माँ भी ख़ुद को असहाय प्रतीत कर रही थी। चूँकि नवयुगल जोड़ा था तो ज़ाहिर है कि माँ की उम्र लगभग 25–26 रही होगी। वह शिशु को स्तनपान करना चाहती थी, पर शर्म उसे ऐसा करने से रोक रही थी शायद, मेरे साथ ही चार अन्य पुरुष यात्री उसी दिशा में हमारे साथ सफ़र कर रहे थे। अन्ततः माँ का सब्र टूटा और उसने शिशु को स्तनपान कराना शुरू किया।

अब यहाँ उस देखने की बात आती है। जब मेरी आँख के सामने यह दृश्य उभरा तो मैंने देखा उस माँ के दर्द को, शिशु के दर्द को और मातृत्व को, प्रेम को, स्नेह को। यहीं पर दूसरी आँखों ने शायद क्षणिक आनन्द की अनुभूति ली होगी। नये–नये माध्यमों के साथ प्रयोग करना मुझे आनन्द प्रदान करता है, अब वह माध्यमों में क्या हो सकता है, इसका वर्णन करना मुश्किल होगा। शिल्प हो सकता है, संस्थापन भी हो सकता है, मिट्टी, लकड़ी, लोहा आदि माध्यम भविष्य में कार्ययोजना में जुड़ सकते हैं। मुझे लगता है कलाकार को अपने भाव व्यक्त करने के लिए किसी एक माध्यम को लेकर स्थिर न रहते हुए अन्य माध्यमों के साथ प्रयोग करना चाहिए। इसी क्रम में कभी–कभी मैं शब्दों को संयोजित कर लेता हूँ। कुछ कविताएँ, विचार आदि लिखना पसन्द करता हूँ। जब कभी लगता है कि आज का माध्यम या सतह मात्र कैनवस या रंग न हो।

• चित्र में कथन या कथ्य को आप कितना अनिवार्य मानते हैं? क्या किसी कृति का इनके बग़ैर कोई अस्तित्व रहता है? क्या कोई कृति अपने समग्र रूप में कुछ कहने का प्रयास होती है?

मुझे लगता है अगर आप मुझे दिख रहे हैं, महसूस कर रहे हैं, बात कर रहे हैं तो कथन या कथ्य स्वतः ही आ जाता है चित्र में। यह कथ्य कलाकार और चित्र के बीच का हो सकता है। इस कथन में सामाजिक, प्राकृतिक और आन्तरिक भावनाओं का होना सम्भव है। मेरा तुम्हें दिखने और महसूस करने में तुम कितनी ही बातों को कह जाते हो। उन बातों को मैं जब चित्रित करने बैठता हूँ तो पाता हूँ, जैसे हर बार बात अधूरी रह गयी है और मैं फिर देखना शुरू करता हूँ नये सिरे से और पाता हूँ कि तुम ख़ुद इतने हसीन हो कि तुम्हारे लिए कोई कथन उचित नहीं होगा। फिर मैं तुम्हें जोड़ने लगता हूँ, इस कायनात में निहित उन रूपाकारों से, जिनके भाव–स्वभाव आदि में तुम्हारे होने की छवि हो–मैं तुमसे दूर होकर भी तुम तक पहुँच पाता हूँ। स्वाभाविक–सी बात है, यदि आप चित्र गढ़ रहे हैं या अन्य किसी विधा में सृजन कर रहे हैं तो निश्चित ही अपने प्रेरणास्रोत, प्रकृति या अपने आसपास के आन्तरिक मन में

ढूँढ़ने निकलेंगे। सृजन का रिश्ता कलाकार के साथ तब जुड़ा चला आता है, जब वह पहली बार किसी विषय–वस्तु को उल्लेखित कर रहा होता है या महसूस कर रहा होता है। अन्त तक यह रिश्ता बना रहता है और इस दौरान कई बातें दोनों के दरमियां होती हैं। तब कह सकते हैं कि कथन कहना कोई ज़रूरी नहीं है, पर कथन का होना चित्र का होना स्वतः ही निहित है।

• अपने स्वरूप में परिवर्तित होते हुए चित्र आपसे क्या माँग करता है?

यह अच्छा सवाल है कि एक चित्र आपसे क्या माँग करता है? कहीं अख़बार का हैडिंग पढ़ा था कि कुछ दिन पहले किसी कलाकार का कथन था "धैर्य और ध्यान के साथ अपने चित्र से बात करिए, वह अपना मर्म कह देगा"। यह कथन एकदम सत्य साबित होता है मेरे लिए। मुझे सिर्फ़ इतना पता होता है कि चित्र को गढ़ते वक़्त कि मैं किस सतह पर क्या आकार बनाने वाला हूँ। उसके बाद की पूरी यात्रा चित्र के द्वारा निर्देशित होती है। उस निर्देशन को पहचानने के लिए मुझे कैनवस से रिश्ता जोड़ना होता है, जो स्वतः ही जुड़ जाता है। जब भी मैं चित्र–कर्म करूँ या कविता लिखूँ। बातचीत कई बार इतनी लम्बी हो जाती है कि दिन पता ही नहीं चलते और कई बार हम एक–दूसरे को जल्दी ही समझ लेते हैं। परस्पर इस प्रक्रिया में मैंने महसूस किया है कि चित्र की माँग सौन्दर्य को लेकर ज़्यादा है। मेरे चित्र कर्म का आधार सौन्दर्य ही है। मैंने देखा है जब भी कुरूपता की ओर बढ़ने की कोशिश की है तो चित्र ने उसे इनकार करते हुए स्वयं अपनी बात मनवाई है। कुरूपता से तात्पर्य विपरीत रंग, विपरीत सतह आदि। जैसे जब कभी मैंने अगर गहरे, नीले, काले या हरे रंग की सतह अपनायी होगी, तब वह उस चित्र के स्वभाव के विपरीत ही रहा और चित्र कभी उसे अपना नहीं पाया मेरे रूपाकारों में, जबकि तुम निहित हो जहाँ प्रेम है, सौन्दर्य है, जैसे लाल, भूरा, गुलाबी, हलका नीला, सफ़ेद, पर जब कभी तुमसे नाराज़ होकर गहरे रंगों को चुना है तो तुमने अपनाने नहीं दिया, उस नाराज़गी में भी तुम प्रेम और सौन्दर्य को ही चित्रित करते आये हो। तुम्हारा मुझ पर यूँ नज़र

रखना मुझे और भी प्रेरित करता है कि अपना लूँ उन विपरीत रंगों को, जिनको तुम मुझसे दूर रखकर ख़ुद मेरे पास आना चाहते हो। मैं तुम्हें सबसे क़रीब ही पाता हूँ।

- **चित्रकला को कला माध्यम के रूप में क्यों चुना?**

सबसे पहले तो मुझे यह बात मालूम ही नहीं थी कि कला क्या होती है और उसमें भी चित्रकला। ग़लती से मैंने ग्वालियर फाइन आर्ट कॉलेज में प्रवेश लिया। मुझमें चित्रकला को लेकर बहुत थोड़ी–सी रुचि ज़रूर थी। अपने स्कूली दिनों में मैंने कुछेक चित्र ज़रूर बनाये थे और शायद यही वजह रही कि मैं आर्ट कॉलेज तक पहुँचा। लेकिन, मुझे इसका विस्तार बिलकुल नहीं मालूम था कि चित्रकला क्या है और क्यों है! मुझे लगता था कि मैं चित्रकला के अध्ययन के बाद एक साधारण–सा ड्रॉइंग टीचर बन सकता हूँ। मन में यही बात सबसे ज़्यादा थी। कॉलेज में कई अच्छे शिक्षक मिले। उनसे मैंने चित्रकला के बारे में कुछ समझा। उनकी कुछ बातें मेरे ज़ेहन में बहुत ही अच्छी तरह से उतर गयीं। कुछ शिक्षकों ने मुझ जैसे नवोदित छात्र के लिए बहुत मेहनत की और इसका परिणाम यह हुआ कि मेरे जीवन की धारा ही बदल गयी। ग्वालियर, जहाँ से मैंने चित्रकला का अपना अकादेमिक अध्ययन किया, वहाँ चित्रकला के अलावा कई दूसरे माध्यम में भी काम होता था। जब मैं वहाँ पर सेकण्ड ईयर का स्टूडेंट था, तब पहली बार मैंने दिल्ली में अन्तर्राष्ट्रीय त्रैवार्षिकी कला प्रदर्शनी देखी थी। इतना काम देख लिया था कि मेरे सामने दुविधा थी कि क्या किया जाये। फर्स्ट ईयर से ही मैंने मिश्रित माध्यम में काम करना शुरू कर दिया था। असल में रंगों या किसी भी माध्यम के साथ खेलने में मुझे बहुत मज़ा आ रहा था। ऑइल हो, एक्रेलिक हो, इंक हो या कोई भी माध्यम, मुझे उसे अपने स्वभाव के अनुरूप बनाने की एक ललक रहती थी। तो ये सारे प्रयोग मैंने अपने अकादेमिक अध्ययन के दौरान कर डाले। 2009 में भारत भवन, भोपाल पहुँचा। यहाँ की वर्कशॉप का माहौल देखा। चूँकि मैंने कई माध्यमों को अपने अनुरूप पहले ही तैयार कर लिया था। अब ज़रूरत थी काम करते हुए ख़ुद को पहचानने की। वह काम यूसुफ सर ने किया। मैंने भी एक साल तक भारत

भवन की वर्कशॉप में बहुत काम किया और वे माध्यम कब मेरी ज़रूरत बन गये, मुझे पता ही नहीं चला। मैं कह सकता हूँ कि चित्रों को सरल बनाने में जो मेरे लिए लाभदायक माध्यम होते, वे अपने आप मेरे हो जाते हैं। जैसे एक्रेलिक कलर है। उससे अभी मैं सिर्फ़ बेस ले रहा हूँ, लेकिन जो फॉर्म बना रहा हूँ, उसमें मुख्य भूमिका है इंक की। उसके बाद फाइनल टच के लिए रोटरिंग पेन और पूरे चित्र के बनने में राइस पेपर की। जितनी मेहनत मैं रंगों में पारदर्शिता लाने के लिए करूँगा, वो शायद उतने ही सटीक होंगे, क्योंकि काग़ज़ जैसे माध्यम पर बहुत आसानी से मुझे वो परिणाम मिल जाते हैं। ये जो माध्यम हैं, ये काम को पूरा करने में मेरी तकनीक को सरल बनाते हैं।

• कैनवस की तुलना में काग़ज़ (पेपर) का ज़्यादा उपयोग करते हैं?

कैनवस की तुलना में मुझे पेपर के साथ काम करने में ज़्यादा सहजता महसूस होती है। दोनों का अलग व्यवहार है। जैसे मैंने अपने व्यवहार के अनुसार माध्यम को चुना; कैनवस का अपना व्यवहार है, वहीं पेपर का अपना व्यवहार है। कैनवस किसी भी तरह, कितनी भी तरलता को ग्रहण कर सकता है, लेकिन पेपर में थोड़ी दिक़्क़त आती है, पर परिणाम अच्छे निकलते हैं। इस तरह से मिश्रित माध्यमों के साथ चित्र बनाना मेरे लिए ज़्यादा सहज व सरल रहा है। कॉलेज के दिनों में बहुत ज़्यादा ऑप्शन थे भी नहीं, तो फिर मुझे सिर्फ़ चित्र ही बनाना थे। लेकिन, अब लगता है कि इसमें कुछ नये आयाम स्वतः जुड़ें।

• रंग कैसे प्रभावित करते हैं?

यह एक तरह का रोमांस है। मैं दिनभर जितना भी रोमांस ख़ुद में महसूस करता हूँ या प्रकृति से जितना भी रोमांस ग्रहण करता हूँ, कविता लिखता हूँ, चित्र बनाता हूँ या किसी भी चीज़ को देखता हूँ, उससे जो रोमांस महसूस होता है, वो ही रंगों के रूप में कैनवस पर आता है। मेरे चित्रों के फॉर्म इरोटिक भी हैं, फीमेल रिलेटेड हैं, लेकिन प्रकृति से ही उठाये हुए। उनके बीच की जो कल्पनाएँ

हैं, वो मेरी व्यक्तिगत हैं। वो काल्पनिक नहीं हैं। कोई कहता है मछली है, कोई कहता है चना है, कोई कहता है ब्रेस्ट है, किसी को पतंग लगती है। लेकिन, है काल्पनिक फॉर्म। मतलब ब्रेस्ट को मैंने मछली के फॉर्म में बना दिया या किसी पौधे के अंकुरण के फॉर्म में बना दिया तो वो सब काल्पनिक है। जो दिमाग़ में आता है या मन में है, वो ही सारी चीज़ें हैं।

• रूपाकार वहाँ दिखता है, कहानी की तरह। ऐसा कुछ जान–बूझकर तैयार करते हैं या वो अचानक तैयार हो जाता है? कहानी की कितनी जगह है आपके पास?

मैं मानता हूँ कथ्य होना चाहिए। लेकिन, अगर वो आ रहा है या मैं पेंट कर रहा हूँ तो मुझे लगता है वो मुझसे किसी तरह का कोई सम्बन्ध रखता है, तब तो वो आ रहा है। मुझे लगता है, कुछ अपने आप भी आ रहा है और कुछ मैं कोशिश भी करता हूँ। मैं जो बनाने की कोशिश करता हूँ, वह सौ प्रतिशत वैसा तो नहीं बन पाता, क्योंकि ये पूरा प्रैक्टिकल है। दिमाग़ में कुछ है, दिल में कुछ। हम कोशिश करते हैं कि वैसा हो जाये, लेकिन लगभग वैसा हो पाता है, यह सौ प्रतिशत तो नहीं कह सकते। मेरे अपने कथ्य हो भी सकते हैं और आ भी जाते हैं। दोनों ही चीज़ें हैं।

• समग्रता में आपके लिए चित्र क्या है? सिर्फ़ अपना किया हुआ काम या कुछ और?

काम के दो स्तर होते हैं। दूसरे स्तर तक मैं चित्र को अपने अनुरूप चलाता हूँ। उसके बाद तीसरे स्तर पर वह मुझे ले जाता है। फिर मुझे नहीं मालूम रहता कि वो कहाँ ले जा रहा है। बस, एक बिन्दु पर मेरी देखने की शक्ति ख़त्म हो जाती है। वहाँ काम ख़त्म हो जाता है। यह स्थिति तब आती है, जब काम सुन्दर लगने लगता है। मुझे लगने लगता है कि हाँ, जो मैंने सोचा था, उसके लगभग है और बहुत ख़ूबसूरत लग रहा है। वहाँ छोड़ देता हूँ।

• ख़ूबसूरती की आपकी कोई अपनी परिभाषा है, काम को लेकर?

हाँ, ये वही है, जो अकादेमिक स्तर पर कला के नियमों में उल्लेखित की गयी है। असल में सौन्दर्य ही मेरे काम का सम्पूर्ण आधार है। मतलब, सौन्दर्य न हो तो फिर मुझसे चित्र नहीं बनेंगे। मैं बहुत मानता हूँ सौन्दर्य को। दृश्यकला में उसके बहुत मायने हैं और वो कहीं–न–कहीं अन्दर बैठ गया है, तो अब ज़रूरत ही नहीं पड़ती आँख ही बता देती है कि कहाँ पर क्या कमी है या ये कहाँ पूरा हो गया है।

• थ्योरी से कैसे को–रिलेट करते हैं अपने काम को कि चलो ठीक है, मैंने वहाँ उस पुस्तक से पढ़ा, तो वह कैसे रि–कॉल होता है?

दस साल हो गये। इन दस सालों में आदत हो गयी है। असल में अब सोचना भी नहीं पड़ता कि क्षणांक के उस नियम को यहाँ पर अपने काम में लागू करूँ। लेकिन, वो बैठ गया है कि आँख तैयार है। आँख अपने आप तैयार हो गयी है कि हाँ, यहाँ चित्र में गहराई कम है या स्पेस में कोई प्रॉब्लम आ रही है या टेक्सचर ठीक नहीं है या कंट्रास्ट नहीं है। मुख्य तो कंट्रास्ट ही है। काम का कंट्रास्ट नहीं है तो फिर आपकी आँख कैसे घूमेगी? जहाँ पर भी फॉर्म उभर रहा है, वो काम का कंट्रास्ट होता है। अगर मैं वहाँ वो फॉर्म लागू न करूँ तो फिर चित्र काहे का, वो एक सपाट पोस्टर की तरह लगेगा। एक तरह से ये सब आदत में आ गया है।

• अपने काम में आपने रंग व आकृतियों के अन्तःसम्बन्धों को किस तरह से कैनवस पर स्थापित किया?

आप देखिये हवा ट्रांसपेरेंट है। अगर आप उसे महसूस करें, आप चाहें ये धुँधली दिखे तो आप धुँधला देख सकते हैं। बस, मैं वो ही चाहता हूँ कि चीज़ें जैसे मुझे आँखों के सामने हलकी धुँधली–सी नज़र आती हैं। बस, वो चीज़ लाने की कोशिश करता हूँ, इसलिए कागज़ पर उकेरने की कोशिश करता हूँ। मैं पूरा फॉर्म बनाकर उसे पेपर से पूरा ढँक देता हूँ। कहीं से उसका एक हिस्सा खुला रहता है। इसके बाद उसमें एक तरह का रहस्य पैदा होता है। अगर रहस्य नहीं है तो वो चित्र काम का ही नहीं है। चित्र में अगर

जादू नहीं है तो फिर वो काहे का काम? क्यों आपका चित्र कोई देखेगा? देखेगा, मगर उसमें जादू होना चाहिए न! वो जादू ऐसे ही तरीक़ों से पैदा होता है। आदमी रुके और देखे उसको। यह अपने आप ही होता है। रहस्य बहुत महत्त्वपूर्ण है। हम कैसे किसी के काम को 'वाह' बोल देते हैं। उसमें कोई ख़ास बात होती है।

• रंग और रूपाकार दोनों में से किसे महत्त्वपूर्ण मानते हैं?

रंग मेरे लिए महत्त्वपूर्ण हैं, लेकिन लोग कई बार टोक चुके हैं कि इतने तेज़ रंग क्यों लगाते हैं। लाल, पीला, गुलाबी! लोग बोलते हैं कि रंग ज़्यादा निकलकर आते हैं। मैंने कहा, मेरी पसन्द है। जो फॉर्म मैं बना रहा हूँ, उसका अगर माहौल नहीं है वहाँ पर, तो फिर वो फॉर्म मेरे किस काम का? मैं जब लाल लगा रहा हूँ, तो कोई वजह है। कलाकार बेवजह तो नहीं लगा सकता! काला लगायेगा तो उसकी भी वजह होगी। अब अगर आपको पसन्द नहीं आ रहा है तो उसमें मैं क्या कर सकता हूँ? मैं इस तरह की उनकी बातों पर ध्यान नहीं देता हूँ। मुझे काम ख़ुद बताता है। मेरा फॉर्म पहले बनता है, बैकग्राउण्ड बाद में। जब फॉर्म बनता है तो वह अपने अनुरूप रंग ख़ुद चुन लेता है। उसमें मेरी मर्ज़ी नहीं रहती। फिर मैं उस काम की मर्ज़ी की उपेक्षा कैसे करूँगा। अगर की तो फिर वो काम मेरा कैसे रहेगा? दो स्तर के बाद हर एप्लीकेशन, काम की ख़ुद की माँग है। मेरा उसमें कुछ भी नहीं रहता। एक तरह से मैं वहाँ एक लेबर की तरह हूँ।

• यानी आपके हाथ से छूटता चला जाता है...?

मुझे लगता है ऐसा होना भी चाहिए। अगर ऐसा हो रहा है तो आप सही जा रहे हैं। आपकी बात हो रही है काम से। कहते हैं न! शुरू में लोग मुझसे कहते थे कि आप बातें करो कैनवस से। मैं सोचता था कि पागल लोग हैं, कैसी बात कर रहे हैं, कैनवस से क्या बातें करो। लेकिन, अब यह अहसास होता है कि अपने काम से आपकी कितनी सारी बातें होती हैं। एक स्थिति आने पर बहुत बात होती है। हर पाँच–पाँच मिनट में आपको उससे बात

करना होती है। नहीं तो आप भटक जाओगे। और बात बन्द की तो काम वहीं अटक जायेगा। ये बहुत ज़रूरी है और वास्तविक भी।

• ऐसा लगता है कि काम कहीं आपको एक ही दिशा में ले जा रहा है?

हाँ! असल में मेरा प्लान है कि मैं यहाँ 'यलो' लगाऊँगा, लेकिन वो कहेगा कि नहीं 'ऑकर' चाहिए। अब आप बैठे रहो, मन की सुनो या उसकी सुनो। सुनना आपको उसी की है। आपने मन की सुनी तो काम आपके विपरीत हो गया। मैं ऐसा होने नहीं देता हूँ। काम जो कहता है, मैं बस वो ही करता हूँ।

• फॉर्म और स्पेस को लेकर क्या रहता है मन में?

फॉर्म, ऐसा है कि बनाने से पहले मैं बहुत सारे स्कैच करता हूँ। बहुत सारे! मतलब एक ही फॉर्म को बीस तरीक़े से बना रहा हूँ, अलग–अलग स्कैच। फिर उसमें से जो बेहतर दिखता है, उसे उठा लेता हूँ। मैं भोपाल गया था, तब स्पेस को लेकर काफ़ी बातें हो रही थीं। सबसे मुश्किल जो स्पेस होता है, वो स्क्वायर होता है। जैसा कि मुझे बताया गया। उसके चारों सिरे समान हैं। कहाँ से उसे बड़ा या छोटा कर सकते हैं! लम्बा होता तो फॉर्म लम्बा कर लो, चौड़ा होता तो फॉर्म चौड़ा कर लो। स्क्वायर में आप क्या कर सकते हो? मुझे व्यक्तिगत रूप से सेंटर बहुत पसन्द है। स्क्वायर में केन्द्र मुझे बहुत पसन्द है और अपना पूरा फॉर्म वहीं रखता हूँ। अगर साइज़ दूसरा ले रहा हूँ, वर्टिकल या ट्रैंगल ले रहा हूँ, तो फिर वो कहीं पर भी जा सकता है। यह सबकुछ काम पर निर्भर करता है।

• आपके काम को देखते हुए जो मेरे व्यक्तिगत विचार हैं कि आप इनको सुन्दर बनाने का अतिरिक्त प्रयास करते हैं?

ये मुझमें अपने आप ही आया है! उसको सहेजने, बहुत सुन्दर बनाने या उसमें ज़रा–सी भी मैनुअल प्रोसेस न दिखे इस बात का ख़याल रहता है। कह सकते हैं कि यूसुफ़ सर की वजह से

वो सारी फिनिशिंग आयी है। मैंने काम की बारीकियाँ तो उन्हीं से सीखी हैं। फ़िनिशिंग उनके चित्रों का सबसे महत्त्वपूर्ण पहलू है और अब यह मेरे नेचर में ही आ गया है। मैं बहुत ख़याल रखता हूँ फ़िनिशिंग का काम करते समय भी और काम होने के बाद भी। प्रक्रिया वही है। जो चीज़ आपके अन्दर नहीं है तो आपके कैनवस पर कैसे आयेगी। मैं कविता भी लिखता हूँ, तो वही लिखता हूँ जो मेरे अन्दर है।

• बहुत सारे लोगों का मानना है कि लिखने–पढ़ने से कला का वास्ता नहीं होता?

नहीं, नहीं। मैं सौ प्रतिशत सहमत हूँ कि मेरे अन्दर जो है वो सर्फ़ेस पर है और वही शब्दों में है। मैं ख़ुद ही लिखता हूँ। मैंने कहा कि मेरा काल्पनिक ज़्यादा है। आँखों से देखा हुआ, महसूस किया हुआ, भोगा हुआ, लेकिन वो सारे विचार होते हैं, फिर वो शब्द हों या रूपाकार या दूसरे कोई भी ऑब्जेक्ट्स हों, कोई भी कलारूप हो। कहानी जैसा कुछ भी नहीं है उसमें, कि हम उसके लिए कोई बहुत बड़ी कहानी लिखने की कोशिश करें। आप सामान्यतः देखिये, व्यक्तिगत जीवन में भी आप रोमांस को कितना एन्जॉय कर रहे हैं। बस, वो ही मेरे लिए आर्ट है फ़िलहाल। अगर मैं एक सिगरेट पी रहा हूँ तो उसके साथ भी बहुत रोमांस करता हूँ। एक कप चाय पी रहा हूँ तो भी। कई सारे तरीक़े हैं रोमांस के। बस, वो रोमांस मेरे अन्दर रहता है, वही काम में आता है।

• एक चित्र आपके लिए क्या है, रोमांस के अलावा?

बहुत बड़ी ख़ुशी है एक चित्र मेरे लिए। जब वह बनता है तो उसको देखकर लगता है कि जो रोमांस मैंने जिया था, वो अब आँखों के सामने है। इससे बड़ी ख़ुशी फिर क्या हो सकती है! एक चित्र के पूरा होने के बाद बहुत आनन्द आता है, बहुत मज़ा आता है। अगर ज़बर्दस्ती कर रहा हूँ तो वो मुझे छोड़ देता है। ऐसा हुआ है, लेकिन ये सीखने के दौर में ज़्यादा हुआ।

• स्कैचिंग को कितना महत्त्वपूर्ण मानते हैं?

ग्वालियर कॉलेज में स्कैचिंग का कोई माहौल नहीं था। जितना भी कुछ मैंने सीखा, व्यक्तिगत रूप से या फिर भारत भवन आकर सीखा। अभी मैं नियमित स्कैच करता हूँ। मैं काम करने से पहले स्कैच ज़रूर करता हूँ। मैं सीधे कैनवस पर एप्लाई नहीं करता, कुछ भी। मुझे प्रॉपर मालूम होता है कि मुझे क्या बनाना है। उसके लिए दस ड्रॉइंग पहले करूँगा, फिर उनमें से एक निकालूँगा। अगर आप अच्छे परिणाम चाहते हैं, उसी कम्पोजिशन में अच्छा स्पेस प्राप्त करना चाहते हैं तो आपको स्कैच करना चाहिए। अगर एक कैनवस को पेंट करने के लिए तैयार हैं, अगर आपके पास उसका ले–आउट तैयार है, तो उसमें क्या बुराई है? सब कुछ पूर्व योजना के अनुसार कई बार नहीं भी होता है।

• कहीं लगता है कि आप जो रंग लगा रहे हैं, उसके अलावा दिमाग़ में कुछ और चलता है कि इससे कहीं बेहतर ज़्यादा कंट्रास्ट लगाऊँ?

मैं यह सोचकर नहीं लगाता कि कंट्रास्ट चाहिए।

• कंट्रास्ट की बात हम छोड़ देते हैं, पर हम जो उस कलर के बियांड की कोशिश करते हैं?

कोशिश तो करता हूँ। फिर वही ऑफ़ व्हाइट, व्हाइट पर, जो कि पैटर्न है भोपाल का।

• हम भोपाल की बात नहीं कर रहे, व्यक्तिगत बात कर रहे हैं?

पर्सनली मैं हलके रंग ही इस्तेमाल करता हूँ, लाल से ऊपर कंट्रास्ट में मैं जा नहीं सकता। प्रॉपर पीला मैंने अभी तक नहीं लगाया। अखिलेश सर से बात हुई तो उन्होंने बताया कि पीला लगाना कितना मुश्किल है। ट्रांसपेरेंट कलर है तो वो उतना सधा हुआ भी नहीं होता। मैं लाल को भी दो–तीन साल में समझ पाया हूँ। मुझे तीन साल के क़रीब लगे लाल को सही ढंग से लगाने में।

• आकर्षण रंगों को लेकर ज़्यादा है, रूपाकार को लेकर क्यों नहीं है?

स्वामी जी (जगदीश स्वामीनाथन) की कई सारी बातें याद आती हैं, जो गुरुजन से सुनीं। चाहे अखिलेश सर हों या यूसुफ़ सर, दोनों उदाहरण देते हैं स्वामी जी का रंगों को लेकर कि वे रंगों को कैसे बरतते थे। मुझे तसल्ली नहीं होती, जब तक कि वो रंग निकलकर बाहर नहीं आ जाता और तब तक मैं लगाता रहता हूँ। मैं एक बात कह रहा था कि आगे जाकर हो सकता है मैं सपाट लगाना छोड़ दूँ। हो सकता है कि कई दूसरे हलके रूपाकार या टेक्सचर उस पर एप्लाई करूँ। ये वो ही पारदर्शिता वाली बात है। हो सकता है कि कोई साड़ी का कपड़ा ही चिपका दो बैकग्राउण्ड में।

• आपके काम की प्रक्रिया क्या है?

काम है तो प्रक्रिया भी है। बिना प्रक्रिया के आप काम कैसे करेंगे? अपने आप तो होगा नहीं। हर कलाकार के काम की अपनी ख़ुद की प्रक्रिया है। एक अलग तरीक़ा है। अगर वह उस प्रक्रिया से नहीं चला तो भटक जायेगा। उसी प्रक्रिया को खोजने में लम्बा समय लगता है। हम अपने आपको तो खोजते ही हैं काम में, लेकिन काम करते–करते जो तरीक़ा बन रहा है, वो प्रक्रिया ही है। मेरे काम की प्रक्रिया कुछ अलग है, आपकी कुछ अलग। ये भी एक खोज है। जब हम अपने आपको काम में खोजते हैं, तो ये तकनीक भी एक खोज है और आप उस तकनीक के साथ ही आगे बढ़ते हैं। आप उससे इधर–उधर नहीं हो सकते। अगर आप रोलर लगाते हैं तो ब्रश नहीं लगा सकते, आपको रोलर ही लगाना पड़ेगा और अगर आप ब्रश से करते हैं तो रोलर नहीं कर सकते। ये सब आदत में आ जाता है, स्वभाव में आ जाता है।

• आपने जो माध्यम की बात की है वो क्या है?

मान लीजिये, मैं इंक फ्लो कर रहा हूँ। अब इंक तो कच्चा मटेरियल है। एक बार फ्लो कर लो, दो या तीन बार भी फ्लो कर लो, उसमें वो रिचनेस नहीं आयेगी। वो कैसे आ सकती है! एक्रेलिक

से ब्रशिंग करूँगा तो स्ट्रोक दिखेंगे। ड्राय पेस्टल घिस दिया। अब जितनी भी परतें चढ़ानी हैं, चढ़ायें। रंग उतना गहरा होता जायेगा। ये तकनीक हमारे काम को बहुत आसान कर देती है।

• आप अपने चित्र में टेक्सचर का इस्तेमाल कर रहे हैं, इंक का इस्तेमाल कर रहे हैं–इन सबको बरतना बहुत अलग है, पर कहीं लगता है किसी माध्यम विशेष के बारे में कि वो मुझसे अच्छी तरह सध जाता है?

अभी तक मैंने ऐसे किसी माध्यम में काम नहीं किया। जैसे तैल रंग (ऑइल कलर)। अगर मैं आज ऑइल को छू रहा हूँ तो मेरे लिए उसमें काम करना बहुत मुश्किल होगा।

• विशेष रूप से उन माध्यमों में, जिनमें आप काम कर रहे हैं...?

पूरा सौ प्रतिशत। इतने साल से कर रहा हूँ तो सब आदत में आ गया है, अब दिक़्क़त नहीं आती। वाटर कलर हो, ड्राय पेस्टल, पेन या पेंसिल कुछ भी हो, सबका उनके ही तरीक़े से इस्तेमाल होता है।

• ऐसा कोई रंग, जिसको आप बार–बार लगाते हैं?

बड़ा मन होता है काला लगाने का, लेकिन काले के विषय में बहुत सारी नकारात्मक बातें सुन रखी हैं, तो अभी मन थोड़ा कच्चा है।

• सुनने का मतलब? आपने पता नहीं किसके बारे में क्या सुन रखा है, पर आप कभी उससे मिलने की कोशिश करते हैं?

जो काला रंग है वो बहुत ही ख़ूबसूरत है। आप फ़ोटोग्राफ़ी में देखें तो यह समझ में आता है। वो समय आ सकता है! अभी नहीं आया है, लेकिन मन है काले रंग में काम करने की इच्छा है। जल्दी करूँगा।

• पर कुछ लोगों को मैंने देखा है जो बहुत ज़्यादा काले में काम करते हैं?

फिर तो आगे कुछ बचा ही नहीं, अँधेरा ही दिखेगा। काला चलने देगा? काला ही चलेगा। 'जेराम पटेल' ने पूरी ज़िन्दगी काले के साथ ही काम किया है। वह ख़ुश थे उस रंग के साथ।

• क्या किसी अन्य कलाकार के रूपाकारों को देखते हुए उनका आपके चित्रों से कोई सम्बन्ध बनता है?

बात काम के रूपाकार की करें तो कई सारे लोग हैं। नीरज अहिरवार हैं। उनके काम से मेरा रूपाकार बहुत रिलेट करता है। हम दोनों की सोच लगभग समान है। बस माध्यम अलग है, विषय के स्तर पर भी बहुत समानता है दोनों की। बहुत अच्छा लगता है उनके साथ रहकर और बात करके। एक कलाकार और हैं सिद्धार्थ। मुझे उनका काम भी बहुत पसन्द है। उनके काम की सहजता और सीधापन अच्छा लगता है।

• चित्र बनाते वक़्त क्या किसी तरह की भावनाओं को ख़ुद में महसूस करते हैं?

बिलकुल, सौ प्रतिशत! बच्चा कैसे विकसित होता है या बड़ा कैसे होता है, यह सब महसूस होता है। ये बहुत अच्छा पार्ट है। काम में अगर भोलापन है तो आप उसे बहुत अच्छे से महसूस कर सकते हैं। भोलापन मुझे बहुत पसन्द है। मैं मधुमक्खी के छत्ते ही क्यों बना रहा था? किसी ने मुझसे यह सवाल पूछा था भारत भवन में। मैंने जवाब दिया था कि मैं बहुत इनोसेंट और ख़तरनाक दोनों ही हूँ। मैं रोज़ अपने आपसे पूछता था कि मैं क्या बनाता हूँ। जिस दिन मैंने ये जवाब दिया, उस रात से मुझे जवाब मिलना शुरू हो गये कि मैं क्या बनाता हूँ। फिर एक मधुमक्खी को मैंने अपने आपसे रिलेट किया तो सारे जवाब सकारात्मक मिले। मेरे लिए तो मिस्ट्री बहुत ही आवश्यक है। मिस्ट्री, इनोसेंस, कंट्रास्ट और चित्र की गहराई–ये कुछ बिन्दु हैं, जिनसे आप अपने चित्र को पूरा कर सकते हैं। ये चार चीज़ हैं तो फिर पाँचवें की ज़रूरत ही नहीं पड़ेगी।

• अपने चित्रों को देखने वालों से किस तरह की उम्मीद रहती है आपकी?

नहीं, मैं किसी तरह की उम्मीद नहीं करता, लेकिन वो वैसे ही बहुत ख़ुश हो जाते हैं। अगर एक कलाप्रेमी एक चित्र देख रहा है तो वह अपनी कलात्मक दृष्टि से ही उसको देखता है तो सारे परिणाम सकारात्मक निकलते हैं और आम आदमी जब उसे देखता है तो वह तकनीक में घुस जाता है—वाह करके, वाह क्या बनाया है। 'वाह' ये क्या है? बहुत अलग। तो, उनसे ख़ास उम्मीद नहीं रहती। जो कलाकार हैं, कलाप्रेमी हैं, कला से सम्बन्धित हैं, उनके उत्तर हमेशा सकारात्मक ही होते हैं।

• आपके चित्रों को देखते हुए यह महसूस होता है कि उसमें पारदर्शिता की मौजूदगी बहुत ही महत्त्वपूर्ण है?

उसका स्थापित करने का मुख्य उद्देश्य क्षैतिज बिन्दु (पर्सपैक्टिव) को दर्शाना है। आप जितनी परतें चढ़ाते जायेंगे, नज़र उतनी अन्दर जायेगी। बस मुख्य उद्देश्य वो ही पारदर्शिता और क्षैतिज बिन्दु है। बहुत सारे कलाकार इसको रेखाओं के माध्यम से स्थापित करते हैं और कुछ सपाट ढंग से कर देते हैं, जबकि मेरे रूपाकार घने हैं, तो उनमें पारदर्शिता लाने के लिए मेरे पास ये ही तरीक़े बचते हैं। अगर आगे जाकर कुछ और परिवर्तन होते हैं तो देखेंगे।

• एक कलाकार के लिए देखना कितना महत्त्वपूर्ण है?

कलाकार में नज़र ही तो सबकुछ है। यदि देखना ही नहीं है तो फिर आप कैसे बता सकते हैं कि ये काम सही है या ग़लत है। अगर उस पर कोई प्रतिक्रिया कर रहा है तो उसको सकारात्मक कैसे ले पायेंगे, जब तक आपको मालूम ही नहीं है देखना क्या है। एक धागे को कोई धागा देखता है और किसी को उसमें लाइन दिखती है। कोई उसको ड्रॉइंग समझ लेता है। सबका अपना नज़रिया है। अब फूल को पत्थर भी समझ सकते हैं और पत्थर को फूल की तरह देख सकते हैं।

• कितना ज़रूरी है कि आप अपने चित्र को किसी शीर्षक में बाँधें?

मैं शीर्षक पर कभी ज़्यादा ध्यान नहीं देता। मैंने हमेशा चित्रों को शृंखलाओं में बनाया है। ऐसा कुछ नहीं है। यदि मैं कोई सिंगल काम कर रहा हूँ तो कोई ज़रूरी नहीं रहता कि मैं उसे किसी शीर्षक या नाम से बाँधूँ। उसको बाँधना ज़रूरी नहीं है। यह बात कई बार दिक़्क़त भी देती है और कई बार ज़रूरी भी होती है। कोई चित्र देखने में तो एक आकृति की तरह सामने आता है, पर समग्रता में कहीं अमूर्तन की तरह भी महसूस होता है। अगर मैं किसी दृश्य को चित्रित कर रहा हूँ तो इसमें मेरे और चित्र के बीच जो सम्बन्ध है वह महत्त्वपूर्ण है कि वो सम्बन्ध है क्या, बना कैसे यह सबकुछ अमूर्त ही तो है। जब एक नवजात पैदा होता है तो उसे जीने के पूरे सोर्स कहाँ से मिलते हैं–माँ के स्तन से ही। एक पौधा जब ज़मीन से निकलता है तो वो ज़िन्दा रहने के लिए अपने सोर्स कहाँ से ढूँढ़ता है–ज़मीन से। वही बात! जो स्तन से दूध निकल रहा है या धरती से वो सोर्स मिल रहा है, जीवन तो आगे बढ़ रहा है न! ये विचार उस शृंखला के पीछे रहा हो। ये पूरा अमूर्त ही है। अगर मेरे काम को देखना है तो आपको ये देखना पड़ेगा।

• क्या आपके चित्र किसी तरह का सन्देश देने का प्रयास है?

नहीं, मैं तो इसके बिलकुल ख़िलाफ़ हूँ। मुझे अपने चित्र से किसी को कोई सन्देश नहीं देना है। मेरा चित्र मेरे व्यक्तिगत विचार और व्यक्तिगत कल्पना है। यदि मेरे आनन्द में आपको आनन्द आ रहा है तो आपका स्वागत है। मैं कोई सन्देश नहीं देता। मैं इन बातों से बहुत दूर हूँ। कुछ बातें ज़बर्दस्ती कलाकार पर थोपी जाती हैं। कलाकार ख़ुद बेबात के मुद्दों में घुसने का प्रयास करता है। वहाँ से इस तरह की बातें पैदा होती हैं। अगर शुरू से थोपा हुआ ही होता तो आज जो ब्रांड हैं वे होते ही नहीं। उन्होंने तो वही किया, जो उनकी ख़ुद की इच्छा थी या ख़ुद वे करना चाहते थे। 'मोने' को देखो तो लगता है। मैं अभी उस जगह पर नहीं हूँ कि अपने काम के माध्यम से कोई सन्देश दूँ।

• किस तरह का रिश्ता आप अपने कैनवस के साथ रखते हैं?

हर तरह का, जो आपके मन में उसे लेकर होता है। जब परिवार

के साथ रहते हैं तो पूरी तरह परिवार के साथ ही रहते हैं। ठीक उसी तरह मैं अपना सम्बन्ध कैनवस से बनाता हूँ। वह मेरे लिए परिवार का हिस्सा रहता है। जब दस–पन्द्रह दिन एक कैनवस के साथ बिताते हैं तो उसके साथ आपका एक रिश्ता बन जाता है।

• किस चित्रकार के रंग अच्छे लगते हैं?

'तैयब मेहता' ने बहुत सारे रंग नहीं लगाये। उन्होंने हमेशा तीन–चार रंगों में ही काम किया। बहुत गहराई है उनकी रेखाओं में। मुझे तैयब मेहता का काम बहुत पसन्द है। उनके लाल, पीले, हरे व काले रंग। थोड़ा–सा डराते भी हैं उनके ये रंग। उनके एक ही चित्र में जो तीन–चार रंग दिखते हैं, वे अपनी अलग छाप छोड़ते हैं। कह सकता हूँ कि बहुत मज़ा आता है उनके रंगों को देखने में।

• आप अपने काम में कहीं फोकल प्वाइंट को रखने की कोशिश करते हैं?

मैं चित्र को अपनी भाषा में कंट्रास्ट करता हूँ। यही फोकल प्वाइंट होता है, जहाँ पर आप जाकर रुकें, जहाँ पर आपको स्पन्दन महसूस हो। यह एक तरह से चित्र में सौन्दर्य को स्थापित करने की तरह है। अगर वो नहीं होगा तो फिर मुश्किल है। काम को देखने के लिए एक केन्द्रीय बिन्दु का होना बहुत ज़रूरी है। यदि वह नहीं हुई तो सब चीज़ें बाहर चली जायेंगी।

• क्या यह एक तरह की तकनीक ज़्यादा है?

जब आप सीखने के दौर में होते हैं तो बहुत परेशानी होती है। ये सब चीज़ें बहुत सूक्ष्म हैं और इनका बनना इतना आसान नहीं होता। अगर आप सौ–दो सौ प्रतिशत जुड़कर उसके साथ काम करेंगे तो वे चीज़ें आपको काम देंगी। इसमें आपका ख़ुद का होना बहुत ज़रूरी है। अगर आप काम के साथ ख़ुद को नहीं जोड़ पाये और उसे चित्रित कर रहे हैं, मगर आप नहीं दिख रहे हैं तो फिर वो आपका नहीं हो सकता। ये काम का बहुत महत्त्वपूर्ण हिस्सा है और ये वर्षों काम करने के बाद ही रिलेट हो पाता है।

आप एकदम से उस चीज़ को नहीं कर सकते। हम लोगों के लिए तो नामुमकिन–सा है। अभी तक पता नहीं हम लोग वहाँ पर पहुँचे कि नहीं? लेकिन पूरी कोशिश करते हैं कि हम हमारे काम के साथ सौ प्रतिशत जुड़ सकें। हो सकता है कि कुछ कमियाँ हों या कुछ बातें हों, जो छूट रही हों, लेकिन काम करके सब पर पार पाया जा सकता है।

• भविष्य में आप अपने काम को किस तरह से परिवर्तित करना चाहेंगे, जैसे कि ब्लैक के बारे में बताया। इसके अलावा कोई ऐसी सीरीज या कोई रंग?

इतनी योजना तो मैंने अभी नहीं बनायी है कि आगे जाकर ऐसा करना है या वैसा करना है। बस, यह है कि अभी करना है, लेकिन किसी ख़ास सीरीज़ या विषय जैसा कुछ नहीं है।

• क्या वैसा कभी रहता है या नहीं?

नहीं रहता। वो अचानक आता है। मेरे साथ समस्या यह है कि मैं एक साल में एक ही सीरीज़ पर काम करता हूँ। जैसे अभी मैंने 'अंकुरण' सीरीज़ की, तो फिर दो–ढाई साल तक मैंने उसी को किया। बीच में एक साल का लम्बा गैप हो गया। उसके बाद से अभी तक जुड़ने की कोशिश कर रहा हूँ। जिस दिन कोई विचार या रूपाकार मन में आया तो उसको लेकर फिर दौड़ जाना है। वो कब तक आयेगा और कहाँ जायेगा, कुछ पता नहीं! लेकिन, इतना पता है कि सौ–पचास काम उस सीरीज़ में ज़रूर होंगे।

• चित्रकला में आप अपनी अकादेमिक शिक्षा को कितना महत्त्वपूर्ण मानते हैं?

संयोजन सीखने या समझने में मेरी अकादेमिक शिक्षा का बहुत ही महत्त्वपूर्ण योगदान है। मेरे एक शिक्षक शंखवार जी की भी इसमें बहुत बड़ी भूमिका रही है। अगर मैंने आर्ट का 'ए' पकड़ने की भी कोशिश की तो उसकी वजह सिर्फ़ मेरे शिक्षक शंखवार जी ही थे और उन्होंने अप्रत्यक्ष रूप से मेरी बहुत मदद की। कभी किसी चीज़

के लिए रोका–टोका नहीं। आज शायद उन्हीं की वजह से मैं बहुत सारे माध्यमों में काम कर पा रहा हूँ। प्रिंट मैकिंग भी मैंने बहुत की है। इसके साथ ही लिनोकट भी। मैंने चालीस–चालीस रंगों में लिनो निकाला है और चार साल लिनोकट किया है। टेक्सचर तो मेरे अन्दर मुख्यतः वहीं से पैदा हुआ था। इस बात का अब मुझे अहसास होता है कि अगर टेक्सचर आ रहा है, वो टूल, स्ट्रोक आज भी याद आते हैं। वो प्रैक्टिस आज भी मेरे साथ है। मेरा बेसिक अपनी अकादेमिक शिक्षा से ही तैयार हुआ है।

• ग्राफ़िक का कितना प्रभाव मानते हैं अपने काम पर?

बहुत ज़्यादा। ग्राफ़िक पूरा टेक्सचर है। सर्फ़ेस को कैसे खुरदरा करना है, लाइन को कैसे पतला या मोटा करना है। बहुत मज़ेदार है। अगर उसको समझने बैठो तो बहुत समय चाहिए, क्योंकि ग्राफ़िक स्टूडियो में एक साल तक बैठा हूँ, तो थोड़ा–सा प्रभाव वहीं से आया है। यह हो सकता है कि आगे जाकर मैं ग्राफ़िक में कुछ काम करूँ। बहुत दिनों से मेरा मन भी है, तो हो सकता है करूँ। मैंने एचिंग, लिथो, सिल्क स्क्रीन, लिनोकट किया है। वैसे मुझे ग्राफ़िक ज़्यादा पसन्द है।

• अपने काम को कैसे याद करते हैं?

मैं समय–समय पर अपने चित्रों को देखता रहता हूँ। आज के काम अगर देखूँ और पुराने तो उनमें बहुत फ़र्क़ नज़र आता है। उन सबके रूपाकार, रंग व रेखांकन। पहले जितनी हलचल महसूस होती थी, अब उतना ही शान्त होता जा रहा है और आगे जाकर और ज़्यादा साधारण हो, मेरी कोशिश यही है।

• ख़ुद के लिए एक चित्र क्या है?

एक जिज्ञासा भी कह सकते हैं कि आपके अन्दर बहुत सारी बातें हैं और आप उन्हें निकालना चाह रहे हों, तब वो चीज़ें निकल गयीं। लेकिन, अब उन्हें देखता हूँ तो लगता है कि हाँ, वाकई वो एक अन्दर जिज्ञासा भरी हुई थी। अब चित्र बहुत आसान और देखने

में सरल लगते हैं। ऐसा कुछ नहीं लगता कि अन्दर कुछ है, जो तुरन्त निकाल दूँ। फिर उसको सहेजकर रख लेता हूँ या दूसरे माध्यम हैं वहाँ निकाल देता हूँ। मतलब 'फ्रेश' हूँ। साल–छह महीने काम नहीं किया तो पीछे चले गये, ऐसा कुछ नहीं है। अभी नया दिन और नयी ताज़गी है।

• आप अपने काम के साथ कहाँ तक जाते हैं?

आप एक सीमा तक उसके साथ रह सकते हैं या वह आपके साथ रहता है। उसके बाद आपके हाथ में कुछ नहीं रहता। अगर उसी चीज़ को कोई दूसरा कलाकार उठाता है तो उसके लिए एकदम जीरो है, नया विजन है, वह उस पर उतना ही काम कर देगा जितना मैंने कर दिया था। फिर मेरे लिए वह एक नया देखना हो जायेगा। मगर ऐसा होता है, जैसे मैं काम रखता हूँ, चार लोग देखते हैं और अपनी प्रतिक्रिया व्यक्त करते हैं। यानी यहाँ से फिर एक नया काम बनना शुरू हो जाता है। तो जितनी जल्दी हो सके मैं उसके साथ जुड़कर उसको अन्त तक ले जा सकूँ, जहाँ वो जा रहा है, लेकिन एक सीमा के बाद वो चाहत ख़त्म हो जाती है।

मिट्टी की मूल प्रकृति ही रहस्यमय है

आरती पालीवाल

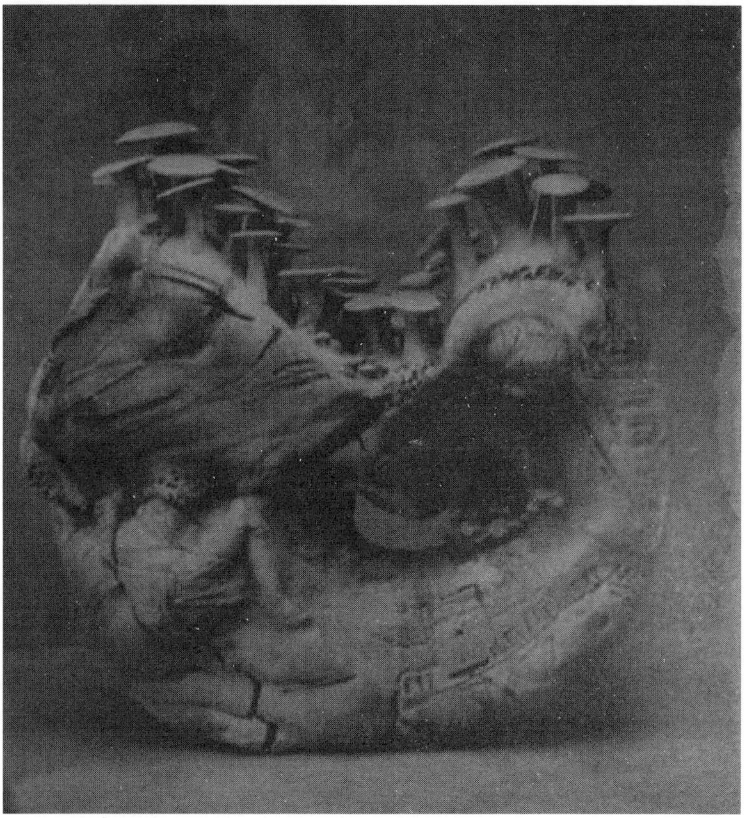

मृतिका शिल्प (सिरेमिक) को कला का माध्यम बनाने वाली आरती पालीवाल इस माध्यम में काम की प्रक्रिया से प्रभावित रही हैं। मिट्टी एक ऐसा माध्यम है जो प्रकृति से जुड़ा हुआ है। मिट्टी के साथ आपका सीधा सम्बन्ध है, वो कब कठोर और कब नर्म हो रही है आप स्पष्ट तौर पर महसूस भी करते हैं। जब आप किसी आकार को ढालने का प्रयास करते हैं तो यह कई तरह से चकित भी करती है। कोई भी माध्यम, जिसमें ख़ुद को आजमाते हैं, वह एक लम्बे अभ्यास की माँग करता है। तभी उससे संवाद या समझने का सम्बन्ध स्थापित होता है। मिट्टी की यही संवेदना और आत्मीय गुण हमेशा कलाकार को अपनी तरफ़ आकर्षित करते रहे हैं। आरती ने मिट्टी की प्रकृति को समझने और उसमें अपनी कलात्मक अभिव्यक्ति को मूर्त रूप देने की शुरुआत सिरेमिक माध्यम में 'हैण्ड पॉटरी' सीखने से की थी। इस माध्यम में काम करना लम्बी तकनीकी प्रक्रिया से गुज़रने जैसा भी है; यह माध्यम बरतने वाले से तकनीकी दक्षता की माँग करता है। एक स्टूडियो पॉटर की तरह काम करते हुए आरती ने इस माध्यम की कई तकनीकी बातों को जाना ख़ासकर 'ग्लेज' को लेकर। कालान्तर में उन्होंने हैण्ड पॉटरी को शिल्पों में परिवर्तित किया। उनकी दृष्टि में यह 'पॉटरी' का विस्तार ही था जो मानव आकृतियों की तरह उभर रहा था। शिल्पकार होने के नाते मानवीय आकृतियों को देखना हमेशा से ही उन्हें पसन्द रहा है। आरती की इन शिल्पाकृतियों

में समकालीन मनुष्य की कई छवियों के साथ उसका अपना मूल स्वभाव भी उभरता है, लोगों के भिन्न मिज़ाज, भाव–भंगिमाएँ, शारीरिक मुद्राएँ, गतिशीलता, धीमापन, लोक व्यवहार व परिवेश यह सब उनके शिल्पों में लक्षित होता है। जीवन की गति और परिवर्तन शिल्प में वृत्त रूपाकार की तरह है। अक्सर यात्राएँ करते हुए प्रति पल असंख्य दृश्य आपकी दृष्टि से होकर गुज़रते हैं, वे जाने–अजाने आपकी स्मृति का हिस्सा बन जाते हैं। आरती अपनी कृतियों में इन्हीं स्मृतियों को गढ़ती हैं, जो उनका देखना भी है। इसके साथ ही इनमें आरती का कृतियों के माध्यम से कई तरह के कथनों को कहने का प्रयास भी लक्षित होता है। अपनी बात को कहने का उनका तरीक़ा है। आरती काम को 'सेल्फ नेरेटिव' काम मानती हैं जो न तो पूरी तरह से अमूर्त है और न ही वास्तविक। इसके साथ ही वो इस बात को सहज ढंग से स्वीकार करती हैं कि 'मैं अपनी इन शिल्पकृतियों से एक तरह का सन्देश देने का काम भी कर रही हूँ।' प्रकृति और मानव के मध्य सन्तुलन पर विचार करती आरती की 'बैलेन्स इन नेचर एण्ड कंक्रीट लाइफ़' नामक शिल्प श्रृंखला ऐसे मानवीय क्रियाकलापों की बात करती है जिसमें मनुष्य प्रकृति के दोहन से भविष्य की भयावहता को आमन्त्रित कर रहा है। प्रकृति से हम अपनी आवश्यकताओं को पूरा तो करना चाहते हैं, लेकिन जब तक हम प्रकृति के साथ सामंजस्य स्थापित नहीं करते तब तक हमारी आवश्यकताओं का कोई अर्थ नहीं रह जाता है। कुछ इसी तरह के विषयों पर आधारित आरती के सिरेमिक शिल्प समकालीन कला संसार में अपनी मौजूदगी दर्ज करवाते है।

• चित्र बनाना आपके लिए क्या है? क्या उसकी रचना–प्रक्रिया में कोई वैचारिक आधार होता है?

मिट्टी में शिल्प बनाना मेरे लिए एक ऐसा कर्म है, जिससे मैं अपने विचार को सीधे छूकर महसूस और व्यक्त कर सकती हूँ। मेरे हाथों और मिट्टी के बीच सिर्फ़ मेरे विचार होते हैं, जो मेरे दिल–दिमाग़

से निकलकर हाथों से मिट्टी में बस जाते हैं और मेरी सोच को आकार देते हैं। मेरे काम सेल्फ़ नेरेटिव होते हैं, जो ज़्यादातर आम इन्सान को भी समझ आता है कि मैं अपने शिल्प के ज़रिये क्या कहना चाह रही हूँ। मेरे कामों में आपको आसपास के माहौल और वातावरण का एहसास होगा। कोई भी आर्टिस्ट जब रचता है तो वह इस संसार से बाहर का कुछ भी अलग सोचकर नहीं बनाता, कहीं–न–कहीं उसके अवचेतन मन में वह चीज़ बैठ जाती है, जो उसे लुभाती या परेशान करती है या किसी भी तरह का प्रभाव डालती है और वही कला में उसके तरीक़े से निकलकर आती है। मेरे शिल्प जिस विषय पर हैं, जिस विचार पर हैं, वह हर शिल्प एक कहानी कहता है और अगले काम की ओर इशारा होता है। मैं सीरीज़ में काम करती हूँ, इसलिए एक ही विचार को कई तरीक़ों से अपने काम के ज़रिये दिखाती हूँ।

• क्या आपको रचनात्मकता में कहीं 'प्रभाव' महसूस होते हैं? यदि कृति में वह मौजूद हैं तो वे किस तरह से प्रकट होते हैं? क्या कोई कृति प्रभावों से मुक्त हो सकती है? किसी कृति को रचने के दौरान क्या किसी कलाकार या पूर्व में निर्मित किसी की कृति की स्मृति आपके साथ रहती है?

मेरे शिल्पों में मेरे माहौल और वातावरण का प्रभाव है। जो मैं देखती और महसूस करती हूँ, उसका प्रभाव है। अगर आकार की बात की जाये तो हमारे आसपास की रोज़मर्रा की दिखने वाली चीज़ों का प्रभाव भी मेरे शिल्पों के आकारों पर होता है, पर किसी कलाकार का प्रभाव मुझ पर नहीं है। कुछ ऐसे सिरेमिक कलाकार हैं देश–विदेश में, जिनके काम मेरे लिए प्रेरणादायक हैं, पर ऐसा बिलकुल नहीं है कि उनके काम का प्रभाव मेरे काम पर विजुअली पड़ता हो। हो सकता है कि काम करने की प्रक्रिया या कहें कि तकनीकी रूप से कुछ प्रभाव पड़ता है। कोई भी कृति प्रभावमुक्त कैसे हो सकती है। कलाकार के पास कोई–न–कोई प्रेरणा होती ही है, जिसे लेकर वह अपनी सोच, अपने विचार बनाता है। भले ही उसके आसपास का वातावरण हो या कुछ ऐतिहासिक पृष्ठभूमि या उसकी कोई कल्पना या उसका कोई भाव। इन्हीं सबमें से

किसी–न–किसी से प्रेरणा लेकर ही काम को रूप देता है। मैं जब काम करती हूँ तो मेरे भीतर मेरे विचार चलते हैं और अगला काम क्या होगा, उसी में से नया विचार बनता है। मैं किसी और कलाकार का काम नहीं सोचती, यदि ऐसा करूँगी तो मेरा काम मेरा कैसे होगा, मेरे भीतर नये विचारों की उत्पत्ति कैसे होगी! कलाकार के लिए ज़रूरी है कि जब वह अपना काम कर रहा हो तो वह अपने ख़ुद के विचारों के साथ रहे।

• रचना–प्रक्रिया व अपने देखने में आपके लिए सबसे महत्त्वपूर्ण क्या है? क्या आप अन्य कला माध्यमों पर भी विचार करते हैं? क्या अन्य कलाओं के साथ आपका किसी तरह का परस्पर सम्बन्ध बन पाता है?

कला में अवलोकन की अहम भूमिका होती है। जब अवलोकन है, तभी आप अपनी बात को सहज रूप से कला के माध्यम से कह सकते हैं। असल में पहले अवलोकन करना, फिर उससे विचार बनना, विचार को व्यक्त करना कला के माध्यम से और काम करते हुए रचना का अवलोकन करना, यह एक पूरी प्रक्रिया है, जिससे कलाकार को गुज़रना होता है। मैं विचार को व्यक्त करने के लिए माध्यम पर तो विचार करती ही हूँ, साथ ही दूसरे माध्यम पर भी विचार करती हूँ, जैसे नाटक, चित्र, कविता, साहित्य वग़ैरह। नाटक इसलिए, क्योंकि इसमें विचार को, कहानी को व्यक्त करने का जो तरीक़ा होता है, वह बहुत मज़बूत होता है, जो सीधे हमारी आँखों से दिल–दिमाग़ में बस जाता है। हम उसे बहुत सहज रूप से महसूस कर पाते हैं। यह मुझे मेरे काम में अपनी बात को व्यक्त करने में बहुत मदद करता है। चूँकि मैंने चित्रकला में पढ़ाई की है और रंग मुझे पसन्द हैं, तो आप देख सकते हैं कि मैं अपने शिल्पों में जो ग्लेज करती हूँ, वहाँ कुछ ऐसे प्रभाव होते हैं, जैसे चित्रकला के रंगों को शिल्प पर इस्तेमाल कर लिया हो। दो–तीन रंगों का आपस में मिलना और मिलकर एक नया प्रभाव देना यह सब मेरे काम में नज़र आता है, इसलिए मैं कहूँगी कि कला का माध्यम कोई भी हो, आपको यह पता होना चाहिए कि आपके विचार का क्या आकार होना चाहिए और वह किस माध्यम

में अच्छा लगेगा। सभी माध्यम की अपनी अहमियत होती है और अपना एक भाव होता है।

• चित्र में कथन या कथ्य को आप कितना अनिवार्य मानते हैं? क्या किसी कृति का इनके बग़ैर कोई अस्तित्व रहता है? क्या कोई कृति अपने समग्र रूप में कुछ कहने का प्रयास होती है?

आप देख सकते हैं कि मेरे शिल्प सेल्फ़ नैरेटिव हैं। मेरे काम एक कहानी कहते हैं या कोई सन्देश देते हैं, जो कि एक आम इन्सान को भी समझ आता है। वह समझ पाते हैं कि मेरे शिल्प क्या कह रहे हैं और दृश्य रूप से भी उनको पसन्द आते हैं। मेरे लिए यह एक अच्छी उपलब्धि है कि जो मैं अवलोकन करती हूँ और सोचती हूँ, वह अपनी कला के माध्यम से व्यक्त करती हूँ, वह लोगों तक सुन्दर ढंग से पहुँचती है और लोग उसे देख आनन्दित होते हैं, उसमें अपने भी विचार जोड़ते हैं। ऐसा ज़रूरी नहीं कि हर शिल्प में नैरेशन होना ज़रूरी हो, एक काल्पनिक आकार भी मन को लुभा सकता है और इन्सान उसे जिस मनःस्थिति में देखता है, उसे अपने विचार उस कलाकृति में दिखायी देते हैं। पर हाँ, कोई भी शिल्प या कला कुछ–न–कुछ तो व्यक्त करती ही है, चाहे वह कलाकार के उस वक़्त के विचारों के भाव हों या उसके आसपास के माहौल को बयान करने की कोशिश। कोई भी कला भावहीन या विचारहीन नहीं हो सकती, भले ही विचार काल्पनिक ही क्यों न हों, पर कुछ तो व्यक्त करती ही है।

• अपने स्वरूप में परिवर्तित होते हुए शिल्प आपसे क्या माँग करता है?

कला के कई माध्यम हैं, मैंने सिरेमिक माध्यम को चुना, जिसकी एक परिपूर्ण दृष्टि है। इसमें आकार, सन्तुलन, कोमलता और रंग हैं, साथ ही यह रहस्यमय माध्यम है। जब मैं कोई भी रचनात्मक शिल्प करती हूँ तो उसमें इन सभी विशेषताओं के साथ समाज का जो अनुभव है, उसे अपनी कलाकृति में व्यक्त कर सकूँ, यही वह

पहलू है, जो हमेशा मेरे शिल्पों की माँग होती है। इन सभी बातों को पूरा कर सकूँ, यही मेरी कोशिश रहती है।

• मृतिका शिल्प (सिरेमिक) को अपना कला माध्यम चुनने की कोई ख़ास वजह रही है?

सिरेमिक को अपना कला माध्यम चुनने से पहले मैं पेंटिंग करती थी। कुछ समय बाद मुझमें इस माध्यम के प्रति आकर्षण पैदा हुआ। मैंने सबसे पहले जयपुर में कृपाल सिंह जी का सिरेमिक स्टूडियो देखा। वहाँ सिरेमिक की पूरी प्रक्रिया को देखकर मैं बहुत ही प्रभावित हुई। मैंने अपना अकादेमिक अध्ययन 'वनस्थली' से प्राप्त किया, जहाँ मिट्टी–टेराकोटा में बहुत काम होता है। उन चीज़ों ने भी मुझे बहुत प्रभावित किया। वहीं से मुझे अहसास हुआ कि मुझे मिट्टी में काम करना है और मैंने पेंटिंग से मिट्टी (क्ले) में ट्रांसफार्म किया। वनस्थली में अकादेमिक अध्ययन के दौरान ही जम्मू आर्ट कॉलेज से एक आर्ट टीचर आये थे–प्रोफ़ेसर विश्वम्भर मेहता। उनका जम्मू में सिरेमिक स्टूडियो था। उनसे मैंने आग्रह किया कि मुझे सिरेमिक विधा व उसकी तकनीक को सीखना और समझना है। फिर मैं जम्मू उनके पास गयी और वहाँ एक साल तक उनके स्टूडियो में काम किया। वहाँ मैंने पूरी तकनीक के साथ सिरेमिक माध्यम को समझा। शुरू में मैंने वहाँ पॉटरी की और उसके बाद पॉटरी को ही मैंने शिल्प रूप (स्कल्पचर फ़ॉर्म) में परिवर्तित किया। धीरे–धीरे मेरी पॉटरी मानवीय आकृतियों में बदलने लगी। मैंने लोगों के मूड को देखकर उनकी आकृतियों पर काम करना शुरू किया। सामान्यतः मुझे यह सब देखने में बहुत अच्छा लगता है। जैसे किसी का डिफरेंट मूड। पॉस्चर और उसके इमोशंस। ऐसे बहुत से प्लेजेंट मूवमेंट को लेकर मैंने फिगर्स में काम किया है। एक साल जम्मू में काम करने के बाद मैं भारत भवन, भोपाल पहुँची। भोपाल मेरा घर है। मेरे घर से भारत भवन कम–से–कम दस–बारह किलोमीटर दूर था। मैं अपने घर से भारत भवन जाती थी। रास्ते में ट्रैफ़िक मिलता, कई चीज़ें मिलतीं, कभी बिल्डिंग्स् दिखती थीं। यहीं से मैंने कंक्रीट लाइफ़ को देखना शुरू किया। ट्रैफ़िक को देखते हुए मुझे उसमें टायर व उसकी गति बहुत ज़्यादा प्रभावित करती थी। टायर

का गोल रूप गति का परिचायक है। साथ ही उस समय को मैंने डिपिक्ट किया कि कैसे ग्रीन जंगल कंक्रीट के जंगल में बदल रहा है। इस मूवमेंट और समय को प्रदर्शित करने के लिए मैंने फिर इस फार्म का इस्तेमाल किया अपने काम में। मुझे लगता है कि गति ही परिवर्तन का सूचक है। इस तरह मेरे काम में धीरे–धीरे कंक्रीट लाइफ़ और अरबन लाइफ़ दिखने लगी।

• क्या कुछ कहने का प्रयास हैं आपके इस तरह के काम?

'बैलेंस इन नेचर एण्ड कंक्रीट लाइफ़'। क्योंकि मैंने देखा कि आजकल सब जगह यही बात हो रही है कि प्रकृति को बचाना है और हम अपनी आवश्यकताओं को तो पूरा करना ही चाहते हैं। लेकिन, जब तक प्रकृति के साथ में तालमेल नहीं रहेगा तो हमारी आवश्यकताएँ किसी काम की नहीं होंगी। उनको हम पूरा नहीं कर सकते। यही सारी चीज़ें मैं अपने काम में दिखाने का प्रयास करती हूँ। अभी जो मेरे काम हैं, उनमें ज़्यादातर आपको बैलेंस इन नेचर दिखेगा। कंक्रीट भी और नेचर भी। हमारे जीवन में दोनों का होना कितना ज़रूरी है। हम अपनी आवश्यकताओं के पीछे यह भूल गये हैं कि हमारे लिए ये सबसे ज़्यादा ज़रूरी है।

• किस तरह का माध्यम है 'क्ले'?

क्ले ऐसा माध्यम है, जो सीधे प्रकृति से सम्बन्ध रखता है। जब हम क्ले में काम करते हैं तो सीधे–सीधे इस माध्यम से जुड़ते हैं। इसके बीच में कोई दूसरा माध्यम नहीं आता। जैसे पेंटिंग करते हैं तो मेरे और कैनवस के बीच ब्रश होता है, जिसको मैं चलाती हूँ। और दूसरी तरफ़ क्ले से आपका सीधा सम्पर्क बनता है। आप उसको सीधे स्पर्श करते हैं। आपके और उसके बीच कोई नहीं। वो कब सख़्त हो रही है और कब नर्म इस बात को हम स्पष्ट रूप से महसूस कर सकते हैं। उससे हमारा सीधा सम्बन्ध बनता है। किस तरीक़े से हम उसको आकार में ढाल सकते हैं। वो मुझे बहुत अच्छा लगता है। इसीलिए शायद मैं अचानक पेंटिंग से मिट्टी की तरफ़ मुड़ गयी। ये मुझे ज़्यादा रुचिकर लगा। मिट्टी की मूल

प्रकृति ही रहस्यमय है जब यह नर्म रहती है, जब यह आकार में परिवर्तित होती है आदि–आदि। क्ले बनाने से लेकर किसी शिल्प में परिवर्तित होने तक और उसको फायर करने तक। यह एक लम्बी प्रक्रिया है।

• जब काम भट्ठी से बाहर आता है, तो क्या वो वैसा होता है जैसी आपकी कल्पना थी?

पहले मैं ड्रॉइंग करती हूँ, फिर रफ स्कैच करती हूँ, फिर सिम्पल एक ड्रॉइंग करती हूँ और उसको मिट्टी में बनाती हूँ। इसके बाद जैसे रंग की बारी आती है, मुझे पता है, कुछ पहले से टेस्ट करते हैं, क्योंकि यह तकनीक आधारित है। उसको मैं विजुअलाइज करती हूँ, जो काफ़ी हद आ जाता है। थोड़ा–बहुत डिपेंड करता है फायरिंग वग़ैरह पर। ये टेक्निकल मसला है। लेकिन, विजुअली जो मैं चाहती हूँ, वो ही करती हूँ और फायरिंग के बाद भी मुझे वो चीज़ नज़र आ जाती है। मतलब, आप कह सकते हैं कि पिच्यासी–नब्बे प्रतिशत तक वो चीज़ें हो जाती हैं। बाक़ी थोड़ा–बहुत निर्भर होता है फायरिंग टेक्निक पर, जिसमें बदलाव आते हैं।

• आपके रूपाकार (फॉर्म) को देखते हुए यह महसूस होता है कि इनमें एक तरह का डिस्टॉर्शन ज़्यादा है?

मैं बात अपने तरीक़े से कहना चाहती हूँ, ताकि लोगों को बोलने का मौक़ा मिले। मेरे काम सेल्फ़ नेरेटिव वर्क हैं, अमूर्त भी नहीं और वास्तविक भी नहीं। मेरे काम को देखने के कॉमन व्यूज भी मैंने सुने हैं। सामान्य व्यक्ति भी इन्हें आसानी से समझ जाता है कि मैंने किस विषय पर बात की है। बाक़ी मुझे सिर्फ़ यह बताना पड़ता है कि तकनीक क्या है। लोग ख़ुद ही बोलते हैं कि अच्छा, आपने इस विषय पर नेचर को और कंक्रीट लाइफ़ को दिखाया है। मैं आपको सही बताऊँ कि मैंने पॉटरी बहुत की है, पर मुझे पॉटरी उतनी रुचिकर नहीं लगी। सिरेमिक में मेरी रुचि सबसे ज़्यादा तब जागी, जब मैंने इस माध्यम में शिल्प बनाना शुरू किया, पॉटरी में सिर्फ़ यूटेनसिल्स (इस्तेमाल करने वाली) चीज़ें ही बना सकते हैं और मुझे उस काम की तरफ़ में नहीं जाना था।

• हैण्डवर्क या व्हीलवर्क दोनों में से किसके साथ ज़्यादा सहज रहती हैं?

यह सब तकनीक है, जिनको मैंने अपने काम में इस्तेमाल किया है। व्हीलवर्क के बजाय ज़्यादातर हैण्डवर्क करती हूँ, क्योंकि व्हीलवर्क हमेशा एक निश्चित रूप पैदा करता है। यानी हर चीज़ सर्कल ही बनेगी। अब जैसे मैं आकृति देखती हूँ या आप देखते हैं तो आपको स्वयं दिख जायेगा कि जहाँ मैं व्हील का इस्तेमाल करती हूँ वो सर्कल ही होता है। ऐसी जो भी चीज़ें हैं। मेरा जो 'टर्निंग ऑफ़ नेचर' वाला काम है, उसमें मैंने जो टायर बनाया है वो व्हील पर ही बनाया है। मतलब, वो फिक्स फॉर्म हो गया न! उसमें अगर मुझे मोल्ड करना है तो उसके बाद मैं मोल्ड कर सकती हूँ। स्कल्पचर में मुझे ज़्यादा मज़ा आता है।

• आपके लिए आपके काम क्या हैं?

मेरे काम मेरे बच्चे हैं। मतलब, मैं उतने ही प्यार से काम करती हूँ। मेरे अपने जो विचार हैं, वे मैं लोगों को बताना चाहती हूँ, वैसे ही उनको ट्रीट करती हूँ, क्योंकि मैंने इसको एक पैशन की तरह भी लिया है। ऐसा नहीं है कि मैं सिर्फ़ शौक़िया तौर पर ये काम करती हूँ। उसमें मेरी दिलचस्पी है, इसलिए करती हूँ। मेरे काम मेरे अपने हैं और मैं यह चाहती हूँ कि मैं ऐसा काम करूँ जो लोगों को पसन्द और समझ भी आयें।

• क्या धीरे–धीरे आपके शिल्पों का आकार बढ़ता गया है?

बिलकुल! पहले मेरे काम थोड़े छोटे आकार के हुआ करते थे, लेकिन धीरे–धीरे ये बढ़ते गये। आकार जितना बड़ा होता है, विजुअली काम में उसका उतना ही प्रभाव पड़ता है। फ़िलहाल दो फ़ीट तक का काम मैं करती हूँ। जब काम करती हूँ तो आकार की कल्पना भी करती हूँ और यदि मुझे लगता है कि ये काम और भी बड़ा होगा तो मज़ा आयेगा, तो फिर उसके लिए आगे सोचती हूँ कि इसमें और कौन–से तत्त्व जुड़ सकते हैं। बड़े काम कितने और क्या जोड़े जा सकते हैं कि वो इंट्रेस्टिंग बनें, यही सोचकर मैं काम करती हूँ।

• आपकी डिमाण्ड अपने काम से क्या होती है?

मेरी कोशिश यह होती है कि जो मैं सोच रही हूँ, क्या वो सामने वाला सोच पा रहा है और ऐसा भी होता है कि कई बार कुछ लोग अलग सोचते हैं। उससे हो सकता है कि मुझे नया आइडिया मिल जाये, उसमें कुछ नया आकार निकलकर आ जाये। ऐसा कोई बन्धन नहीं है कि मैं जैसा सोच रही हूँ, वैसा ही मुझे मिले।

• किसी भी सिरेमिक वर्कशॉप में काम करते हुए ऐसा लगा कि एक तरह की परिपूर्णता यहाँ से मिली है?

मैंने पर्सनली एक आर्टिस्ट के स्टूडियो में रहकर उनसे यह काम सीखा। उनका काम करने का एक स्टाइल था, वो पॉटरी का था। वैसे भी वह मूर्तिकार हैं। पॉटरी भी करते हैं। वह मेटल और स्टोन में भी काम करते हैं, लेकिन उन्होंने सिरेमिक का एक स्टूडियो खोला। मैंने उनसे पॉटरी सीखी और फिर स्कल्पचर के लिए राजेश आनन्द जी के निर्देशन में काम किया। भारत भवन आने के बाद तो बहुत बदलाव हुआ मेरे काम में। मैं जम्मू में फिगरेटिव काम करती थी। फिगर्स सेमी–एब्स्ट्रेक्ट रहते थे। पहले मेरा किस तरह का काम था और कैसे–कैसे बदलाव आये। आप शुरू से अभी तक के काम देखेंगे तो आपको समझ में आयेगा।

• काम के साथ 'शीर्षक' आवश्यक लगता है?

'शीर्षक' का ऐसा है, जैसे कि हम अपने बच्चों के नाम देते हैं। हालाँकि हमारे बच्चे हैं तो फिर उनको क्या ज़रूरत है, लेकिन फिर भी लगता है। जिस किसी काम को देखकर मुझे लगता है या मेरे दिमाग़ में आ गया कि इसका नाम ये रखना है, मैं रख देती हूँ। कहीं अचानक से कुछ अच्छा देखते हैं या काम करते समय दिमाग़ में कुछ आ गया, किसी आर्टिस्ट से आपस में बात करते हुए या कुछ काम के बारे में बातचीत करने में कुछ निकलकर आ गया और लगता है तो मैं रख देती हूँ। नहीं तो आमतौर पर मैं श्रृंखला में काम करती हूँ। जैसे अभी 'बैलेंस इन नेचर' सीरीज़ है या 'कंक्रीट लाइफ़ इन नेचर' ही है। ये सीरीज़ हो गयी, ये पूरे

काम का एक 'शीर्षक' हो गया। मैं कोई भी व्यक्तिगत 'शीर्षक' नहीं देती। जो 'टर्निंग ऑफ नेचर' वाला काम है, इसमें मैंने कॉपर रॉड्स लगायी है। आप देख रहे हैं। ये कंक्रीट को दर्शाने के लिए है। इस काम के बाद से मैंने सोचा कि सिरेमिक में और माध्यमों को भी मिलाना चाहिए, जैसे मेटल एड करूँ या वुड। ऐसे माध्यम, जो सिरेमिक के नेचर के साथ मिल जायें।

• सिरेमिक में आपको अपनी पीढ़ी में और आपसे पहले के जो लोग हैं, उनमें किसका काम पसन्द है, किसका प्रभाव महसूस करती हैं?

मेरे काम में चट्टानी प्रभाव आते हैं। कई लोग काम देखकर कहते भी हैं कि 'रेमेकर' के काम जैसा लगता है। हालाँकि वो मैंने सोचकर नहीं बनाया था या वो अपने स्टाइल में बन गया। लेकिन, जब वह बाद में डिस्प्ले में आया, तब मुझे ऐसा सुनने में आया तो लगा कि यह तो अच्छी बात है, मेरे लिए कॉम्प्लीमेंट है। जैसे यदि इमोशंस और एक्सप्रेशन की बात करें तो 'ज्योत्स्ना भट्ट' का काम बहुत अच्छा लगता है। वो जो 'कैट' बनाती हैं, ओह माय गॉड! बहुत क्यूट और लाइव एक्सप्रेशंस रहते हैं। उनके अलावा 'जी. रघु' का काम भी बहुत अच्छा लगता है। 'रेमेकर' का काम मुझे पसन्द है ही। 'दरोज़' सर का म्यूरल मुझे पसन्द है। वे तकनीक इस्तेमाल करते हैं और उनके म्यूरल्स मुझे बहुत पसन्द आते हैं। यदि सिरेमिक में देखा जाये–पॉटरी से हटकर, जो स्कल्पचर में काम करते हैं, उनमें मुझे 'शम्पा शाह' का काम बहुत अच्छा लगता है। 'देवीलाल पाटीदार' के इनसेक्ट वाले काम भी बहुत अच्छे लगते हैं। उनके एरॉटिक फॉर्म्स भी बहुत अच्छे हैं। वह काम को इतना सरल और रुचिकर बना देते हैं कि वे अच्छे लगते हैं।

• अपने काम से सबसे ज़्यादा क्या निकालना चाहती हैं– फॉर्म, कलर्स या वॉल्यूम?

फॉर्म। मेरे काम में कभी बीच में एलीमेंट्स बहुत ज़्यादा हो जाते हैं। कभी कोशिश करती हूँ कि फॉर्म पर काम करूँ और एलीमेंट थोड़े कम करूँ। काम सरल और आसान हो सके यही प्रयास रहता

है। किसी तरह की उसमें कोई कठिनाई नज़र न आये।

• पारम्परिक काम से या उसको देखकर कोई प्रभाव अपने काम में लाने की कोशिश करती हैं?

पारम्परिक कामों में कई लोगों ने अमूर्त ढंग से बहुत अच्छा काम किया है। जैसे फॉर्म्स हमको कई बार रिलीफ में भी देखने को मिलते हैं, इधर–उधर। जैसे अगर हम पुराने मिट्टी के बर्तन वग़ैरह भी देखें तो जो फॉर्म हैं वो बहुत कमाल के होते हैं। लेकिन, मेरे काम में मैंने अभी तक पारम्परिक प्रभावों को लाने का प्रयास नहीं किया है। वैसे एक बार टेराकोटा में कुछ म्यूरल किये थे। उसमें ज़रूर मैंने भीमबैठका, हड़प्पा की जो ड्रॉइंग थीं, उनका इस्तेमाल किया था, लेकिन अभी स्कल्पचर वग़ैरह में नहीं। मेरी थीम ही अलग है, मैंने इस बारे में नहीं सोचा। लेकिन, यदि भविष्य में मुझे ऐसा कुछ लगेगा कि पारम्परिक काम में से कुछ समकालीन तत्त्व मेरे लिए निकलकर आ सकते हैं, फॉर्म के स्तर पर, तो मैं ज़रूर इसका इस्तेमाल करूँगी। अभी जो नये काम कर रही हूँ, उसमें एक 'कैटल' फॉर्म है, पर उसकी कुछ डेली रुटीन वाली चीज़ें हैं, जिसके माध्यम से मैं बता सकती हूँ, अपनी बात कह सकती हूँ। जैसे 'सिप ऑफ़ नैचर' में 'कप एण्ड प्लेट' का फॉर्म है।

• कहीं किसी दूसरे कला माध्यम के रूपाकारों को अपने काम में शामिल करने का कोई प्रयास होता है। जैसे कुछ पढ़ते या देखते हुए कुछ याद आता है?

हाँ, नाटक देखते हुए ज़रूर मुझे लगता है, क्योंकि जैसे ह्यूमन फिगर (मानव आकृतियों) के पोस्चर और मूड्स पर काम करती हूँ तो नाटक देखते समय ज़रूर मुझे ये चीज़ें अपने काम के लिए बहुत उपयुक्त लगती हैं और उससे मैं अपने काम के लिए एक तरह का सम्बन्ध भी बना पाती हूँ। क्योंकि वह भी एक अभिनय है और उसमें बहुत सारी भाव–भंगिमाएँ आदि कुछ मुझे देखने को मिलती हैं। उनका मैं अपने काम में इस्तेमाल करती हूँ।

• सिरेमिक माध्यम से इतर बात करें तो किसके काम बहुत अच्छे लगते हैं?

निश्चित ही सैयद हैदर रज़ा साहब के चित्र। उनके रंगों में जीवन्तता महसूस होती है। उनके चित्रों को देखकर मैं अपने आपमें बहुत ही सकारात्मक ऊर्जा महसूस करती हूँ, क्योंकि वो जिस तरह के चटख रंगों का इस्तेमाल करते हैं, वे देखने और अनुभूत करने में बहुत ही ख़ुशनुमा होते हैं।

• अपने किसी काम में कॉन्सेप्ट कितना महत्त्वपूर्ण लगता है आपको?

क्योंकि मैं मैसेज देने वाला काम कर रही हूँ–'बैलेंस इन नेचर एण्ड कंक्रीट लाइफ़', तो इसके महत्त्व को मैं प्रदर्शित कर रही हूँ। मुझे लगता है कि कॉन्सेप्ट मेरे काम में ज़्यादा दिखता है और वो ज़रूरी है। 'कॉन्सेप्ट' मीन्स क्या? यदि किसी का काम फॉर्म के लेवल पर स्ट्रांग है या थॉट के लेवल पर, सबका अलग–अलग कॉन्सेप्ट होता है। सबका अलग–अलग थॉट होता है। तो मेरा थॉट कॉन्सेप्चुअल है कि कुछ मैसेज देना है या कुछ इस तरह के। लेकिन, किसी का थॉट होता है कि वह फॉर्म लेवल पर काम कर रहा है या उसको फॉर्म इन्ट्रेस्टिंग दिख रहा है, नेचर के किसी फॉर्म से इंस्पायर्ड है, तो वह भी उसका एक थॉट है। वो उस थॉट का डिफरेंशिएशन है–यानी अलग–अलग बात कहने का तरीक़ा। बाक़ी कॉन्सेप्ट सबका अलग–अलग होता है।

• क्या आपकी अपने काम को लेकर किसी प्रकार की कोई 'थॉट प्रोसेस' होती है?

मुझे ऐसा लगता है हमें नहीं पता होता कि हम काम के लिए सोच रहे हैं। अभी मुझे पता नहीं कि मैं काम के लिए सोच रही हूँ, लेकिन मैं सोच रही हूँ न! यदि हम किसी चीज़ को देख और उसके बारे में सोच रहे हैं तो वह आपको कब क्लिक कर जायेगी यह पता नहीं होता। जैसे मैं ड्रॉइंग करती हूँ। ड्रॉइंग करते समय, स्कैच बनाते समय मेरे दिमाग़ में जो होता है कि मुझे यह बनाना

है और उसको शिल्प में बदलना है, पर जब मैं अपने माध्यम में शिल्प बनाने जाती हूँ तो उसमें बदलाव अपने आप आ जाते हैं। यही मेरी थॉट प्रोसेस होती है।

- **कितना प्रायोगिक मानती हैं अपने काम को?**

इसमें प्रयोग बहुत करना पड़ते हैं। तकनीकी रूप से बहुत सारे प्रयोग होते हैं। रूपाकार के स्तर पर अभी मैं कई तरह के प्रयोग कर रही हूँ। भोपाल से दिल्ली आने के बाद मेरे काम में बहुत बदलाव आया, जो महसूस भी हो रहा है। मैं अपनी यात्रा देखती हूँ तो मुझे जम्मू, भोपाल (भारत भवन) में जो काम किये और दिल्ली में रहकर जो काम कर रही हूँ, उसमें धीरे–धीरे बदलाव आ रहे हैं। मुझे लगता है कि परिवर्तन अच्छे ही होते हैं। पर यह भी ज़रूरी नहीं है कि हर बार परिवर्तन अच्छे ही हों। हो सकता है कि अभी कोई काम इतना प्रभावी न बन पाया हो, लेकिन वो मेरे काम की प्रक्रिया का हिस्सा है। हो सकता है कि उससे कुछ और अच्छा नया निकलकर आ जाये, तो उसको मैं ख़ारिज नहीं कर सकती।

- **आपको अपने काम में कोई आकर्षण महसूस होता है?**

आपको मेरे स्वभाव में मेरा फिगरेटिव वर्क दिख जायेगा, क्योंकि शायद उसी से शुरू किया था। हम जब काम शुरू करते हैं, तो शायद जो हम होते हैं वही करते हैं। मुझे लगता है कि हर तरह के काम करने वालों में उनकी अपनी झलक सहज रूप से दिखती है। इसी तरह मेरे जितने भी फिगरेटिव वर्क हैं, उनमें आपको मेरा स्वभाव सहज ही समझ में आ जायेगा। ये देखने वाला ही समझ सकता है।

- **जब आप क्ले में काम करती हैं तो उसमें रंग की कोई कल्पना होती है?**

नहीं, जैसे कलर पॉलिश, उसमें भी अलग–अलग कलर के ऑक्साइड हम डालेंगे तो अलग–अलग कलर की लेयर्स बनेंगी। अलग–अलग टेम्प्रेचर पर अलग–अलग कलर जायेंगे।

• भविष्य में किस तरह के काम करने की योजना है?

मैं अभी सोच रही हूँ कि कलर क्ले बॉडी में काम करूँ, तो उसमें ग्लेज का रोल नहीं होगा, क्योंकि कई बार स्कल्पचर में ग्लेज ग्लॉसी हो जाता है। मुझे लगता है किसी ग्लेज काम में ग्लॉसी अच्छा लगता है, लेकिन मेरे ज़्यादातर स्कल्पचर फ़िनिशिंग में अच्छे लगते हैं। ग्लेज मुझे पसन्द आती है स्कल्पचर में, इसलिए मैं अभी कलर क्ले बॉडी में काम करके ग्लेज करूँगी।

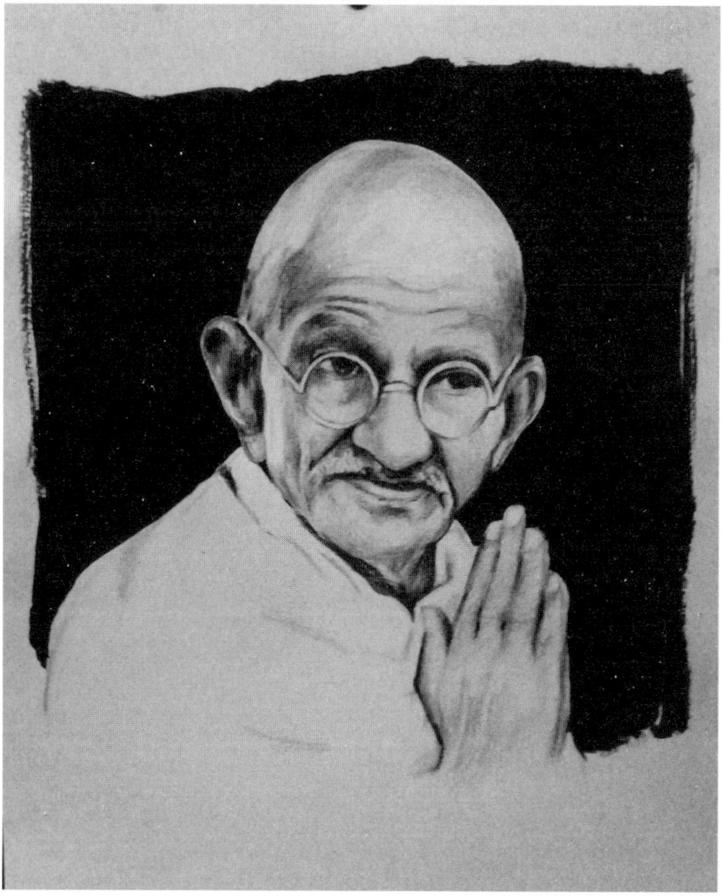

सफ़ेद, रंगों में सबसे ज़्यादा शान्त है

रफ़ीक़ शाह

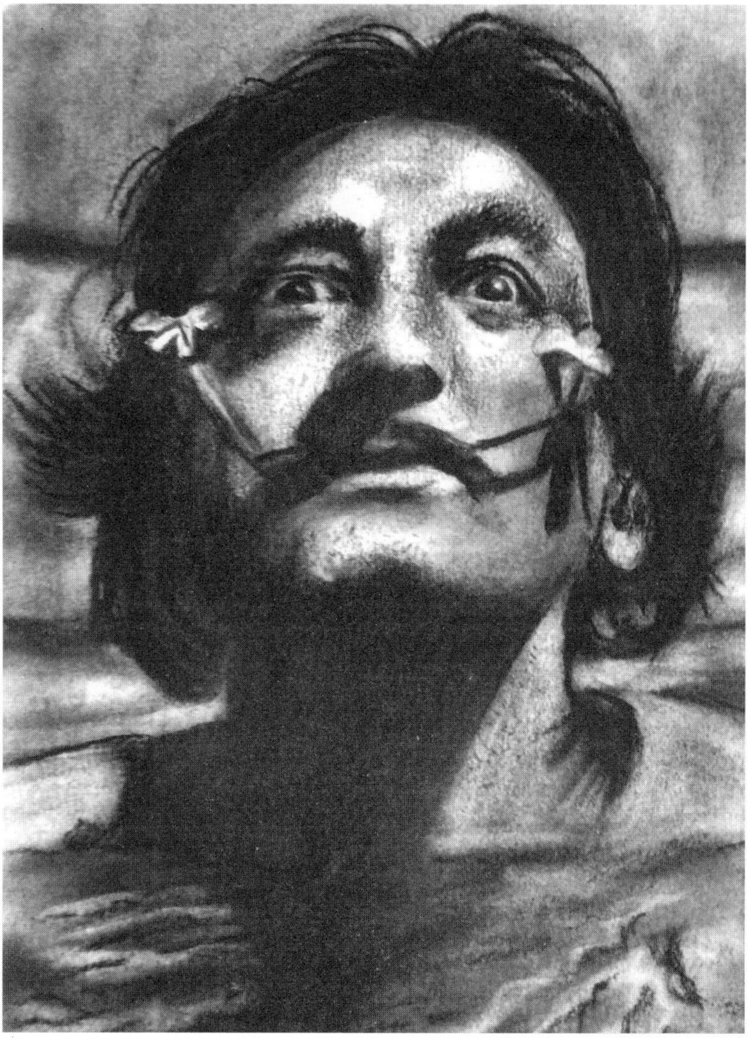

कैनवस पर सपाट रंगों का इस्तेमाल और उन रंगों को सीधी रेखाओं से विभाजित करते हुए रफीक़ के चित्र रंगों से किसी गहराई या पारदर्शिता को पाने की कोशिश नहीं करते हैं, बल्कि वे एक ही सतह पर अपनी समग्रता को प्रकट करते हैं। उनके पिछले लगभग एक दशक के चित्रों को देखते हुए यह सहज महसूस होता है कि उनमें कितने विविध विशेष रंगों का समावेश है। नीले रंग के प्रति उनकी आसक्ति कृतियों में एक स्थायी मौजूदगी की तरह लक्षित होती रही है। उनकी स्मृति का नीला रंग क़िस्सों, कहानियों और बहुतेरी दुनियावी बातों से लगाकर प्रकृति से प्रस्फुटित होता नीला है। किसी परिवेश में दिखने वाला कोई रंग किसी दूसरे परिवेश में सर्वथा नये ढंग से लक्षित होता है, हर नया भूदृश्य एक ही रंग को कितने विविधवर्णी स्वरूप में ढालता है यह प्रयास रफ़ीक़ के चित्रों में मुखर ढंग से उभरता है। एक चित्रकार के लिए चित्रों के प्रति अपनी दृष्टि को उत्तरोत्तर विकसित करना अनिवार्यता की तरह है। नीला उनकी पसन्द का रंग रहा है, जो सम्भवतः सबसे ज़्यादा दिखता भी है। एक ही तरह का नीला रंग कैनवस की सतह पर कुछ अलग है व भूदृश्य में कुछ अलग। उनके चित्रों में दिखने वाला कोई रूपाकार जड़ नहीं है उनका रूप लगातार बदलता है। एक रंग पर बहती दूसरे रंग की परत, एक रेखा को लाँघती दूसरी रेखा और उनसे विभाजित होता 'स्पेस' सतत चलने वाली ऐसी प्रक्रिया है जिसका कोई अन्त नहीं है, उनके कैनवस की सतह पर

सीधी रेखा कई तरह से प्रकट होती है, प्रचलित गणित में शामिल रेखा और बहुत सारे चिह्नों की तरह भी। चित्रों को रेखाओं से, रंगों को जोड़ना और विभाजित करना दोनों ही महत्त्वपूर्ण है, रेखाओं को कैनवस पर चित्रित करते हुए ज्यामिति एक अहम हिस्सा प्रतीत होती है। रफ़ीक़ समय–समय पर आकृति मूलक, भूदृश्य व व्यक्ति चित्रण भी करते रहे हैं, बावजूद इन सबके वे अपने चित्रों को तयशुदा आकारों के समावेश से अलग ही रखते हैं। एक चित्रकार के लिए रंगों की प्रकृति और उनकी विविधता को समझने के लिए किसी एक रंग के साथ खुद को लम्बे समय तक बरतना आवश्यक है। बहुत सारे ऐसे उदाहरण चित्र–संसार के सामने हैं जिनमें किसी चित्रकार ने ख़ुद को लम्बे समय तक एक ही रंग के साथ बरता है, एक रंग में चित्रण करते हुए अनेक रंगों की प्रकृति को समझा है। कैसे कोई एक रंग में चित्रण करते हुए सभी रंगों की प्रकृति को समझ लेता है, पूर्व में कई रंगों में चित्रण करने वाले रफ़ीक़ जैसे चित्रकार के लिए यह बात एक मुश्किल प्रश्न की तरह विगत कुछ समय से रही है। सम्भवतः यही कारण हो कि उनकी प्रश्नाकुलता और चित्रों के प्रति जवाबदेही ने उन्हें 'सफ़ेद' रंग की तरफ़ आकृष्ट किया हो। चित्रों के सम्बन्ध में बेहतर सलाह और श्रेष्ठ मार्गदर्शन उन्हें लगातार मिलता रहा है। फ़िलहाल रफ़ीक़ ने रंगों की प्रकृति और उसकी विविधता को जानने हेतु किसी एक रंग में से 'सफ़ेद' को अपने लिए चुना है। 'सफ़ेद' के साथ रफ़ीक़ का यह रियाज़ उनके चित्र–संसार को कहाँ ले जाता है यह देखना अपने आप में बहुत ही रुचिकर होगा।

• चित्र बनाना आपके लिए क्या है? क्या उसकी रचना–प्रक्रिया में कोई वैचारिक आधार होता है?

चित्र बनाना मेरे लिए अपने को जीवित रखना है। मेरी जीवनचर्या का हिस्सा है। मैं लगातार कुछ रचता रहता हूँ। ज़रूरी नहीं कि वहाँ एक कैनवस पर रंग लगाकर बनाया गया चित्र ही हो। यह

प्रक्रिया मेरे हर काम में होती है। मसलन, मैं किसी का व्यक्ति चित्रण कर रहा होता हूँ या कोई दृश्यचित्र या रेखाचित्र। हर बार मैं उसमें अच्छा इन्सान होने की तरफ़ बढ़ रहा होता हूँ। रचना–प्रक्रिया एक विचार होता है, अपने को पाना, एक अच्छा इन्सान बनना। रचना–प्रक्रिया का आधार होता है! कोई भी विचार आपके दिल और दिमाग़ में रहता है, मगर वहाँ किस तरह से कैनवस पर उतरता है यह एक खेल की तरह है। जब रचना तैयार हो गयी होती है, तब एक नया विचार तैयार होता है क्या यह हो गया? इस प्रक्रिया का अन्त नहीं होता। चित्र की शुरुआत आकर्षित करती है, अथाह सम्पदा की आशाएँ बाँधती है। बने हुए चित्र में कुछ रह गया या कुछ माँग रहा है, विचारों के समावेश से वह बिगड़ तो नहीं गया। यह ख़याल अक्सर बना रहता है। क्या यह सचमुच पूरा है, अभी इस पर और काम किया जा सकता है। चित्र को सामने रखकर देखते हुए यदि वह नये आकारों, रंगों की माँग करता है तो मैं उसमें लगा देता हूँ। अपने चित्र को लगातार देखना ज़रूरी है, देखने से ही उसके रहस्य खुलने लगते हैं। फिर लगता है कि कुछ नया करते हैं और एक नया चित्र शुरू होता है। सच्चा सुख तभी प्राप्त हो सकता है, जब ज्ञान सम्पूर्ण हो या बिलकुल ही न हो।

• क्या आपको रचनात्मकता में कहीं 'प्रभाव' महसूस होते हैं? यदि कृति में वह मौजूद हैं तो वे किस तरह से प्रकट होते हैं? क्या कोई कृति प्रभावों से मुक्त हो सकती है? किसी कृति को रचने के दौरान क्या किसी कलाकार या पूर्व में निर्मित किसी की कृति की स्मृति आपके साथ रहती है?

पहले तो यहाँ बात साफ़ की जाये कि प्रभाव किस तरह का? हर तरह से मैं प्रभावित हो सकता हूँ, वह रचना में हो यह ज़रूरी नहीं। हाँ, कुछ चीज़ें आ सकती हैं किन्हीं अलग तरीक़ों से। मुझे लगता है प्रभाव उसके रंगों की सरगम सुनने का, उसके रंग क्या बात करते हैं, कौन–सा राग गाते हैं। क्या मैं वही राग अपनी तरह से अपनी लाइनों में, अपने आकारों व रंगों में कह सकता हूँ? मैं क्या देखता हूँ, वह ज़रूरी है। उसी देखने को या उस जीवन को समझने के लिए मैं चित्र बनाता हूँ, जो किसी भी तरह से हो सकता

है। उसके लिए ज़्यादा विचार की नहीं, बस 'करने' की ज़रूरत होती है। करते वक़्त कोई विचार आया और चला गया, पर उसका प्रभाव उस चित्र पर पड़ेगा, ऐसा भी नहीं है। कोई चित्र ख़याल में आता है, लेकिन हाँ, सोचा जा सकता है कि क्या संयोजन था उसका, क्या रंग लगाये थे, मगर मेरा चित्र बनता कुछ और ही है उन सारे प्रभावों से मुक्त होकर। वह सामने आता है, जो मैं देखना चाहता हूँ! जो देख चुका हूँ वह क्या चित्रित करना! रचना मुझे ऐसा है जो देखा न हो मैंने कभी, सबसे पहले तो मुझे ही देखना है, पहला दर्शक मैं ख़ुद हूँ। क्या यह मुझे सन्तुष्ट कर पा रही है या इसके श्रम से मुझे सुख मिल रहा है! कई विचार आते–जाते रहते हैं। विचारों से आकार, आकार से विचार! असल बात भाव की भी है। आप संगीत से वह भाव ज़्यादा आसानी से प्रकट कर सकते हैं, किन्तु चित्र में कई तरह के रस, कई तरह के राग सुन सकते हैं। मसलन, उसे कुछ लाइनें दिखायी दीं, किसी को उसके रंग, तो सब नया खोजने लगते हैं। संगीत में तो एक ही भाव जो सबको महसूस हो रहा है, अगर वह गा रहा है कोई–सा राग तो अधिकतर एक ही तरह का सुख प्राप्त कर पायेंगे शायद, लेकिन चित्रों में ऐसा नहीं है। बात कुछ नया करने की भी है, कुछ नया करने की भूख एक प्रभाव की तरह है। मैं तो यह भी प्रभाव में कह रहा हूँ। कहीं सुना है, याद नहीं आ रहा कहाँ, सब नया करना चाहते हैं। मैं भी, पर मैं उससे सुख भी लेना चाहता हूँ। यहाँ रज़ा साहब अपने कैनवस से अप्सरा का सुख भोगने की बात करते हैं। हुसेन के लिए खुला आकाश ही कैनवस है। स्वामी जी के लिए सूर्य को प्रथम व्यक्ति का देखना है। इन सबकी बातें पढ़कर प्रभाव तो पड़ता है। ये किस विचार की बात कर रहे हैं, इन सबका चित्रों पर क्या प्रभाव पड़ता है, यह मुझे नहीं पता। वह किस तरह से चित्र में प्रकट हो भी रहा है या नहीं, इस बारे में कुछ पता नहीं चलता। कृति प्रभावों से मुक्त हो भी सकती है और अगर उस पर प्रभाव है तो वह किस तरह प्रकट होगा, यह मैं अभी तक नहीं जान पाया हूँ। जानने के लिए लगातार रचना ज़रूरी है और लगातार देखना भी। कई तरह के चित्र देखने को मिलते हैं। बहुत कुछ सीखने को मिलता है। मैंने ज़्यादातर लोगों को देखा कि उनकी रुचि तकनीक में ज़्यादा होती है। क्या बना है उसको बाद

में देखते हैं, शायद देख भी नहीं पाते। चित्र बनाते समय किसी का भी ध्यान बहुत ज़्यादा देर तक नहीं होता। बस, थोड़े समय के लिए। अगर कुछ वैसे ही जब मैं चित्र बना रहा होता हूँ तो ऑयल बहुत देर से सूखता है, किन्तु मुझे करना तेज़ी से होता है। वैसे शायद वह तेज़ी बड़ी धीमी है, मुझे और तेज़ होना चाहिए। बहरहाल, ऑयल से चित्र को बनाने में एक या डेढ़ महीना, अगर तेज़ी से कर रहा हूँ तो, अन्यथा पाँच महीने भी लग सकते हैं, क्योंकि वह सूखने में समय लेता है। जब तक एक परत नहीं सूखती, उस पर कोई दूसरा रंग नहीं लगता। अब हर समय वहाँ चित्र बन रहा है, ऐसा भी नहीं! रखा हुआ है, सूख रहा है, उसे लगातार देखा जा रहा है, अब क्या करना है। इस पर इस बीच कोई नयी प्रदर्शनी देख आये, क्या ख़ूबसूरत रंग लगाये थे, क्या वह रंग मुझे लगाना चाहिए, लेकिन मैं लगा नहीं सकता, क्योंकि अभी परत सूखी नहीं है। आजकल तो फ़ेसबुक पर इतनी सारी कलाकृतियाँ देखने को मिलती हैं, पूरी दुनिया खुली हुई है। जो पहले देखना मुश्किल था, वह भी आप देख सकते हैं। मुझे अभी वॉन गॉग का चित्र देखना है, रज़ा का चित्र देखना है, हुसेन के चित्र देखना है। मैं तुरन्त अपने फ़ोन पर देख सकता हूँ, किन्तु इन सबसे कुछ नहीं होता। हमसे ज़्यादा अच्छे चित्र और ज़्यादा बेहतर विचार उन आदिवासी कलाकारों के होते हैं, जिनके लिए चित्र बनाना कोई अलग बात नहीं, जैसे वह जी रहे हैं, वैसे ही उनके चित्र हैं। अखिलेश कहते हैं, कला आदिवासियों के लिए जीवन का अभिन्न अंग है, इसलिए उन्हें चित्र बनाने के लिए स्टूडियो की ज़रूरत नहीं। वे जहाँ हैं, जैसे भी हैं, अपना काम कर रहे होते हैं। जैसे खाना खा रहे होते हैं, शिकार कर रहे होते हैं, महुआ बना रहे होते हैं, हर स्थिति में चित्र बनाते हैं उतनी ही रुचि और निरपेक्षता के साथ! तो क्या अब हम उस रचनात्मकता को इतनी सहजता से स्वीकारते हुए रच सकते हैं! मेरे लिए अभी मुश्किल है, क्योंकि उसी से मेरा काम भी चलता है। वैसे यह बहुत अच्छा है, उसी से काम भी चल जाये। आप कुछ नया रचते रहें और अपने मन की भी कर लें।

• **रचना–प्रक्रिया व देखने में आपके लिए सबसे महत्त्वपूर्ण क्या**

है? क्या आप अन्य कला माध्यमों पर भी विचार करते हैं? क्या अन्य कलाओं के साथ आपका किसी तरह का परस्पर सम्बन्ध बन पाता है?

रचना–प्रक्रिया में सभी का अपना मत हो सकता है, किन्तु मेरे लिए एक ही बात महत्त्वपूर्ण होती है, क्या उससे मुझे ख़ुशी मिल पा रही है और क्या वह कृति एक ऐसी बात कह पा रही है, जो अभी तक कही नहीं गयी। कोई नया छन्द, कोई नया राग। इस प्रक्रिया में मुझे क्या सुख प्राप्त हुआ और मैं अपने आपको या अपने चित्र को समझ पाया, क्या है, क्या ढूँढ़ना है, क्या करना है। वही खोजना ही मेरे लिए महत्त्वपूर्ण है। क्या मेरी नियति में यह लिखा है कि मुझे रचनात्मकता के एक महान् रहस्य का साक्षी होना है और लोगों को इस बारे में बताना है कि एक चमत्कारिक शक्ति उनकी पहुँच में है, मगर वे उसे भुलाये बैठे हैं। उन्हें यह याद दिलाना है कि हमारे चारों ओर अभी भी अज्ञात जगत है। कितनी सरल हैं प्रकृति की सभी क्रियाएँ, कितने सरल साधनों से वह ऐसे कार्य करती है, जो लोगों को चकित और भयभीत करते हैं। उसी तरह चकित और भयभीत मैं अपने चित्रों में होना चाहता हूँ। बताना चाहता हूँ कि रंगों को सुना जा सकता है और सुरों को देखा जा सकता है। मेरे लिए रचना–प्रक्रिया में सबसे महत्त्वपूर्ण यही है कि मैं वहाँ रंग को सुन पाऊँ और उस राग को देख पाऊँ। हमारे गुरु ने कहा आँखों से सुनो, कानों से देखो! कोई रचना करते वक़्त मेरी उँगलियों से सहस्रों सुर–लहरियाँ प्रवाहित होती हैं। एक के बाद एक विचार उभरता आता है। किसी स्वप्न की भाँति वे उड़ जाते हैं, क्या उन्हें पकड़ा या थामा नहीं जा सकता और आज्ञाकारी वाद्य फिर से सच्ची प्रतिध्वनि की भाँति आत्मा की कभी न लौटकर आने वाली सभी क्षणिक गतियों को दुहराता है। यहाँ पवित्र गर्भगृह में जीवन भ्रूण का मृत्यु भ्रूण से संघर्ष होता है। जीवनरस प्रस्तर हो जाता है और निर्जीव तत्त्व आत्मा द्वारा रूपान्तरित होता है। वह पूर्ण रूप ग्रहण कर लेती है और कभी उड़ते बादल बनकर बिखर जाती है। यहाँ चित्र का जन्म होता है! चित्र मेरी सन्तान है, उसे पिता के संरक्षण की अपेक्षा नहीं है, वह मिथ्या सन्देह नहीं जताता। उसने पहले ही मेरी आशाएँ चरितार्थ कर दीं। वह युवा

है और प्रौढ़ भी, वह मुस्कुराता है। उसके लिए किसी भी दुख की सम्भावना नहीं, वह सिर्फ़ ख़ुशी प्रदान करता है, जब मैं उसे रच रहा होता हूँ तो सबकुछ भूल जाता हूँ। जब उससे अलग होता हूँ तो लगता है जैसे कोई बहुत सुहाना सपना देखते–देखते अचानक चौंककर जाग गया हूँ। ऐसा हर बार नहीं होता, पर हर बार होना ज़रूरी है। सिर्फ़ चित्रकला ही नहीं, बाक़ी कला माध्यमों पर भी मैं लगातार विचार करता रहता हूँ। ख़ासकर संगीत और लेखन मुझे बहुत प्रभावित करते हैं, कहानियाँ व कविताएँ पढ़ना, संगीत सुनना मुझे बहुत पसन्द है। संगीत में मुझे नुसरेत फतेह अली खान को सुनना ज़्यादा पसन्द है। वैसे संगीत में मेरी रुचि इतनी नहीं थी, फिर मैंने मुकुल शिवपुत्र जी के साथ रहते संगीत की बारीक़ियाँ जानीं। मुकुल जी किसी भी राग को सुनकर बता देते थे कि इसने यहाँ राग बदल दिया। मुझे उस समय भी समझ नहीं आता था, आज तक भी नहीं आता। मुकुल जी कहते थे जैसे व्यक्ति का व्यक्तित्व होता है, वैसे ही हर राग का एक रागत्व होता है। व्यक्ति का व्यक्तित्व समझने पर आप उसे पीछे से भी पहचान लेते हैं, उसकी आहट से भी पहचान लेते हैं, वैसे ही राग को समझने पर उसकी छोटी–सी स्वरावली से भी आपको रागबोध हो जायेगा और इस परिचय से ही आप राग विस्तार करते हैं, राग स्वरूप साकार करते हैं। रागत्व को जानने पर आपको राग दरबारी कानड़ा का षड्ज और राग हमीर का षड्ज स्पष्ट रूप से काले और सफ़ेद जैसे भिन्न दिखायी देंगे, किन्तु मुझे कभी दिखायी नहीं दिये। शायद मैं उस राग को समझने में अभी कच्चा हूँ। मेरे कान बड़े कच्चे हैं, मगर सुनने में बहुत आनन्द आता है। समझ में न आये, कोई बात नहीं, पर सुनकर आनन्द लिया जा सकता है। वही आनन्द जब चित्रों में आने लगे, यही मेरे लिए महत्त्वपूर्ण है। संगीत में एक ही तरह के रस का आनन्द लिया जा सकता है। अगर कोई दुःख का राग आ रहा है तो ज़्यादातर श्रोता दुःख ही महसूस करेंगे, ख़ुशी को नहीं देख पायेंगे, जबकि चित्र में कलाकार ने शेर को चित्रित किया है, किन्तु मैं उसे हाथी की तरह भी देख सकता हूँ। तो यह जो देखने की स्वतन्त्रता है, वह सिर्फ़ चित्र में है, संगीत में नहीं! चित्रकारी का श्रम इतना आनन्दमय है, जिसका वर्णन शब्दों में नहीं

किया जा सकता, सिर्फ़ महसूस किया जा सकता है। वैसे सभी कलाएँ आपस में जुड़ी हुई हैं। वागीश जी कहते हैं विष्णुधर्मोत्तर पुराण के अन्तर्गत दिया गया चित्रसूत्र प्रकरण कहता है कि सभी कलाएँ अन्तर्गुम्फित (आपस में मिली हुई) हैं। यदि आप नृत्यकला को सीखना–परखना चाहते हैं तो चित्रकला का ज्ञान आवश्यक है। यदि आप चित्रकला को सीखना–परखना चाहते हैं तो संगीतकला का ज्ञान आवश्यक है। यदि आप संगीतकला को सीखना–परखना चाहते हैं तो काव्यकला का ज्ञान आवश्यक है आदि–आदि। यह श्रृंखला व्याकरण तक जाती है, किन्तु वहाँ इसका अन्त नहीं है। यदि आप इसके साथ–साथ उस कथा का स्मरण करें, जिसमें यह कहा गया है कि व्याकरण का ज्ञान महर्षि पाणिनि को भगवान शिव के प्रदोष नृत्य के समय बजते डमरू से हुआ। यह श्रृंखला अनन्त अन्तर्गुम्फित है, क्योंकि सभी एक वृत्तीय संरचना में अन्तर्गुम्फित हैं, जिसका न तो आदि है और न ही अन्त। फिर सभी कलाओं को कलाकार को परखना चाहिए, किन्तु ऐसा बड़ा मुश्किल है, मैं कुछ वाद्य यन्त्र बजा पाता हूँ, जैसे गिटार। बहुत अच्छे से तो नहीं, किन्तु फिर भी थोड़ा बहुत बाँसुरी भी, पर गाना मेरे बस का नहीं। हाँ, सुनना मुझे बहुत पसन्द है। जब सारी कलाएँ आपस में मिली हुई हैं तो उनका ज्ञान होना अत्यावश्यक है। अम्बादास जी कहते हैं कलाएँ चाहे शास्त्रीय हों, अकादेमिक, पारम्परिक या मिथकीय कला, सभी दुहरी समझ से बँधी हैं। वे उसे विषय और वस्तु के मिथ में घटा लेती हैं। तो कलाओं का आपस में सम्बन्ध दुहरी समझ से भी देखा जा सकता है। मेरी समझ अभी इतनी नहीं है, फिर भी संगीत बहुत महत्त्वपूर्ण है मेरे लिए। हर कला का अपना एक वजूद है, जिसका हमें सम्मान करना चाहिए। यह उस ऐश्वर्य की चीज़ें हैं, जिनसे मनुष्य को कई ग़लत कामों से निजात मिलती है, मैं कह सकता हूँ कि मेरा अन्य कला माध्यमों के साथ कुछ सम्बन्ध ज़रूर बन पाता है। किस तरह का, यह कहना मुश्किल है।

• चित्र में कथन या कथ्य को आप कितना अनिवार्य मानते हैं? क्या किसी कृति का इनके बग़ैर कोई अस्तित्व रहता है? क्या कोई कृति अपने समग्र रूप में कुछ कहने का प्रयास होती है?

कोई भी कृति कुछ कहती ज़रूर है। यह बात अलग है कि चित्रकार क्या कह रहा है। कभी–कभी चित्र भी इतना चीख़–चीख़कर कुछ कह रहा होता है कि चित्रकार के कुछ कहने की आवश्यकता नहीं होती और अगर चित्रकार कुछ कहता है, तब हमें वही सब दिखायी देता है, जो उसने कहा, किन्तु चित्रकार कुछ नहीं कह रहा तो चित्र इतना कुछ कह देता है कि चित्रकार भी नहीं कह पाता। और चित्र सबको अलग–अलग सुनायी भी दे सकता है, सबको एक ही चीज़ सुनायी या दिखायी दे ज़रूरी नहीं। सब अपनी तरह से सुन सकते हैं, देख सकते हैं। कथा की भी आज़ादी है। अपनी तरह से कोई नयी कथा या नये कथन की तरह उसे पढ़ ले। चित्र वह सब कहता है। क्या कोई कलाकृति कोई सन्देश दे रही है, आपको आनन्दित, आश्चर्यचकित कर रही है या वह आपको कुछ नहीं कह रही? पर कुछ नहीं कहने में भी बहुत कुछ छुपा होता है, जैसे प्रेमी–प्रेमिका आपस में बात नहीं कर रहे हैं, रूठे हुए हैं एक–दूसरे से, किन्तु यहाँ बात तो हो रही है रूठने की। वहाँ भाव इतना मुखर है कि बिना कहे भी दोनों को सुनायी दे रहा है। एक कलाकृति कुछ न कहकर भी बहुत कुछ कहती है। वह बात अलग है कि आपको सुनायी क्या दे रहा है। अगर आपको रंगों की सरगम सुनायी दे रही है तो चित्र दिखायी देने लगेगा। अब यह भी ज़रूरी नहीं कि हर चित्र सुनायी दे, कुछ दिखायी भी देते हैं। उसका लब्बोलुआब यह कि चित्र या कृति कुछ कहती ज़रूर है। जैसे पिकासो की गुएर्निका, लिओनार्दो दा विंची की मोनालिसा, विंसेंट वैन गॉग का द पोटैटो ईटर्स, हुसेन साहब का बिटवीन द स्पाइडर एण्ड द लैम्प, रज़ा साहब का बिन्दु, रामकुमार जी के दृश्य चित्र या अखिलेश का बनारस। ये सारे चित्र प्रखर रूप से कुछ कहते हैं और आपको सुनायी देता है। इसमें कुछ कहा गया है, कुछ लिखा गया है, आप पढ़ लें चित्रों को। ऐसा नहीं कि आपको वह लिपि पढ़ना आती हो। दुनिया की पहली भाषा चित्रकला ही थी। चित्रों के द्वारा ही हम इतिहास पढ़ पाये। जितनी भी गुफाओं में चित्र मिलते हैं, वे सभी हम आसानी से पढ़ लेते हैं, झट–से जान जाते हैं यह तो शिकार का चित्र है, यह संगीत बजा रहे हैं, यह खाना खा रहा है या जो भी कर रहा है, वह हम बड़ी आसानी से पढ़ लेते हैं। लेकिन अभी कोई चित्र बना रहा है, तब यह विचार क्यों

हम पढ़ नहीं पा रहे। दरअसल, अभी हम चित्रों को या किसी भी कलाकृति को आँखों से नहीं, दिमाग़ से देख रहे हैं। क्या बनाया है, क्या बनाया होगा, कैसे बनाया होगा इन सब चीज़ों को छोड़कर ही चित्र सुनायी देगा, अन्यथा दिखायी भी नहीं देगा। मसलन, पुराने मिनियेचर पेंटिंग, सभी कुछ–न–कुछ कह रहे होते हैं। कोई अपने ईश्वर का गुणगान कर रहा होता है, कोई अपने राजा का। कोई शिकार का, कोई प्रेम का, बात तो कही जा रही है और सुनायी भी दे रही है। अब अगर मैं सफ़ेद रंग पर सफ़ेद लगा रहा हूँ तो भला वह क्यों नहीं सुनायी दे! शायद वह भी ईश्वर की वन्दना हो। शायद पितरों का गुणगान। गुरु का आदर। अब सब सुनायी नहीं दे रहा, ऐसा भी नहीं। अभी मेरी एक प्रदर्शनी में मैंने सफ़ेद रंग के चित्र दिखाये। प्रदर्शनी की शुरुआत में चार–पाँच साल की एक बच्ची अपने परिजन के साथ आयी। उसके पिता ने मुझसे पूछा कि आपने क्या बनाया है? मैंने उस बच्ची से पूछ लिया कि आपको क्या दिखायी दे रहा है, वह मुस्कुराकर अपनी माँ के पीछे छुप गयी। फिर मैंने थोड़ा–बहुत उन्हें बताया कि चित्र को अपनी तरह से देखें। वे लोग शाम तक वहीं थे। सब जाने लगे, वह परिवार भी जाने लगा, तभी वह बच्ची दौड़कर मेरे पास आयी और कहा– मुझे आपकी पेंटिंग समझ में आ गयी, आपने लाइनें बनायी हैं और गणित के कुछ चिह्न। उस बच्ची ने वह चित्र देखा, उसने समझ लिया और उसे वह सुनायी देने लगा। वह बहुत ख़ुश हुई उस चित्र को देखकर। तो मुझे लगता है हर कृति कुछ कहती ज़रूर है, इसका पता देखने पर ही लगेगा, सुनकर भी लग सकता है। कोई ऐसी बात कह दी कि उस कलाकृति के प्रति एक जिज्ञासा जाग गयी। अब वह कुछ भी हो सकती है। मुझे याद है अखिलेश का चित्र को देखने वाला वह क़िस्सा, तब वह कॉलेज में थे और सक्सेना सर ने हुसेन की नयी किताब उन्हें दिखायी और दिखाया हुसेन का चित्र 'बिटवीन द स्पाइडर एण्ड द लैम्प' और उस पर गाली लिखी होने की बात कही। उनकी उस चित्र के प्रति जिज्ञासा बढ़ गयी कि कहाँ लिखी है गाली और कई दिन तक खोजते रहे, अन्ततः खोज भी लिया कि वहाँ गाली नहीं, हुसेन की तीन प्रेमिकाओं के नाम के प्रथम अक्षर हैं। कुछ कहने से भी चित्र में कुछ सुनायी देता है। कोई भी कलाकृति कुछ कहने का प्रयास हो न हो, कुछ

कहती ज़रूर है। कलाकृति से प्रेम करो। वह कभी नहीं मुरझायेगी। चिरयुवा उसके अछूते स्तनों का स्पन्दन तुम्हारे वक्षस्थल पर थिरकता रहेगा। अनन्त सुख तुम्हारे लिए सदा नया और पूर्ण होगा और चित्र की बाँहों में असम्भव लालसा निरन्तर सम्भव सारतत्त्व होगी। वह दिखायी भी देगी और सुनायी भी। अभी तक मैंने अपने चित्र के द्वारा कुछ कहने की कोशिश नहीं की। अभी मैं चित्र–भाषा सीख रहा हूँ। मेरे चित्र उन अभ्यास चित्रों की तरह भी हो सकते हैं, जो मददगार हों मुझे चित्रकार बनाने में। अभी कई बातें जानने के लिए प्रयासरत हूँ, शायद इसके बाद ही कुछ असल बात कह पाऊँ। वैसे भी एक चित्र को देखने के लिए समय चाहिए। जब हम वह समय देते हैं, तब वह दिखायी देता है। जब दिखायी देगा, तभी कथ्य और कथन की बात होगी।

• स्वरूप में परिवर्तित होते हुए आपका चित्र आपसे क्या माँग करता है?

मेरा चित्र मुझसे कुछ नहीं माँगता, वह सिर्फ़ चित्र है, उसको न कोई लालच होता है, न कोई फ़ायदा। वह सिर्फ़ मेरे लिए ही बन रहा होता है। उसका उद्देश्य सिर्फ़ मेरा भला होता है। वह मेरा ऐसा मित्र है, जो कभी कुछ नहीं माँगता, सिर्फ़ देता है। आत्मा की शान्ति, मन का सुकून, वह सिर्फ़ यह चाहता है कि मैं उसे समय दूँ। किसी प्रेमिका की तरह वह कभी भी नाराज़ नहीं होता, अगर मैं उसे समय नहीं दे पा रहा। और पूरा समय उसे दे भी रहा हूँ तो वह बहुत ख़ुश भी नहीं होता। वह मेरे जीवन से जुड़ा हुआ है, उसकी लालसा बस इतनी है कि मैं पूरी शिद्दत से उसके साथ रहूँ। जब वह रचा जा रहा होता है, उसकी रचना–प्रक्रिया में कई तरह के विचार उत्पन्न हो सकते हैं, लेकिन वह उसकी माँग नहीं करता। वह विचारों से शून्य भी है और विचारों से भरा हुआ भी। चित्र की खोज सत्य की खोज होती है। उस सत्य को खोजने में कई तरह के विचार आते हैं। मेरा अपना विचार क्या है, बस चित्र यही माँग करता है।

बात शुरू से शुरू की जाये। मैंने मध्य प्रदेश के सतवास गाँव में आँखें खोलीं। इससे पहले अँधेरा ही था, रात डरावनी होती और दिन

में कुछ ख़ास न सूझता। कला से मेरा ऐसा कोई सम्बन्ध नहीं था, किन्तु मेरी माँ मिट्टी के खिलौने बनाकर मुझे देती। उन खिलौनों को बनता देख मुझमें जो उत्साह भरता था, वही उत्साह मुझे आज भी चित्र बनाते वक़्त होता है। वह अक्सर कहा करतीं तुम अकेले नहीं हो, तुम्हारा मन अगर सच्चा है तो ईश्वर हमेशा तुम्हारे साथ रहता है और वह उस चाँद को दिखातीं और कहतीं जहाँ तुम जाओगे, चाँद भी तुम्हारे साथ होगा। और सच में जहाँ–जहाँ जाता, चाँद भी मेरे साथ चल देता और आज भी चल रहा है। वह इसके बदले में कुछ नहीं माँगता, बस साथ रहता है चित्र की तरह। सिर्फ़ देता है प्रकाश, उस अँधेरे को चीरते हुए, अपना करुणामय प्रकाश। उसी तरह मेरा चित्र भी मुझसे कुछ नहीं माँगता, सिर्फ़ देता है अपना अथाह प्रकाश। मेरी माँ खिलौनों के साथ–साथ दूसरी चीज़ें भी बनाया करती थीं, चाहे वह सीमेंट की बनायी गयी टंकी हो या मिट्टी से बनाया गया घर। उसके हर कार्य में एक कलात्मकता है और उसकी वे गोदड़ियाँ, जिन पर मैंने चैन की नींद ली, जो वह अपने पुराने कपड़ों को सिलकर बनाया करती थीं। उन गोदड़ियों में वह कई तरह के, रंग के कपड़े सिला करती थीं। नये–नये आकार, नये–नये रंग, कोई उसके सूट का कपड़ा, कोई अब्बा की शर्ट का, वहाँ जो चित्र तैयार होता, वह मुझे बहुत ही ख़ूबसूरत लगता था। उन्हीं गोदड़ियों में मैंने अपना बचपन बिताया है। उनको बनाते समय कोई भी माँग या विचार उसमें नहीं होता। होता था तो बस अपने बच्चे को उस पर सुलाना, ताकि ज़मीन थोड़ी नरम हो जाये, उसे चुभे न। वैसे ही जब मैं चित्र बना रहा होता हूँ तो कोई बहुत बड़ा विचार नहीं होता। बस, रचना हो रही होती है। मुझे बस चुनाव करना होता है कि कौन–सा रंग किस आकार में वहाँ लगाना है, जो चित्र माँग रहा है। जैसे रज़ा साहब का विश्वास प्रार्थना में है, वैसे ही मेरा विश्वास भी उस इबादत में है। मेरे जीवन और मेरे काम में उस इबादत की बात करना सचमुच बहुत कठिन है। आप यह कैसे बता पायेंगे कि इबादत क्या है, मौन और आध्यात्मिक पीड़ा के क्षणों में कैसा महसूस करते हैं। इस भयमिश्रित आनन्द का वर्णन करना अत्यन्त ही मुश्किल है। कई बार चित्र बनते–बनते भी खो जाता है। उसको ढूँढ़ना है, उस चित्र को बनाना है। अखिलेश कहते हैं यह लुकाछुपी का खेल है। ढूँढ़ लो कोई नया रंग, कोई

नया आकार। मुझे स्वामी जी की बात याद आती है कि किसी मौजूदा चीज़ का रूपाकार बनाना अधिकाधिक कला का प्रारम्भिक और तकनीकी पक्ष हो सकता है। वह सल्वाडोर डॉली के चित्रों को भी इसी नाते यथार्थवादी कहते हैं कि उनमें विचार चाहे जितना है, स्वप्न की स्वप्निलता उनमें नहीं है और वह उतने ही ठोस हैं, जितने सतह पर देखे गये हमारे आसपास के शरीर। उनकी आकृति रचना में चाहे कितनी कल्पनाशीलता हो, एक बार जब वे आकार ग्रहण कर लेते हैं तो आकार मात्र रह जाते हैं। उनमें से कल्पना कपूर की तरह उड़ जाती है, जैसे देह रह गयी और प्राण चले गये। यदि रूप देह है तो अरूप प्राण। कलाकार की कला ही उसके चित्त को व्यस्त रखती है, कम–से–कम इतना तो है कि उसकी आत्मा उसके अस्तित्व के प्रत्येक क्षण में पतित नहीं होती। रचनात्मकता उसके लिए कई बुरे कामों से निजात दिलाती है। ज्ञान, प्रेम या सीधे कहा जाये तो कौतूहल मेरा मूल तत्त्व है। यह मेरे हर काम में दख़ल देता है। उन्हें गड्डमड्ड कर देता है और मेरे लिए जीना मुश्किल भी बनाता है। मैं कभी इससे छुटकारा नहीं पा सकूँगा। कोई चीज़ सदा मुझे अपनी ओर आकर्षित करती लगती है, लगता है दूर कोई है, जो मेरी प्रतीक्षा कर रहा है। आत्मा व्याकुल होती है। चित्र प्रतीक्षा करता है, सृजन की। मनुष्य के अभिशाप, माता का रुदन, सांसारिक अभावों की बातें, दुष्टों का कुटिल परिहास, कवि की पीड़ा सबकुछ है यहाँ। सबकुछ एक मधुर सामंजस्य में विलय हो जाता है, कोई माँग नहीं होती, वहाँ चित्र होता है।

• आप चित्रों में क्या देखते हैं, क्या बनाते हैं?

चित्रों में कुछ बनाने या रचने की जो प्रक्रिया है, उसमें कुछ बनने वाला है या मैं कुछ बनाने वाला हूँ, मुझे उसमें शामिल होने में बड़ा मज़ा आता है कि मैं इसको कहीं कुछ ऐसा बना दूँ। वो मेरी कल्पना में कहीं नहीं है। मेरी कल्पना में यह है कि मैं उसके साथ शामिल हो जाऊँ। जैसे कि रंग, कैनवस, ब्रश एवं रोलर के साथ मैं जिस प्रक्रिया में हूँ, उसका हिस्सा बनने में मुझे मज़ा आ रहा है। मेरी कल्पना में ऐसा कुछ नहीं है कि वो बनकर क्या निकलकर आयेगा। असल में मेरी कल्पना में यह है कि ये क्या

बन जायेगा। मैं उसमें इसके प्रति ज़्यादा उत्सुक हूँ कि वो क्या बनेगा, मैं कैनवस पर जो टेप लगा रहा हूँ, रंगों के ऊपर, फिर दूसरे रंग चढ़ा रहा हूँ। मैं जब टेप निकाल रहा हूँ तो मेरी जिज्ञासा यही रहती है कि अब ये कैसा दिखायी देगा? उससे पहले मुझे समझ में नहीं आया कि वो क्या बनने वाला है। मुझे सिर्फ़ उसके साथ शामिल होने में, उसकी ख़ुशबू में या उसके करने की जो मेहनत है, उसमें जो आनन्द आ रहा है, उसके लिए मैं चित्र बना रहा हूँ। जैसे मैं फिगरेटिव, लैण्डस्केप या पोर्ट्रेट करता हूँ या फिर इस तरह के काम करता हूँ, जिनके कारण जीविका चलती है–वो भी पेंटिंग ही है। लेकिन, यहाँ पर आपको पता होता है कि क्या बनने वाला है। मुझे पता है कि ये पोर्ट्रेट बनने वाला है। मुझे पता है कि ये बनाना है। उसमें वो ऊर्जा और उत्साह नहीं होता कि ये क्या बन जायेगा। यह पता है कि पोर्ट्रेट बन जायेगा या लैण्डस्केप।

• क्या यह किसी तरह की खोज है?

हाँ, असल में वो खोज सिर्फ़ खोजने की राह है। वो कोई खोजकर ख़ज़ाना पाने की इच्छा नहीं है। असल में वो ख़ज़ाने को ढूँढ़ने की प्रक्रिया है। मैं किसी चीज़ को ख़ूब ढूँढ़ता रहूँ और वो मिले भी नहीं। सिर्फ़ ढूँढ़ता रहूँ वो शायद किसी दिन मुझे मिल जायेगी, तो शायद मैं चित्र ही न बनाऊँ। मुझे पता चल गया कि ये बनने वाला है, लेकिन ये उसकी प्रक्रिया है। उसमें जो घुलना है, उसमें जो मिलना है–जैसे हमेशा कहा जाता है कि चित्र के साथ बात करो, चित्र ख़ुद–ब–ख़ुद रास्ता बतायेगा कि क्या बनाना है, किस तरह से तुम मेरे साथ काम करो, किस तरह से रंग लगाओ, किस तरह से लाइनें खींचो। जैसे मैं कुछ समय पहले पेंट कर रहा था, तब मुझे वरिष्ठ चित्रकार अखिलेश, जिन्हें मैं अपना उस्ताद मानता हूँ, ने बताया कि 'क्या ये तुमसे बात करती हैं?' अब वो शाब्दिक रूप में तो नहीं करती हैं। ऐसा तो हो ही नहीं सकता, लेकिन हाँ, समझ में ज़रूर आता है कि देखो ये लाइन तिरछी हो गयी। अब ये तो हो गयी, चूँकि मैं ऑइल में काम करता हूँ तो वो अब ठीक नहीं हो सकता। वो हो चुका है। अब जो अगली खोज मैं

शुरू करूँगा, उसमें ध्यान रखूँगा कि मुझे ये फावड़ा लेकर जाना है या गैंती लेकर।

• आपके काम में रंग बहुत होते हैं। उन्हें देखकर लगता है रंग का विभाजन रेखाएँ कर रही हैं। उनमें महत्त्वपूर्ण क्या है विभाजन के लिए रेखा या रंग?

दोनों का ही महत्त्व बराबर है। मसलन, जैसे खोजने की बात है। मैं वो सारे रंग इस्तेमाल कर लेता हूँ, लाल भी, पीला भी, नीला भी, जो प्राइमरी कलर हैं वे भी और फिर उनसे जो कलर बन रहे हैं वे भी। वे जो रेखाएँ हैं, वे उन्हें सिर्फ़ इसलिए अलग कर रही हैं कि लाल के पास जो नीला लगा है, वो अलग हो। मैंने कई बार उन्हें मिलाया भी है। वे मिल भी गये हैं, रेखाएँ उन्हें काट नहीं रही हैं। लेकिन, जब मिलाया तो मुझे लगा इस दिशा में मेरी खोज नहीं है, इस दिशा में मुझे नहीं जाना है। मुझे उस दिशा में जाना है कि वो रंग पूरी तरह ठोस रंग हो, एक पूरा सपाट रंग हो और वो रेखाओं से विभाजित हो जाये। देखिये, क्या होता है। जब एक सफ़ेद कैनवस है, उसके ऊपर मैं एक सीधी लाइन खींचता हूँ, एक आड़ी लाइन खींचता हूँ, लाइन दो खींची हैं लेकिन रूपाकार यहाँ दस बन गये।

• दो रेखाओं से इतने विभाजन हो गये?

हाँ। सामान्यतः वो दिखने में चार ही लग रहे हैं। एक इधर है, एक इधर है, लेकिन समग्रता में इतने सारे विभाजन हो गये कि फिर वो तीसरा हिस्सा भी दिख रहा है, चौथा हिस्सा भी दिख रहा है। यहाँ इतने सारे रास्ते खुलने लगते हैं। यह स्वतः होता है। मैंने सिर्फ़ दो रेखाएँ खींची हैं। वो जो आनन्द है, उसको कह रहे हैं कि देखो, ये क्या हुआ। जो उसको पाने की ख़ुशी है, पाने की तो क्या, उसको देखने की, उसमें जो आनन्द है, उसी आनन्द के लिए मैं चित्र बनाता हूँ। और रही बात चित्र बनाने की, तो मुझे चित्र बनाना इसलिए पसन्द है कि मैं उसके ज़रिये एक अच्छा इन्सान बनने की कोशिश करता हूँ। वो रंग इतने शान्त हैं, मैं उसको इतना गन्दा कर दूँ, मैं उसके अन्दर काला, पीला, नीला मिलाकर

उसको मटमैला कर दूँ, तब भी वो मेरे साथ कभी कोई दुश्मनी! जैसे किताबों के साथ होता है, आप उन्हें फेंक दो, फाड़ दो, तब भी वे आपका विरोध नहीं करेंगी। आप जब भी उठाओगे, वो उतना ही प्यार से अपना ज्ञान और अपना जो भी है वो आपको देंगी। वैसे ही रंग होते हैं। आप उनको कितना भी गन्दा कर दो, पीले को आप गन्दा कर दो, मटमैला कर दो, लेकिन वो जब कैनवस पर लगेगा तो नये रंग के, एक नये अनुभव के साथ आपको दिखायी देगा कि पीला नहीं रहा, बस तुमने मुझे बना दिया। अब देखो, मैं ऐसा हूँ। ये जो प्रक्रिया है, इसका सबसे बड़ा आनन्द है मेरे लिए।

- **क्या किसी गति को पाने का प्रयास है चित्र बनाना?**

जैसे सबकी अपनी गति होती है। कोई साइकिल से जा रहा है, कोई ट्रेन से, कोई पैदल जा रहा है, कोई फ़्लाइट से। वह जो गति को समझने की बात है कि मेरी गति क्या है या मेरे अन्दर क्या है। ये अपने आपको जब मैं समझ जाऊँ! इसी समझने की प्रक्रिया में मैं चित्र बनाता हूँ कि मैं अपनी गति समझ जाऊँ कि किस लायक हूँ और किस तरह से मैं ख़ुद को बरत सकता हूँ। मेरी अपनी गति क्या है। मुझे लगता है कि इसी गति को समझना ज़्यादा ज़रूरी है कि आप अन्दर से क्या हैं, आपकी गति क्या है, आप किस दिशा की तरफ़ बढ़ना चाहते हैं। दिशा भी ज़रूरी है। गति तो ठीक है, हो सकता है आप कछुए की चाल चलें, उसमें कोई दिक़्क़त नहीं, लेकिन वो सही दिशा में हो और सही दिशा तभी मिल पायेगी जब आप चित्र के साथ समय बितायेंगे। मैं अपने चित्र के साथ जितना समय बिताता हूँ, मुझे लगता है कि और भी ज़्यादा समय बिताना चाहिए।

चौबीस में से अड़तालीस घण्टे मैं उसको दूँ, लेकिन यह बात है कि मैं उसको कैसे समझूँ। वो एक पल भी शायद अड़तालीस घण्टे के बराबर हो सकता है। गति की बात है कि रज़ा साहब के लिए चित्र बनाना उकसा रही दिगम्बरा की तरह है और हुसेन साहब के लिए वो चित्र खुले हाथों में आसमान को पकड़ने की तरह है, जिसका कोई छोर नहीं है और स्वामी जी के लिए चित्र ऐसे हैं, जैसे कि प्रथम व्यक्ति सूर्योदय होते हुए देख रहा है। अब यहाँ

पर सभी उसी गति की बात कर रहे हैं। अगर समझ में आये तो अनन्त छोर है, जिसकी कोई सीमा नहीं है। जैसे हमने गाना सुना—'सज रहे भोला बाबा'। ये जो काल्पनिक गति है, इतनी तेज़ है कि मैंने खट से कल्पना कर ली। लेकिन, चित्र बनाने लगूँगा तो आपकी एक गति निर्धारित हो जायेगी।

• आपके लिए अपने कैनवस पर सबसे महत्त्वपूर्ण क्या है— रंग, रेखा या समग्र ढंग से जो सामने आता है?

कैनवस पर समग्रता में जो सामने आता है, वो अन्त की बात है जो मैंने बना दिया, इसके बाद अब मेरा उससे कोई लेना—देना नहीं, लेकिन जैसे ही मैं चित्र बनाने की प्रक्रिया में जाता हूँ, सबसे पहले रेखाओं से जो रूपाकार बन रहे हैं, उस पर मेरा सबसे ज़्यादा ध्यान होता है। ज़्यादातर मेरा देखना होता है। इसके बाद फिर मैं रंगों की तरफ़ जाता हूँ। मैं इस पर कौन—सा रंग लगाऊँ। कई बार जब मैं सोचकर रंग लगाता हूँ तो वह बिलकुल अलग हो जाता है और जब सहज रूप से रंग लगते हैं, असल में सहज होने की यही गति है कि मैं कितना सहज हो जाऊँ उसके लिए और मैं ये सारे चित्र सहज होने के लिए ही कर रहा हूँ। सहजता से, जैसे मेरा घर—परिवार है। जिस तरह से बचपन में था। हम सब फ़क़ीर हैं कि झोला टाँगकर 'अल्लाह' के नाम की रोटी दे देना और ये सब हमारी प्रक्रिया थी। जैसे उसमें ही अलग से मेरी दादी ने कहा—'देखो, भूख से तुम कभी नहीं मरोगे, लेकिन ज़्यादा खाने से तुम मर सकते हो। वो भूखा तुम्हें कभी नहीं रुलायेगा, उसकी चिन्ता नहीं करना, लेकिन चिन्ता यह करना कि तुम आये क्यों हो। इस दुनिया में अगर तुम आये हो तो तुम्हारा कहीं—न—कहीं वजूद है। अपने आपको जानो।'

• चित्र बनाते हुए क्या कुछ याद आता है?

हाँ, बहुत सारे विचार उत्पन्न होते हैं, लेकिन वो विचार धीरे—धीरे जैसे ग़ायब होने की प्रक्रिया में हैं। हालाँकि पूरी तरह से ग़ायब नहीं होते। कई बार कविताएँ याद आ जाती हैं, कई बार नुसरत की कोई कव्वाली याद आ जाती है, कई बार उस्ताद की बातें याद

आ जाती हैं, कई बार रज़ा साहब की बातें याद आ जाती हैं। जो याद आता है, कैनवस पर उसकी मौजूदगी रहती है। अभी जैसे मैं चित्र बना रहा हूँ, इसी बीच मेरे मन में एकदम से विचार कौंधा कि रज़ा साहब एक कैनवस के सामने खड़े हैं और हाथ जोड़कर उसको उन्होंने सहजता से प्रणाम किया। वो कैसे कौंधा, कि मैंने सफ़ेद रंग लगाया। मुझे लगा कि ये सफ़ेद असल में अध्यात्म की तरह है। उसमें रज़ा साहब को कोई नहीं देख रहा है। वो गैलरी में अकेले खड़े हैं, लेकिन वह उसके सामने हाथ जोड़कर झुके हुए हैं। वह किसी को दिखा नहीं रहे। वह ख़ुद और कैनवस के बीच की जो बातचीत है वो कर रहे हैं। उनको सुनायी दे रहा है। मैंने कहा–देखो, ये सफ़ेद रंग में कितना कौंधा है! इससे पहले वो दृश्य मेरे सामने नहीं कौंधा, लेकिन सफ़ेद को देखकर ही वो कौंध गया। मुझे लगा कि हाँ, सफ़ेद रंग वाकई शान्त है। शायद वो सारे रंगों में सबसे ज़्यादा शान्त रंग है कि उसमें आप जो रंग मिलाओगे, वो वैसा बन जायेगा।

• पहली बार इतने सारे रंगों से अलग होकर किसी एक रंग को चुना है। पहले के रंगों की बहुत सारी स्मृतियाँ हैं, इतने सारे रंगों से आप चित्र बनाते रहे हैं, उन सबको छोड़कर केवल एक रंग को अपने चित्रण के लिए चुनना यह क्या है?

मेरे लिए किसी एक रंग को चुनना किसी नयी चीज़ को खोजने की तरह है। अभी तक मैंने बहुत सारे रंगों में चित्रण किया है, मगर उन सबको छोड़कर यदि मैं एक रंग के साथ ख़ुद को चित्रों में बरतता हूँ तो मेरे लिए यह किसी चीज़ को खोजने के प्रयास की तरह है।

• 'व्हाइट ऑन व्हाइट' जो आप कर रहे हैं?

व्हाइट ऑन व्हाइट मैं कर रहा हूँ। अब क्या हो रहा है, व्हाइट रंग के ऊपर जब व्हाइट लगा रहा हूँ, पहले तो वो दिखायी नहीं दे रहा है कि कुछ हो भी रहा है कि नहीं, लेकिन वो हो रहा है। बाद में जब टेप निकाल देता हूँ और फिर देखता हूँ तो मुझे

लगता है कि हाँ, ये तो हो रहा है। वो होना असल में एक प्लेफुलनेस है कि देखो, सफ़ेद के ऊपर सफ़ेद लगाकर भी वो अलग हो गये। यद्यपि सफ़ेद ही रंग है, लेकिन दो सफ़ेद को आपने लगाया और वो एक ही सफ़ेद है, फिर भी अस्तित्व को बदल गये, क्योंकि उसके नीचे एक और सफ़ेद था और दूसरे सफ़ेद के नीचे कोई सफ़ेद नहीं था, उसने अपना स्वभाव बदल लिया। ये रंग के स्वभाव को बदलने की जो प्रक्रिया है, यहाँ पर है। जैसे पहले मैं इतने सारे रंग लगाता था—नीला, पीला, लाल—मुझे बड़ा मज़ा आता था कि लाल के नीचे नीला दिख रहा है, लेकिन अब वो नीला ग़ायब है। अब वो सफ़ेद है और ऊपर भी सफ़ेद है। इन दोनों की जो बातचीत है, वो भी साथ आ रही है, ये भी साथ आ रही है। अब मैं इसका शब्दों में कैसे वर्णन करूँ! ये मेरे लिए मुश्किल है। जैसे एक दिन रज़ा साहब से मैंने कहा कि आपसे मिलकर मुझे भयमिश्रित आनन्द की प्राप्ति हो रही है। रज़ा साहब ने सुना 'भयमिश्रित आनन्द' तो उन्होंने कहा—वाह रफ़ीक़, तुम्हारी हिन्दी तो बहुत अच्छी है। असल में ये शब्द मैंने किताब में पढ़ा था। कहीं लिखा हुआ था कि 'भयमिश्रित आनन्द का वर्णन मैं कैसे करूँ?' वो ही मैंने वहाँ लगा दिया। फिर मुझे भी समझ में आया। तो कहीं आपको डर भी लग रहा है कि क्या होगा और आनन्द भी आ रहा है। भयमिश्रित आनन्द, यानी डर भी है और मज़ा भी आ रहा है। फिर मुझे समझ में आया कि जब बड़े कलाकार—'पिकासो', 'वॉनगॉग' या 'पॉल क्ले' के कम्पोजिशन देखते हैं तो फिर आपको कौंधता है कि ये देखो, इसने क्या रंग लगाया है, नीले के पास एक पीली लाइन खींच दी। क्या मैं ये लाइन उठाकर अपने कैनवस के ऊपर परखकर देखूँ। अभी मैं जो व्हाइट कर रहा हूँ, उसमें उन सारे रंगों को हटाकर! वो जो बरतने वाला है कि इतने सारी कौंधें हैं, आप उन सबको हटा दो, साफ़ कर दो। क्योंकि इतने साल से मैं कर रहा था—नीला, पीला। वहाँ से ये ले लिया, यहाँ से वो ले लिया और मिक्स करके बढ़िया, जो आँखों को मज़ेदार लगे और खोजने में आप लग गये। लेकिन, अब जो प्रोसेस है और जो उन सबको हटाना है। ये बड़ा मुश्किल काम है कि जो आपने इतने समय से कर रखे हैं, उन सबको हटा दें और एक नये रंग में कर रहे हैं

और दूसरे को हाथ भी न लगायें, ये बहुत मुश्किल काम है। उसी को मैं अभी कर रहा हूँ।

• आपके चित्रों में जो रेखाएँ दिखती हैं, उनमें कहीं–न–कहीं ड्रॉइंग समझ में आती है। ड्रॉइंग को लेकर मन में क्या चलता है?

हाँ, बिलकुल! मैं अक्सर अकेला जब भी बैठता हूँ, स्कैच बुक मेंटेन करता हूँ। कुछ भी, जैसे न्यूज़ पेपर पर भी ड्रॉइंग करता रहता हूँ। मुझे पेड़ की ड्रॉइंग करने में बहुत मज़ा आता है। उसमें मुझे जो एब्स्ट्रेक्ट फॉर्म नज़र आता है, मैं कोशिश करता हूँ कि अपनी पेंटिंग में पेड़ लगे और न भी लगे। कोई एकदम से पहचान न पाये कि ये पेड़ है, लेकिन सिर्फ़ मैं देख पाऊँ कि मैंने उस दिन वो ड्रॉइंग की थी। जैसे मैं कुछ समय पहले उदयपुर में था। जिस जगह था, वहाँ से बहुत बड़े–बड़े पहाड़ नज़र आ रहे थे। एक पहाड़ का नाम था–'स्लीपिंग ब्यूटी'। वो एक ऐसा पहाड़ है, जिसे देखने से लगता है कि वो सचमुच 'स्लीपिंग ब्यूटी' है।

• 'स्लीपिंग ब्यूटी' से एक चित्र याद आ रहा है 'हेनरी रूसो' का 'स्लीपिंग जिप्सी'।

हाँ, बिलकुल! यहाँ पर स्लीपिंग ब्यूटी है। मैंने लैण्डस्केप किया। मुझे ब्रश से काम करने में बहुत आनन्द आता है। मैं जहाँ पर भी जाता हूँ, मुझे लगता है कि ये कितना ख़ूबसूरत दृश्य है, इसे ज़रा मैं वाटर कलर या ऑइल कलर या बहुत छोटे–से में पेंट कर दूँ। उस पेंट करने में मैंने देखा एक नया फॉर्म! अभी आप 'व्हाइट ऑन व्हाइट' देखेंगे, उसमें कहीं–न–कहीं वो 'स्लीपिंग ब्यूटी' भी पेंट की है, लेकिन वो दिखायी नहीं देगी। जैसे मैंने तीन कैनवस लगाये हैं। पहले में व्हाइट किया, दूसरे में हलका–सा यलो और तीसरे में जब ब्लू का टच किया; तो वही रूपाकार, जो मैंने अभी कुछ समय पहले देखे, वो एक अलग तरीक़े से उसमें बनाने की कोशिश की और नहीं भी की। मतलब वो बन भी जाये। जैसे शुरुआत में मुझे ध्यान रहा कि क्या ये बनाया जाये? तो एक लाइन खींची, फिर मेरा मन बदल गया कि इसको तोड़ दो, हमें इसकी ज़रूरत नहीं।

हमें सिर्फ़ प्रक्रिया की ज़रूरत है कि यें चित्र ऐसा बने, जो कि मुझे ख़ुश कर दे और मेरे उस्ताद को भी अच्छा लगे।

• ये सारे चित्र आपके लिए क्या हैं?

असल में ये सारे चित्र ख़ुद को पाने की ही एक कोशिश है कि मैं जान जाऊँ कि क्या हूँ। मेरे चित्र ही मुझे बतायेंगे। जैसे चित्र बात करते हैं। जैसे हुसेन साहब ने कहा कि जब आप पेंट कर रहे होते हैं, तब आप एक माध्यम भर होते हैं। जैसे कि ब्रश, कैनवस या रंग हैं।

• रेखाओं को किस तरह से महसूस करते हैं?

मैं ज़्यादातर सीधी रेखाओं पर ही काम करना चाहता हूँ, क्योंकि सीधी रेखाओं का अनुसरण दूरियाँ कम करता है और जीवन भी। ये बात हिन्दी के ख्यात कवि और कलाविद् अशोक वाजपेयी ने कहीं लिखी है। जब मैंने इसको पढ़ा तो लगा कि शायद इसीलिए मैं सीधी रेखाएँ करता हूँ कि घूमकर न जायें। आप सहज हो जायें कि भटकाव न आये। इसीलिए वो सीधी रेखाएँ बनती हैं। इसीलिए वो क्रॉस हो जाते हैं। क्यों? क्योंकि सीधी रेखाएँ हैं तो वे आपस गें कहीं जब क्रॉरा करती हैं एक–दूरारे को, जब ओवरलेप करती हैं, एक के ऊपर से एक गुज़रती हैं तो वह क्रॉस बन जाता है, लेकिन क्रॉस बनने के बाद भी जब उसमें बीच में स्क्वेयर बनता है, तो वो पूरा व्हाइट छूट जाता है, कभी–कभी। इस पर मैंने कोई रंग ही नहीं लगाया और सब उसके इतर। बाक़ी इधर सारे रंग लगा चुका हूँ। वो इतनी मोटी परत हो गयी, लेकिन उसके साइड में बीचोबीच वो रंग ही नहीं लगा। ये रंग उस ख़ाली जगह की तरह है कि आपको सब कुछ पता भी है और कहीं डॉट ऐसा है कि जहाँ पर कुछ नहीं पता। आप उससे अनभिज्ञ हैं कि ये जगह कौन–सी है, क्या ये भी मैं पेंट कर दूँ। मुझे कभी नहीं लगा कि उसके ऊपर कलर करूँ। मुझे लगता है कि इसे ऐसा ही रहने दो, इसे ऐसा ही छोड़ दो कि कोई दर्शक सोचे कि क्यों यहाँ पर रंग नहीं लगा।

• चित्र में आप क्या खोजने का प्रयास करते हैं?

मुझे लगता है कि जब आप मेरा चित्र देखें, उसमें खेल जो हो रहा है, खोजने की जो प्रोसेस है, वो आप सहज देख पायें। अगर आप देखें तो उसके पीछे एक रंग लगा है, उसके पीछे भी और उसके पीछे भी। जो मैं खोज रहा हूँ, क्या आप वो खोजने की गति को देख पा रहे हैं? आप कम–से–कम ऐसे कैनवस को देख रहे हैं जहाँ पर कुछ रचा गया है। मैं चाहता हूँ कि दर्शक जब देखे तो वह उसको देखकर खोज की तरफ़ जाये, यह नहीं कि दिशा की ओर चला जाये। जैसे क़िस्से–कहानियों में खो जाये। चित्र क़िस्से–कहानियों की तरह हैं कि आपको एक कहानी याद दिला दें। जैसे 'गुएर्निका' को हम जब देखते हैं तो वो हमें एक समय की और ब्लैक एण्ड व्हाइट में भी जो एक युद्ध चल रहा है, उस कहानी को ही बतलाती है कि हाँ, देखो यह एक कहानी है। या 'मोनालिसा' को देखें। उसके पीछे जो लैण्डस्केप है या उसकी जो पोजिशन है, वो किसी कहानी या पुराने समय में ले जाती है।

• अपने चित्रों में प्रभाव को कितना महत्त्व देते हैं। जैसे मुझे लगता है कि आपके काम कई बार 'मोंद्रियान' की तरह भी दिखते हैं?

बिलकुल दिखते हैं! मैंने जब पहले काम शुरू किया था, तब 'मोंद्रियान' के काम नहीं देखे थे, लेकिन मैंने जब कई चित्र प्रदर्शित किये तो लोगों ने मुझसे कहा 'मोंद्रियान' के काम भी देखो। फिर मैंने देखे। वहाँ पर मैंने देखा कि वो बिलकुल अलग बात है। मैंने उनके कुछ कम्पोजिशंस को पेंट करने की भी कोशिश की। वहाँ से मुझे एक बात ज़रूर सीखने को मिली कि कम रेखाओं में भी आप उतना ही, जैसे अभी थोड़ी देर पहले कहा कि सिर्फ़ दो रेखाएँ बनीं और वहाँ पर चार रूपाकार हैं तो दस भी हैं। 'मोंद्रियान' में मैंने यह देखा कि कितनी कम रेखाओं में भी वह उतनी सारी बात कर रहे हैं। लेकिन, वो पीछे की चीज़ों की बात नहीं कर रहे, वो सिर्फ़ सपाट रंग लगाकर, उससे कैनवस के डिवीज़न में, लेकिन मैं उस कैनवस के डिवीज़न के पीछे भी काम करता हूँ। उसके पीछे भी एक कैनवस है। उसमें भी रूपाकार, रंग हैं। उसके ऊपर एक

और रंग है, उसके ऊपर भी एक और रंग, फिर उसके ऊपर एक और रंग। चूँकि वह महान् कलाकार हैं और मैं तो अभी उनके अँगूठे के बराबर भी नहीं हूँ।

• हम प्रभावों की बात कर रहे थे। प्रभाव आते हैं?

बिलकुल, प्रभाव आते हैं। मुझे तो इतने सारे प्रभाव आते हैं, लेकिन उनको जैसे ही एक जगह बनाने की कोशिश होती है और जब वो चित्र ख़त्म होता है, तब सारे प्रभाव ख़त्म हो जाते हैं। बचपन से मैं यही कोशिश करता हूँ कि किसी का प्रभाव न आये। ये अपने आपको पाने की जो गति है, असल में उसी गति को मैं खोज रहा हूँ कि मेरी गति क्या है। मैं साइकिल से चल रहा हूँ, बाइक से या पैदल। प्रभाव तो आते हैं कि देखो साइकिल से वहाँ तक पहुँच गया। लेकिन मुझे याद नहीं है, मेरे पास क्या है। वो प्रभाव एक समय तक ही सीमित रहता है और चित्र के ख़त्म होने तक वो प्रभाव भी चला जाता है। जैसे मैं ऑइल में काम करता हूँ। जब मैंने एक कैनवस पेंट किया, मान लो उसमें एक प्रभाव आया– 'मोंद्रियान', 'पिकासो' या किसी भी अन्य बड़े चित्रकार का, लेकिन जब मैं उसके ऊपर दूसरी लेयर करने जा रहा हूँ तो प्रभाव आधा कम हो जायेगा। एक नयी चीज़ मुझे वहाँ पर दिखायी दी। और जब मैं तीसरी बार कर रहा हूँ तब फिर वो ग़ायब हो गयी और आख़िरी में जब मैंने उसको फाइनल किया तो वो फिर सब बाहर हो जाते हैं। बाहर होकर मुझे लगा कि नहीं, यहाँ पर रफ़ीक़ है, क्योंकि मेरे लिए रफ़ीक़ को खोजना बहुत ज़रूरी है।

• चित्रण से पहले किस तरह के विचार रहते हैं मन में?

वही, जो मैं अभी बात कर रहा था। एक कैनवस के ऊपर चार रंग ही हैं। आपको चार रंग लगाना हैं, पर आप उसे किस तरह से लगायें। शब्दों में यदि हम अशोक जी की बात करें या पीयूष जी की या फिर अपने उस्ताद (अखिलेश) के शब्द पढ़ें, वो एक ही बात है, जो कई लोगों ने कही। लेकिन, उसको इतनी सरलता से, इतनी भव्यता से कहा कि उस बात का वज़न ज़्यादा हो गया। वो सब एक ही बात कह रहे हैं कि समय को आगे से पकड़ो,

पीछे से गंजा निकला तो! लेकिन ये जो शब्दों का चुनाव है और शब्दों को रखने की जो बात है, सबको पता है। कोई कहता है कि समय से आगे चलो, समय को पकड़कर रखो, समय निकल जायेगा। लेकिन, ये शब्द की ही बात है। उसी तरह से रंगों में भी कि मैं रंग उस तरह से लगाऊँ कि मेरा स्वभाव हो, अपनी एक सरलता हो और उसी प्रक्रिया को करने में मेरी सोच की प्रक्रिया चलती रहती है कि ये सरल और भव्य बन जाये! सरलता के साथ एक भव्यता को स्थापित करने की ही मेरी कोशिश है।

- **किस तरह की सोच होती है?**

जैसे कि एक छोटा या बड़ा रूपाकार बना। ये उसी तरह से है, जैसे एक छोटा शब्द रखा और एक भारी–भरकम शब्द रख दिया। एक पूरी बातचीत चल रही है। 'वागीश शुक्ल' की 'राम की शक्तिपूजा' को मैं पढ़ रहा हूँ। अब वो उसको कितने तरीक़े से बतला रहे हैं! शायद एक चित्र बनाना या एक कविता लिखना या गद्य लिखना कि अपने शब्दों को जिस तरह से रचते हैं या स्पेस को किस तरह से डिवाइड करते हैं। अब वागीश जी क्यों, मैं 'कृष्ण बलदेव वैद' की बात करूँ। वैद साहब के जो अट्ठाईस वाक्य अखिलेश जी के कैटलॉग में नज़र आते हैं, वह कहते हैं कि 'अखिलेश के जादू को मैं देखना चाहता हूँ, समझना नहीं। अगर समझ गया तो वो जादू का खेल भर रह जायेगा।' यही बात है कि मैं उस स्पेस को बरतना चाहता हूँ, उसको समझ गया तो शायद वो रहस्य ख़त्म हो जायेगा या उसको खोजने या पाने की जो कोशिश है वो ख़त्म हो जायेगी। 'गुज़र जा अक़्ल के आगे कि नूर चिरागे राह है मंज़िल नहीं।' तो उस चिरागे राह को मैं मंज़िल न मानकर उसके आगे की जो प्रक्रिया है, उसमें ही स्पेस को अपनी तरह से बरतता हूँ कि यहाँ मैंने एक स्क्वेयर बनाया है। इसके बाद एक अलग स्क्वेयर इसके ऊपर चढ़ेगा। यही अन्त नहीं है, इसके ऊपर एक और रूपाकार, एक और नयी परत आयेगी, एक और नयी स्पेस इसके ऊपर विभाजित होगी और उसके ऊपर एक और नया खोजने की प्रक्रिया आयेगी। ये एक चीज़ नहीं है। उसके आगे की प्रक्रिया में ही मैं चलता रहता हूँ कि सही तरीक़े से उस चीज़ को विभाजित

करूँ। अब जैसे गणित को पढ़ना ज़रूरी नहीं है। मसलन, अगर गणित के थीटा, भागित, गुणा, प्लस, माइनस भी मुझे ठीक से नहीं पता हैं, तो फिर मैं उन रेखाओं को कैसे ठीक से जान सकता हूँ। मुझे इनके बारे में पढ़ना चाहिए कि गणितज्ञ क्या बोल रहे हैं। बड़े गणितज्ञ रेखाओं के बारे में क्या बोल रहे हैं, ट्रैंगल के बारे में क्या बोल रहे हैं, स्क्वेयर जोड़ने के बारे में क्या बता रहे हैं। स्क्वेयर यानी प्लस, यानी कि दो चीज़ों को जोड़ दो। मेरे कैनवस के ऊपर वो प्लस बन रहा है, वह दो चीज़ों को जोड़ रहा है। कहीं माइनस बन रहा है तो वो दो रंगों को अलग कर रहा है। इसको भी समझने की प्रक्रिया मेरे काम में है। अब सामने वाला उसको देख पाये या न देख पाये, ये उसकी अपनी मनःस्थिति है, उसका अपना देखना है। लेकिन, मेरे लिए उन सबका महत्त्व बहुत ज़्यादा है। मुझे वो माइनस नज़र आ रहा है। आपको शायद वो सीधी रेखा नज़र आ रही है। मुझे भागित का निशान नज़र आ रहा है, थीटा का निशान नज़र आ रहा है या जितने भी निशान होते हैं, वो नज़र आ रहे हैं। प्लस है, दो चीज़ों को जोड़ रहा है। माइनस है, दो चीज़ों को घटा रहा है, लेकिन वो चीज़ें एक ही हैं। जोड़, घटाव तो हमारी कल्पना में हैं। दो चीज़ें अलग हो गयीं। गिनतियों की बात न करें, हम रंगों की बात करें, दो रंगों को अलग कर दिया और दो रंगों को जोड़ दिया। वही रेखाएँ, जो दो रंगों को अलग कर रही हैं, वो दो रंगों को जोड़ रही हैं।

- **आपके लिए दोनों में महत्त्वपूर्ण क्या है?**

मेरे लिए दोनों ही बहुत महत्त्वपूर्ण हैं। दो रंगों को जोड़ना या अलग करना, ये दोनों ही मेरे लिए बहुत महत्त्वपूर्ण हैं। मेरे लिए लाल रंग महत्त्वपूर्ण है, नीला नहीं, ऐसा नहीं है। मेरे लिए सारे ही रंग बहुत महत्त्वपूर्ण हैं। हाँ, मैंने कहीं पढ़ा है कि पिकासो ने कुछ साल सिर्फ़ नीले रंग में काम किया। मैं देखता हूँ कि अखिलेश कई सालों तक काले रंग में काम करते हैं, ताकि वह दूसरे रंग को भलीभाँति समझ पायें। आप बताइये, ये कितना मुश्किल है कि कोई व्यक्ति सिर्फ़ एक रंग में काम करके सारे रंगों को समझ ले? यह एक बहुत ही महत्त्वपूर्ण बात है। ये मेरे लिए बड़ा मुश्किल

था। मैं अपने आपको बहुत ही आम मानता हूँ कि मैं कैसे समझ पाऊँ। लेकिन, जब मैं उसमें घुसता हूँ, उनके पुराने चित्र देखता हूँ तो पता चलता है कि अरे! ये तो 'ब्लैक एण्ड व्हाइट' फ़िल्मों की तरह है कि 'यलो' भी नज़र आ गया। काले के उस आकार को उतना उन्होंने समझ लिया कि डार्क कहाँ है, लाइट कहाँ है, मीडियम कहाँ है और एकदम लाइट कहाँ है। ये जो समझने की प्रक्रिया है, उसी को मैं व्हाइट में समझने की कोशिश करता हूँ। अब मैंने जो नये चित्र बनाये हैं उनके बारे में कुछ नहीं कह सकता, लेकिन कुछ साल मैं अब सफ़ेद ही इस्तेमाल करूँगा और इसको समझने की कोशिश करूँगा। मैंने ख़ूब रंग लगाकर देख लिए, लेकिन फिर भी मेरे लिए समझ का फेरा है। अभी कुछ समझ में नहीं आ रहा है, लेकिन शायद सफ़ेद रंग से मैं उन सब चीज़ों को समझ पाऊँ, क्योंकि उस्तादों की बातें और उनके चित्र देखकर ही समझेंगे। उस्ताद ने अगर कुछ कहा है तो ज़रूर उसमें कुछ बात है!

• चित्रों के सम्बन्ध में परिवेश आपके लिए कितना महत्त्व रखता है?

जहाँ तक परिवेश की बात है, आप अलग–अलग जगह यात्रा करके, कभी यहाँ, कभी वहाँ, इससे बहुत सारी चीज़ों को समझते हैं। एक जगह रहने से शायद आप जड़ भी हो सकते हैं, लेकिन जब आप भ्रमण करते रहते हैं तो नया खान–पान, नयी आबोहवा, नये पहनावे, बहुत कुछ नया आपको समझ आता है। जैसे मैं अभी राजस्थान गया था। वहाँ रंग भी नये नज़र आते हैं, लैण्डस्केप चेंज होते हैं। वहाँ एक अलग ब्लू दिखता है, मध्य प्रदेश में एक अलग ब्लू दिखता है। मैं मनाली गया, वहाँ के पहाड़ों में मुझे अलग तरह के रंग नज़र आये। मुझे लगता है कि कलाकार को यात्राएँ करते रहना चाहिए। जैसे 'वॉनगॉग' अपना झोला और कैनवस टाँगकर घण्टों मीलोमील पैदल चलकर ढूँढ़ रहा है कि मैं क्या चित्र बनाऊँ, क्या लैण्डस्केप रचूँ। और वह बात कर रहा है अपने एक मित्र से। उसका मित्र कह रहा है कि 'तुम फटाफट रंग लगा देते हो, तुम्हें कुछ आता नहीं है, तुमने ऐसे मोटे–मोटे, जल्दी–जल्दी रंग लगा दिये।' तब वॉन गॉग कहता है–'नहीं, नहीं, मैंने जल्दी रंग नहीं लगाये, तुम जल्दी–जल्दी देख रहे हो।'

• आपके देखने में जल्दी है...?

हाँ, आपके देखने में जल्दी है। ज़रा रुको तो सही, देखो तो सही क्या है। बस, यही बात है कि आप रुकें तो सही, एक दृश्य को देखें तो सही! तो देखने की ही बात है। हमारे उस्ताद हमेशा बोलते हैं कि 'देखते रहो, देखना सीख लो पहले।' इसीलिए शायद जब मैं अपने गाँव में हूँ, यहाँ पर मैं अलग तरीक़े से देखता हूँ, क्योंकि मेरी माँ साथ में है, मेरा भाई साथ में है तो मेरे लिए वो नीला रंग एक अलग अनुभव दे रहा है। लेकिन, जब मैं दिल्ली में हूँ, अकेला हूँ तो मेरे लिए वो नीला रंग अलग अनुभव दे रहा है। मैं अपनी पत्नी के साथ भुवनेश्वर में हूँ तो वो नीला रंग मेरे लिए अलग अनुभव दे रहा है। एक ही रंग अलग–अलग अनुभव भी दे देता है। जैसे 'डेमियन हर्स्ट' की जितनी भी कलाकृतियाँ देखता हूँ, वह बात करता है तितलियों को लेकर। वो तितलियों को पेंट कर देता है, उसमें भी वह बात करता है कि देखो, इसके रंग। या 'अनीश कपूर' जो नीला रंग लगाते हैं, उनका ब्लैक डेप्थ में चला जाता है। कितनी सफ़ाई से एक ही रंग को अलग अनुभव की तरह ले जाते हैं। 'पिकासो' का नीला देखकर आपको एक अलग अनुभव होगा और 'अनीश कपूर' का नीला देखकर अलग। नीला तो नीला है, अलग परिवेश में यह समझ में आता है कि अरे हाँ, ये पेड़ का रंग अलग है, इस पेड़ का रंग अलग और पेड़ की हर पत्ती अलग है। जिस तरह एक पत्ती दूसरी पत्ती से मेल नहीं खाती, उसी तरह से एक रंग भी दूसरे कैनवस से, चाहे वो एक ही रंग हो, एक ही डिब्बे का हो, अलग लगेगा। और इसमें अन्तर भी है, उसी अन्तर को देखने का एक मज़ा है। उसी मज़े के लिए मैं चित्र बना रहा हूँ।

• आपके चित्र अपने लिए तकनीक से बाहर कब हो जाते हैं?

जैसे ही मैं एक रेखा खींचता हूँ, मेरे चित्र तकनीक से बाहर चले जाते हैं, क्योंकि मुझे कई बार चित्रों में, जैसे आपने देखे भी होंगे, टेक्सचर भी आ रहे हैं। एक जगह टेक्सचर है, बाक़ी सब जगह फ़्लैट है। मैं उसे तकनीक के माध्यम से फ़्लैट भी कर सकता हूँ। तकनीक के माध्यम से टेक्सचर भी कर सकता हूँ, लेकिन उसे

खोजने की प्रक्रिया में वहाँ पर मुझे उस तरह से बड़ा ही सुखद अनुभव हो रहा है, तो मैंने उसे वहाँ ही छोड़ दिया। मुझे पता है कि यह तकनीक है और तकनीक पेंटिंग में, मेरे उस्ताद हमेशा कहते हैं कि 'देखो, इफेक्ट कोई पेंटिंग नहीं होती, पेंट होता है, जो आपने अवचेतन मनोभाव से किया हो कि ये रंग आपने लगाया है, न कि लग गया है, लग गया न कि लगाया है।' इसको ही समझने में अभी मेरा जीवन चल रहा है कि वो जान–बूझकर लगाया है या लग गया है। अभी ये नहीं पता रहता। उसी को पता करने की मेरी कोशिश है। मसलन, अभी मेरी शादी हुई, नीलांशु से। मैंने उनके धर्म को अपनाया, पूजा–पाठ किया, यज्ञ किया। उसका जो अनुभव था, वो एक अलग सुखद अनुभव की तरह लग रहा था कि ये पेंटिंग की तरह चल रहा है। एक नया चित्र मैं रच रहा हूँ। जब यह प्रक्रिया हो रही है, मैं यज्ञ में बैठा हूँ और घी डाल रहा हूँ, लकड़ी डाल रहा हूँ और कई सारी चीज़ें डाल रहा हूँ, तब ये भी मुझे चित्र की तरह लग रहा था कि देखो, नीले रंग की जगह आपने घी डाल दिया और लकड़ी डाल दी है, आपने ये लगा दिया। यह भी एक पेंटिंग है। यह भी मेरे जीवन में घटा। उससे मेरे समझने की प्रक्रिया में कई बदलाव आये। जब आप एक नयी चीज़ को समझते हैं, एक नयी चीज़ आपको पता चलती है तो नया ही चित्र में घटता है। वो भी घटा है। आप देखेंगे तो आपको पता भी चलेगा। ये मैं बताना ही भूल गया। आप नये चित्र देखेंगे तो आपको ज़रूर यह समझ में आयेगा कि कुछ नयी चीज़ें घट रही हैं। अभी आपने पुराने चित्र देखे हैं, यदि नये चित्र देखेंगे तो उसमें एक नया अनुभव, जो यज्ञ का या पूजा का अनुभव है, आपको समझ आयेगा। यह सम्भवतः रेखाओं के माध्यम से समझ आये। उस समय मैं बैठा हूँ, मुझे समझ में आ रहा है कि घी डाला और एक भागित वाला निशान बन रहा है, लकड़ी डाल रहा हूँ तो क्रॉस बन रहा है।

• समग्रता में चित्र बनाना आपके लिए क्या है?

समग्रता में चित्र बनाना मेरे लिए ख़ुद को ही देखने का एक आईना है। उसमें अगर मेरी झलक नज़र आ गयी तो मैं सफल हूँ

और किसी ने उसको देख लिया कि 'ये तो रफ़ीक़ है'। 'रफ़ीक़' यानी दोस्त! अगर मेरा चित्र किसी का दोस्त बन जाये तो वो मेरे लिए सफलता है। मैं 'दोस्त' को ही रचने की कोशिश करता हूँ, जो मेरा सबसे प्रिय सखा है। चित्र समग्रता में मेरे लिए यही है।

• **आपके पसन्दीदा चित्रकार?**

मेरे पसन्दीदा चित्रकारों की सूची तो बहुत लम्बी है, मुझे सबसे ज़्यादा अखिलेश के ही चित्र पसन्द हैं। क्यों? अब ये सवाल भी मैं अपने आपसे ही पूछता हूँ कि क्यों भाई, चित्रकार तो बहुतेरे हैं, लेकिन मैं देखता हूँ कि अखिलेश अपने चित्र में ख़ुद नज़र आते हैं। उनका होना उस चित्र में भी होता है।

• **क्या एक चित्रकार का अपने चित्र में होना ज़रूरी है?**

मुझे ऐसा लगता है। अब ये होना चाहिए कि नहीं होना चाहिए, इस पर बहस हो सकती है। मुझे लगता है कि चित्रकार जैसा है, वैसा ही उसका चित्र होना चाहिए और वो मुझे किसी में दिखता है तो सबसे पहले, क्योंकि ज़्यादा चित्रकार मित्रों से मेरा इतना सम्पर्क नहीं रहा, लेकिन जिनसे रहा, मेरे सामने मेरे उस्ताद हैं। मैं देखता हूँ कि उस्ताद जिस तरह से व्यवहार करते हैं, उनका चित्र भी उसी तरह से व्यवहार करता है। वे जितनी सरलता से चित्र में दिखते हैं, उतने ही सरल वो अपने जीवन में हैं। मैं उन्हीं की तरह बनना चाहता हूँ कि कभी ऐसा चित्र बना पाऊँ कि रफ़ीक़ दिखने लगे उसमें।

• **...और रज़ा के चित्रों या रंगों के बारे में क्या कहेंगे?**

रज़ा साहब की एक चीज़ मुझे सबसे कमाल की लगती है कि वह अपने चित्र के प्रति इतने कृतज्ञ हैं, इतने जुड़े हुए हैं कि जब उनके चित्र देखते हैं तो उनकी बातचीत सुनायी देने लगती है। उनके रंग पर अगर मैं सालभर या जीवनभर भी बात करूँ तो भी कम होगा। मैंने उन्हें एक–दो बार चित्र पर काम करते देखा है उनके स्टूडियो में, कितनी सहजता से उससे बात कर रहे हैं, पीछे

आप बैठे हुए हैं और वे लगे हैं अपने काम में इतने इत्मीनान से कि दो बिछड़े हुए मित्र आपस में बात कर रहे हैं। कैनवस है और रज़ा साहब हैं। उनका इतना बड़ा हृदय होना कि उसमें सारी दुनिया के लिए और शायद पूरे ब्रह्माण्ड के लिए जगह है। यह मुझे बहुत प्रेरित करता है कि एक इन्सान का इतना बड़ा हृदय होना चाहिए। उनके रंग तो ऐसे हैं कि बाप रे! एक काले बिन्दु को लेकर! मैंने उनकी बहुत पुस्तकें पढ़ी हैं, ख़ूब सारे कैटलॉग और लाइव चित्र देखे हैं। उनसे इतना सम्बन्ध भी रहा है। तो जो भी कहूँगा, वो कम ही होगा उनके लिए। वो इतने बड़े कलाकार हैं! उनसे मुझे यह सीखने को ज़रूर मिलता है कि अपने चित्र से आप इतने ईमानदार हो जाओ कि वो बात करने लगे। वो आपका सबसे अच्छा सखा बन जाये। चित्र देखते ही पता चलता है कि रज़ा साहब कितने जुड़े हुए हैं।

• आपके चित्रों को देखते हुए एक चीज़ नज़र आती है उनके पैटर्न या डिज़ाइन में बदलाव की सम्भावना?

हाँ, बिलकुल लगता है। मुझे भी लगता है। मैं वही तो कोशिश कर रहा हूँ कि उससे बाहर आ जाऊँ। वो चित्र की तरह लगे, डिज़ाइन की तरह न लगे। वो कपड़े की शॉल की तरह, शॉल का डिज़ाइन या कपड़े का डिज़ाइन न हो जाये, वो चित्र की तरह लगे। अब भी शायद यही स्थिति है। मैं उसको पा नहीं पाया हूँ। अठारह–बीस साल से पेंट कर रहा हूँ, लेकिन अभी तक मैं उससे बाहर नहीं निकल पाया हूँ। मगर, निकलूँगा ज़रूर। और मैं इसी कोशिश में हूँ कि किसी दिन शायद उस डिज़ाइन से बाहर निकलकर कि वो एक चित्र की तरह लगे, डिज़ाइन की तरह नहीं या एक पैटर्न की तरह न बन जाये कि रफ़ीक़ अपने चित्र में आड़ी–तिरछी रेखाओं में चार रंग भर देगा। नहीं। जब वो चार रंग, वैसे एक ही बात है न, कैनवस पर चार रंग लगाना ही है और चार रंग आप लगाओगे तो वो अच्छे ही लगना हैं, लेकिन वो चित्र की तरह लगे। मैं इसी उधेड़बुन में लगा हूँ कि वो चित्र बन जाये, पैटर्न नहीं और मैं अभी उससे करोड़ों मील दूर हूँ।

• सबसे महत्त्वपूर्ण क्या है ख़ुद के चित्रों में?

मेरे चित्र में सबसे अहम अपने आपको ही चित्रित करने की प्रक्रिया है कि मैं साहिल बन जाऊँ, एक अच्छा इन्सान बन जाऊँ और उसी के लिए मैं चित्र बना रहा हूँ। जो सबसे मुख्य मुद्दा है कि वही कहानी–क़िस्से हैं मेरे जीवन में, जो दादी सुनाती है और आज भी मुझे कहानी–क़िस्से बहुत पसन्द हैं और चित्रों में भी वही सबकुछ हो। रफ़ीक़ का चित्र देखकर आपको पता चल जाये कि 'ये रफ़ीक़ हैं भाई, दोस्त हैं ये!'

• चित्र में जो संघर्ष चल रहा है...?

बहुत ही भयानक संघर्ष है। जैसे ही चित्र बनता है, वो मुझे आगाह कर देता है–नहीं, नहीं भाई, मैं तुमसे बहुत आगे हूँ। तुम तो अभी यहाँ भी नहीं पहुँचे। लाखों–करोड़ों प्रकाशवर्ष दूर हूँ मैं अभी। तुम तो आओ, ट्रेवल करो और मैं जानूँ ऐसा। अभी तो कुछ नहीं किया है मैंने, लेकिन मैं करना चाहता हूँ। मैं वहाँ तक पहुँचना चाहता हूँ। पहुँचना चाहता हूँ क्या, मैं सिर्फ़ चलते रहना चाहता हूँ उस दिशा में। शायद कल मैं वहाँ पहुँचूँ, फिर वो मेरे लिए आगे निकल जाये।

• क्या चित्र बनाने के बाद किसी तरह की आत्मसन्तुष्टि का भाव महसूस होता है?

नहीं! अभी तक तो बहुत ही मुश्किल से। हाँ, कई बार होती है। जैसे मैं अपने ही चित्र को देखकर बड़ा सन्तुष्ट हो जाता हूँ, फिर आधा घण्टे बाद वो सन्तुष्टि ग़ायब हो जाती है। थोड़ी देर के लिए मैं सन्तुष्ट हुआ कि वाह–वाह! बहुत अच्छा है, क्या इफेक्ट आ रहा है, क्या मज़ा आ रहा है, क्या ख़ूबसूरत दृश्य नज़र आ रहा है। लेकिन, मैं आधा घण्टे तक उसे देखता हूँ, फिर सोचता हूँ कि नहीं, इस दृश्य से काम नहीं बनेगा, एक नया दृश्य चाहिए, जो कि एक अलग अनुभव को। मुझे लगता है कि ये तो नक़ली लग रहा है। ये रेखा खींचने में तो तुम नक़ली हो गये हो। रंग चुनने में तुम्हारा चुनाव नक़ली था या तुम उससे इतने प्रभावित हो गये कि अन्त तक वो ग़ायब भी नहीं हुआ। जैसे आपने कहा था

न कि कई बार किसी के प्रभाव में पड़कर जो मैं प्रदर्शित करता हूँ, लेकिन कई बार ऐसा होता है कि अन्त तक ग़ायब हुआ है उसका प्रभाव। वो एक झलक में तो ग़ायब हो गया, लेकिन उसको लगातार देखा तो पता चला कि नहीं, ये तो अभी भी वहीं खड़ा है। इससे आगे की बात करो रफ़ीक़। ऐसा होता है।

• आपकी पसन्द के रंग?

वैसे तो सारे रंग मुझे पसन्द हैं, लेकिन मैं नीला रंग लगाता हूँ तो वो बहुत मज़ेदार लगता है। या ऐसा भी हो सकता है कि नीले रंग के ऊपर इतने सारे लोगों ने बात की है, नीले के बारे में जितना सुना है, उससे आपको अलग–सा प्रेम तो हो ही जाता है, आप उसे जब लगाते हो। आसमान में भी सबसे ज़्यादा कोई रंग दिखता है तो वह नीला ही नज़र आता है। उससे तो एक अलग–सा प्रेम है ही। और मैं कोशिश करता हूँ कि नीले रंग का ज़रूर कहीं–न–कहीं एक स्ट्रोक लगा दूँ।

• आप अमूर्तन को किस तरह से परिभाषित करेंगे?

अमूर्तन में भी देखने की स्वतन्त्रता है। जैसे अगर मैंने हाथी बनाया है तो आप उसे गधा भी देख सकते हैं और घोड़ा भी। चित्रों में देखने की जो स्वतन्त्रता है, वो सिर्फ़ अमूर्तन में ही मिलती है। बाक़ी कोई रियलिस्टिक या फिगरेटिव पेंटिंग नहीं दे सकती, क्योंकि अगर मैंने पेड़ बनाया है तो आप पेड़ ही देख सकते हैं। पेड़ से अलग आप सोच भी नहीं सकते, लेकिन अमूर्त में मैंने पेड़ बनाया है तो आप उसे कुत्ता देख लो।

• आप अपने चित्रों को मूर्त और अमूर्त के मध्य कहाँ रखते हैं?

यहीं पर। मैंने अभी कहा था कि वो जो दिख भी रहा है और नहीं भी दिखे। मैंने 'स्लीपिंग लेडी' बनायी, वो मुझे दिखायी दे, लेकिन शायद देखने वाले को वो 'स्लीपिंग लेडी' दिखायी न दे। वही रूपाकार अमूर्तन में आ जाये, कि वो होकर भी न हो। मैं उसके

बीच में कहीं खड़ा होना चाहता हूँ। मतलब, वो केवल मुझे ही समझ में आये कि मैंने एक आकार बनाया है, सामने वाले को शायद वो कुछ और दिखे। मैं उसकी स्वतन्त्रता में कोई हस्तक्षेप नहीं करना चाहता। वो स्वतन्त्र रहे, मैं उसे किसी चीज़ में न बाँधूँ। इसीलिए मैं अपने चित्रों के शीर्षक भी नहीं देता। इसमें कोई बन्दिश नहीं है।

शीर्षक में बाँधना चित्र को उसी तरह से देखने के लिए मजबूर कर देता है। अमूर्त स्वतन्त्रता है, इसीलिए मुझे सबसे अच्छा यही लगता है। दूसरी बात, मैं ऐसा नहीं कह रहा हूँ कि फिगरेटिव बहुत कमज़ोर है या उसमें कुछ कमियाँ हैं। वो अपनी जगह पर बहुत ही आगे है। जैसे 'माइकल एंजेलो' और 'लियोनार्दो विंची' के फिगरेटिव काम आप देखो तो ग्रेट मास्टर हैं। उन्होंने क्या काम किया है! मुझे लगता है कि मैं करूँ तो उससे आगे करूँ। वो मेरे लिए शायद सम्भव नहीं है, क्योंकि उसके लिए मुझे बहुत ही अलग तरीक़े से विचार करने होंगे और अलग तरीक़े से अपने हाथ की प्रक्रिया और सबकुछ करना होगा। लेकिन, अमूर्तन में मेरा ऐसा कुछ विचार आ सकता है, कुछ ऐसा मैं रच सकता हूँ।

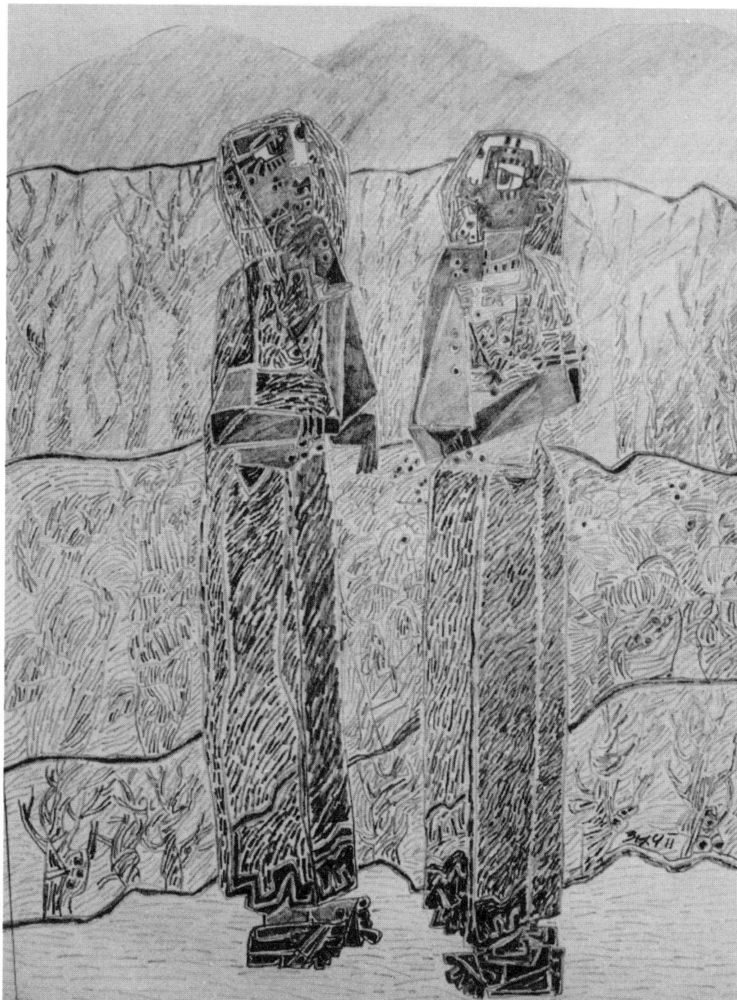

चित्र को देखना भी एक बहुत बड़ी कला है

अनूप श्रीवास्तव

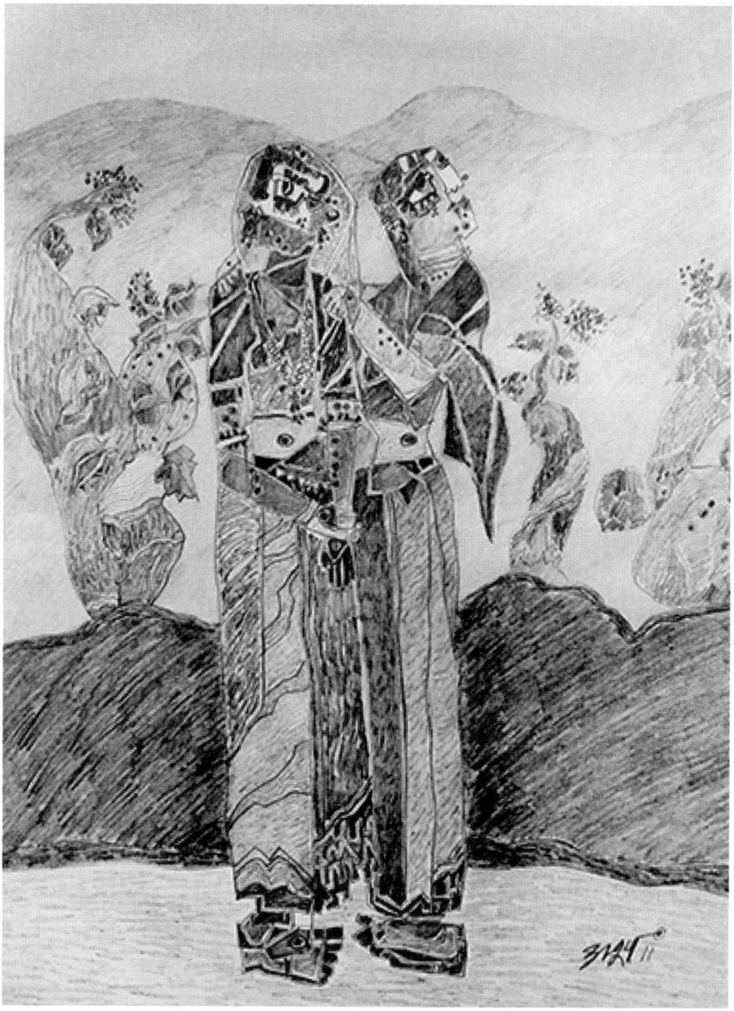

लोक जीवन की कई भिन्न छवियों को आधार बनाकर चित्रण करने वाले अनूप के चित्रों में आंचलिकता की महत्त्वपूर्ण मौजूदगी दिखायी देती है। वे आदिवासी और लोक की स्थानीयता से चित्रण के लिए प्रेरणा पाते रहे हैं। आदिवासी स्त्री व पुरुष, उनके रीति–रिवाज, उनका पहनावा, उनके वस्त्रों का रंग–चयन, शरीर पर चित्रित पारम्परिक गोदना, तीज–त्योहार व साप्ताहिक हाट–बाज़ार, सब कुछ चित्रों की विषय–वस्तु बनते चले गये तथा मालवा के भूदृश्य और स्थापत्य उनके चित्रों की विषय–वस्तु में सहज ढंग से शामिल रहे हैं। इस परिवेश को देखकर ही सबसे पहले अनूप रेखांकन करने की तरफ़ आकृष्ट हुए थे। चित्रों के लिए वे रेखांकन महत्त्वपूर्ण मानते हैं, लगातार रेखांकन करते हुए और उनको देखते हुए उन्हें चित्रों में परिवर्तित करने पर विचार करते हैं। जिस तरह की रेखाओं से वे अपनी चित्राकृतियों को निर्मित करते हैं, उससे उनके रेखांकन की बेहतर रियाज़ स्पष्ट तौर पर प्रकट होती है। चित्रकला की अकादेमिक शिक्षा के बहुत पहले से अनूप रेखांकन का रियाज़ करते रहे हैं। किसी चित्र को देखना भी एक बहुत बड़ी कला है। लगातार रेखांकन आपको चित्रों के प्रति बहुत ही स्पष्ट कर देते हैं। इससे आप में दृष्टि का विकास होने लगता है। किसी चित्र में मौजूद रंग और रेखाओं को देखते हुए ख़ुद के स्तर पर क्या अनुभूत करते हैं? और कितनी शिद्दत से उसको महसूस कर सकते हैं? हम अपने देखने से यह तय करते

हैं कि एक चित्र अपने में कितना सुन्दर, कितना गहरा और कितना विचारशील हो सकता है, यह सब बातें एक चित्रकार अपनी चित्रात्मक रियाज़ के दौरान ही महसूस कर सकता है। अपने चित्रों के लिए सभी अनिवार्य तत्त्वों को वे रेखांकन के माध्यम से पाने का प्रयास करते हैं। अनूप के अधिकांश चित्रों की एक चश्म आकृतियाँ, जिनको उन्होंने गहरे काले रंगों से लगाकर नीले रंगों तक में चित्रित किया है, वह उनके परिवेश की स्मृति के स्थायी रूपाकार की तरह मौजूद है। आप किसी एक रूपाकार या रंग के साथ लम्बे समय तक भी काम कर सकते हैं, पर धीरे–धीरे कहीं–न–कहीं वह रूपाकार शायद ख़ुद ही रूप को परिवर्तित करवा लेता है। चित्रकला में ऐसे बहुत से उदाहरण हैं। लगातार काम करते हुए उसमें परिवर्तन महसूस कर सकते हैं–रूपाकार, रंग और समग्र चित्रण के स्तर पर। वे मानते हैं कि ''किसी रूपाकार के लिए जब हम उसका रेखांकन करते हैं, उसके बाद हम उसमें रंगों को शामिल करते हैं तो उसमें ध्यान रखना होता है कि दोनों के मध्य बेहतर और सन्तुलित तालमेल बने और उस रेखा का महत्त्व आख़िर तक वैसा ही बना रहे। ये शुरुआत में ही थोड़ा समझना होता है, फिर बाद में ये धीरे–धीरे सहज हो जाता है।'' एक ही तरह के रूपाकार को लगातार चित्रित करना शायद उन्हें ज़्यादा सुहाता है। उनके चित्रों में मौजूद रूपाकारों को देखकर आप इस बात को सहज ढंग से समझ सकते हैं, इसमें रंग संयोजन या विषय–वस्तु ज़रूर अलग हो सकती है। अपने चित्रकर्म के लिए अनूप यात्राओं से प्रेरणा लेते हैं। अधिकांश मौक़ों पर वे अपने चित्रों में रंग और रेखाओं के साहचर्य से इस बात को इंगित भी करते रहते हैं।

• चित्र बनाना आपके लिए क्या है? क्या उसकी रचना–प्रक्रिया में कोई वैचारिक आधार होता है?

चित्र बनाना मेरे लिए एक उत्सव की तरह है। इस उत्सव में

शामिल होने के लिए मेरा उत्साह दोगुना होता है। चित्र बनाने के लिए एक कैनवस को तैयार करने तक इस उत्साह और ख़ुशी को मैं बहुत ही शिद्दत से ख़ुद में महसूस करता हूँ और फिर शुरू होता है रंगों, रेखाओं और विचार की एक यात्रा का उत्सव। चित्र बनाने के पहले कई प्रकार की कल्पनाएँ मेरे मन में शुरू हो जाती हैं। और इन सारी कल्पनाओं से गुज़रकर ख़ुद को एक चित्र के सामने पाता हूँ। जब मैं अपने किसी चित्र के सामने होता हूँ तो सबकुछ भूलकर उस लय, मस्ती व उत्साह से शामिल होते हुए मैं चित्र निर्माण की प्रक्रिया में जुट जाता हूँ।

• क्या आपको रचनात्मकता में कहीं 'प्रभाव' महसूस होते हैं? यदि कृति में वह मौजूद हैं तो वे किस तरह से प्रकट होते हैं? क्या कोई कृति प्रभावों से मुक्त हो सकती है? किसी कृति को रचने के दौरान क्या किसी कलाकार या पूर्व में निर्मित किसी की कृति की स्मृति आपके साथ रहती है?

पहले देश, फिर प्रदेश, शहर, मुहल्ला, परिवार, दोस्त और बहुत कुछ जिनका प्रभाव होता है। मैं भारत के मध्य प्रदेश के राजा भोज की नगरी 'धार' शहर का रहने वाला हूँ। राजा भोज सरस्वती के आराधक थे। धार साधना का बड़ा केन्द्र रहा है। धार सांस्कृतिक नगर होने के साथ–साथ आदिवासी अंचल भी है, जिसको मैं बचपन से देखता आ रहा हूँ। मुझे आदिवासी व इस अंचल की परम्परा और उत्सव के प्रति उत्सुकता हमेशा से ही रही है। उनकी परम्परा को जानने–समझने के लिए मैं इस समग्र अंचल की लगातार यात्राएँ करता रहा हूँ। मेरे चित्रों के विषय भी इनके दैनिक जीवन, इस अंचल की प्रकृति, यहाँ मौजूद माण्डू जैसे स्थापत्य रहे हैं। बावजूद इसके कभी भी मेरे चित्रों में इनका सीधा प्रभाव नहीं आया। इन सभी को देखते व महसूस करते मैंने वैसा ही चित्रित नहीं किया, जैसे वे हैं। मैंने इन्हें अपनी नज़र से देखा और चित्रित किया। जब मैं चित्र के साथ होता हूँ, तब सिर्फ़ चित्र बना रहा होता हूँ बिना कुछ सोचे। चित्र में प्रभाव अनायास ही नज़र आ सकता है। मैं स्वतन्त्र ढंग से रेखा व रंगों के साथ अपने चित्र को संयोजित करता हूँ। ऐसा हो सकता है कि पिता का अपने पुत्र पर प्रभाव

होता है। बातों में, हाव–भाव आदि में, पर यह सब वह जानबूझकर नहीं करता, ये अनायास ही नज़र आता है। यहाँ प्रश्न है कि क्या कोई कृति प्रभावों से मुक्त हो सकती है? मैं अपने चित्रों में मौलिकता को स्थापित करना चाहता हूँ। यहाँ देखना भी एक बड़ी चुनौती है। अक्सर लोग देखते समय अपने पर पड़े प्रभाव या स्मृतियों को दूसरे के चित्र से जोड़कर देखते हैं, मगर किसी कृति को प्रभाव से मुक्त होकर देखना सबसे महत्त्वपूर्ण होता है। यहाँ मैं अपना एक अनुभव साझा करूँगा। मैंने अपने दोस्तों के साथ एक ग्रुप शो किया था, जिसमें हम पन्द्रह कलाकार थे। सभी ने छोटे आकार के पाँच या दस चित्र लगाये थे। मैंने यहाँ एक बड़े आकार में लैण्डस्केप प्रदर्शित किया था, जिसको अपनी झाबुआ यात्रा में देखा था। अपने बड़े आकार की वजह से वह दर्शकों का ध्यान अपनी तरफ़ खींच रहा था। इसको देखते हुए दर्शकों की बहुत ही भिन्न प्रतिक्रियाएँ सामने आयीं। किसी को इसका एक कोना पसन्द आ रहा था तो किसी को वह हुसेन के किसी चित्र की याद दिला रहा था। किसी कृति को देखते हुए प्रभाव व स्मृतियों का आना एक सहज बात है। किसी चित्र का आकार और उसकी रेखाएँ किसी की तरह हो सकती हैं, यह देखने वाले पर निर्भर करता है।

• अपनी रचना–प्रक्रिया व अपने देखने में आपके लिए सबसे महत्त्वपूर्ण क्या है? क्या आप अन्य कला माध्यमों पर भी विचार करते हैं? क्या अन्य कलाओं के साथ आपका किसी तरह का परस्पर सम्बन्ध बन पाता है?

'रंग' को मैं अपनी रचना–प्रक्रिया व देखने में सबसे महत्त्वपूर्ण मानता हूँ। मैंने 2014 में बीस चित्र बनाये थे। प्रदर्शनी में से बचे हुए चित्रों को मैं अपने स्टूडियो की दीवार पर लगाता हूँ। इस बार जो चित्र लगाया था, वह एक व्यक्ति चित्र (पोर्ट्रेट) था, जिसमें मैंने पीले रंग से गरमी या फ़सल पकने को दर्शाया था। पीले रंग के स्ट्रोक पूरे चित्र में यहाँ–वहाँ लगे हैं। इस चित्र को मैं रोज़ आते–जाते देखता। कुछ दिनों में चित्रों के साथ एक अलग–सा आनन्द आता है। मुझे लगता है यह चित्र मेरे लिए बहुत महत्त्वपूर्ण है। मेरे आर्ट कॉलेज के एक अध्यापक, जिनसे मैं बेहद प्रभावित रहा, कृष्ण

भक्ति परम्परा के अनुयायी हैं। उनका आधे से ज़्यादा जीवन मालवा अंचल में बीता। वे ऋतुओं, रंगों को बहुत गहराई से देखते हैं। वे जब इन पर बात करते हैं तो महसूस होता है कि उन्हें यहाँ (मालवा) के रंगों के प्रति कितनी समझ है। वे रंगों के प्रभावों को भी बहुत अच्छे से जानते हैं। कुछ समय पहले भारत भवन में रज़ा साहब के चित्रों की प्रदर्शनी लगी थी। मैंने उसको कई बार देखा। रोज़ जाता था उनके चित्रों के सामने अपने आपको समृद्ध करने के लिए। वहाँ बड़े व छोटे आकार के कुछ चित्र थे। इनमें एक चित्र ब्लैक कैनवस पर था, जिसमें कहीं एक कोने से रज़ा साहब के रंग येलो ओकर व ग्रीन दिख रहे थे। उनके उस चित्र को देखकर आनन्द–रस की अनुभूति हुई। मैंने इस रंग में रज़ा साहब का और कोई चित्र नहीं देखा था। चित्र में रंग का छोटे–से हिस्से से कैनवस पर छा जाना एक सर्वथा अलग अनुभूति दे रहा था।

• चित्र में कथन या कथ्य को आप कितना अनिवार्य मानते हैं? क्या किसी कृति का इनके बग़ैर कोई अस्तित्व रहता है? क्या कोई कृति अपने समग्र रूप में कुछ कहने का प्रयास होती है?

'कथन' या 'कथ्य' मेरे चित्रों के विषय में नहीं है। मेरे चित्र जनजीवन व प्रकृति से आते हैं। मुझे लगता है कि 'कथन' या 'कथ्य' के बग़ैर भी चित्र का अस्तित्व रहता है। एक कृति अपने समग्र रूप में बहुत कुछ कहती है। यह बात मैं अपने चित्र या किसी कला प्रदर्शनी में देखे चित्रों को देखकर कह सकता हूँ। एक चित्र अपने होने में सबकुछ बयाँ कर देता है। मुझे यहाँ एक क़िस्सा याद आ रहा है, जो मेरे शिक्षक कमल वर्मा सुनाया करते थे। कॉलेज के दिनों में उनकी एक समूह प्रदर्शनी दिल्ली में लगी थी। सभी साथी कलाकार उसमें मौजूद थे। एक दिन अचानक रज़ा साहब आये, उन्हें देखकर सब ख़ुश हो गये। सभी ने बड़े हर्ष के साथ अपने चित्र रज़ा साहब को दिखाये। सर (कमल वर्मा) के चित्र के पास जब रज़ा साहब आये तो उन्होंने कहा–आप ग्यारह साल से चित्र बना रहे हो। यह सुनकर सर बताते हैं कि वह अचम्भित थे कि कोई कैसे बता सकता है चित्र देखकर और वो बात सही थी।

एक चित्र सब कुछ बयाँ करता है। कुछ समय पहले जवाहर कला केन्द्र, जयपुर में हिम्मत शाह के चित्रों की प्रदर्शनी देखी। मुझे बड़ी उत्सुकता थी उनके काम को देखने की। उनके काम को देखकर लगा कि सचमुच वह अपने आप में बहुत कुछ कहते हुए प्रतीत हो रहे हैं। ललित कला के विभिन्न पहलुओं जैसे ग्राफ़िक, स्टोन, लिथो, फ़ोटोग्राफ़ी, सेरेमिक में काम करने वाले कलाकारों की मेरे स्टूडियो में लगातार आवाजाही बनी रहती है। उनसे कला के कई मुद्दों पर बातें होती हैं। फ़िलहाल मैं नये चित्रों की एक बड़ी शृंखला तैयार कर रहा हूँ, जो मेरी पिछली कुछ यात्राओं में देखे गये दृश्यों पर आधारित है।

• अपने स्वरूप में परिवर्तित होते हुए आपका चित्र आपसे क्या माँग करता है?

अपने अकादेमिक अध्ययन के दिनों में अक्सर ये होता था कि चित्र पूरा होने पर भी पूरा नहीं लगता था। इस बात को लेकर मैंने अपने प्रोफ़ेसर अरूप कुमार वर्धन से बात करना चाही। उस दिन कॉलेज में कोई भी नहीं आया था, सिर्फ़ सर और मैं ही थे। सोचा कि आज अच्छा दिन है, सर के पास समय भी है, अतः बात हो सकती है। मैंने उनसे कहा कि मुझे अपने चित्र पूर्ण नहीं लगते। वे यह सुनकर हँसे और कहा कि यह प्रश्न तुम्हारे मन में कहाँ से आ गया? उन्होंने अपने क्लास रूम की खिड़की से बाहर देखा और मुझसे पूछा कि कॉलेज से घर जाने के बाद तुम क्या करते हो? मैं उनकी इस बात का जवाब देता उससे पहले ही वे बोले कि तुम समर्पित भाव से चित्र नहीं बनाते और न ही तुम उस चित्र पर कोई चिन्तन/सोच रखते हो। चित्र पर चिन्तन लगातार करना पड़ता है, तब वह चित्र बनता है। तभी उस चित्र में वह तत्त्व आते हैं, जो उसको पूर्णता प्रदान करते हैं। आपका अपने चित्र में होना बहुत ज़रूरी है। सर की बात आज भी याद है और आज भी जब चित्र बनाता हूँ तो मुझे यह महसूस होता है कि चित्र मुझसे वही माँग करता है। कुछ समय पहले मैंने दिल्ली में हुई समूह प्रदर्शनी में अपने तीन चित्र प्रदर्शित किये। यह प्रदर्शनी मेरे लिए महत्त्वपूर्ण थी, क्योंकि मैं पहली बार दिल्ली में अपने चित्र दिखा रहा था। 2017

की मेरी पूरी चित्रों की श्रृंखला फोक संगीत पर आधारित थी। मैंने पूरे एक साल तक एक कल्पना पर कार्य किया, जिसको मैंने फोक स्टूडियो नाम दिया। यह चित्र मेरे स्टूडियो में बजते गीत–संगीत में आये हैं। स्टूडियो में गिरती रोशनी, अँधेरे में दिखते कुछ ऑब्जेक्ट व इनके बीच संगीत के वाद्य यन्त्र व फोक गायक और उनके अपने पारम्परिक परिधान और रंग, सभी मेरे चित्रों के विषय रहे हैं। मैंने कुछ नये चित्र भी बनाये हैं, जिनमें एक पण्डवानी गायिका तीजनबाई को केन्द्र में रखकर बनाया है। समय–समय पर मैंने कई नाटकों को देखकर भी चित्रण व रेखांकन किया है। नाटक के किसी एक पात्र को चुनकर उस पर काम किया। अन्य कला माध्यमों को देख, सुन और समझकर लगातार कुछ नया रचने के अपने प्रयासों को मैं निरन्तर रखना चाहता हूँ।

• चित्र क्या है? आप चित्र क्यों बनाते हैं?

कुछ दिन पहले मैंने अपने स्टूडियो पर कुछ नये दोस्तों को आमन्त्रित किया। वे दोनों फाइन आर्ट के स्टूडेंट थे। उन्होंने आते ही जब मेरे नये चित्रों को देखा तो उनमें से एक का जो पहला शब्द था, वो था–'वाह! क्या पेंटिंग है बहुत अच्छी'। मुझे भी ऐसा लगता है कि जब हम पेंटिंग के सामने होते हैं तो उसमें कुछ ढूँढ़ने के बजाय उससे जो मिलता है, वह केवल दृश्य रूप में ही महसूस होता है। हम उसे शब्दों में बयाँ नहीं कर सकते, पर उसके दृश्य रूप में बहुत कुछ बोल सकते हैं। मेरे दोस्त ने यह समझा कि वह जो नीला रंग है, ये बहुत अच्छा है और मुझे यह पूरा चित्र बहुत अच्छा लग रहा है। इसमें क्या है, मुझे ये नहीं मालूम। मैं जब भी चित्रण करने के लिए माण्डू जाता हूँ तो कभी यह नहीं सोचता कि माण्डू को कॉपी करूँ या वहाँ पर जो बादल छाये हैं वे मुझे स्पर्श करें। पर वह सब कुछ मुझे अन्दर तक प्रभावित करता रहता है। मुझे ऐसा लगता है कि जब आप किसी चित्र को देखते हैं और कहते हैं कि ये देखने में बहुत अच्छा लग रहा है, वहीं से मुझे लगता है कि मेरा काम शुरू होता है। जो मेरे अधिकांश दोस्त आते हैं, जो आर्ट फील्ड के नहीं हैं, उन्हें एक छोटा–सा पोर्ट्रेट भी बहुत अच्छा लग रहा है, उसमें रंग, रेखा और उसका संयोजन

सही तरीक़े से हुआ है, तभी वह देखने में बहुत अच्छा लग रहा है। ये संयोजन ही एक चित्र को पूर्ण करता है।

• क्या आप अपने चित्र को ख़ारिज करते हैं? हालाँकि आपका यह कहना था कि मैं शुरू करता हूँ और उसकी पूर्णता की कल्पना अपनी जगह पर अलग होती है, ये पूरा क्या होगा नहीं मालूम। मगर कई बार पूरा होने के बाद ऐसा लगता है कि इसको ख़ारिज किया जाये। ख़ारिज करना एक बड़ी ताक़त है किसी रचनात्मक व्यक्ति के लिए। कभी आपके साथ ऐसा कुछ हुआ?

लगातार रचने से यानी ड्रॉइंग करने से, पेंटिंग बनाने से आप एक के बाद दूसरे पर चले जाते हैं, क्योंकि आप कुछ नया रचना चाहते हैं तो निश्चित ही पिछले से आगे जा रहे हैं और ये पिछला हो सकता है कि आज से दस साल पुराना हो। वो देखने में उस समय की रचनात्मकता में बहुत नया होता है। मैं जब उससे आगे बढ़कर लगातार और कुछ रचता हूँ तो हमेशा मुझे यह लगता है कि इसमें कुछ और नया रच सकता हूँ। ज़रूरी नहीं है कि आप जीवन भर पेस्टल, पेंसिल में काम करें या एक विषय पर, एक कलर में, एक फॉर्म पर काम करें। जब आप लगातार उसके साथ लगे रहते हैं तो कहीं–न–कहीं उससे आगे निकलते हैं। अगर आप लगे हैं तो एक ड्रॉइंग के बाद दूसरा ड्रॉइंग। एक क़िस्सा है, जब मेरे पाँव में फ्रेक्चर हुआ था तो मैं एक पेंटिंग को लगातार एक महीने तक देखता रहा। उसे देखने के बाद मुझे ऐसा लगा कि इस पेंटिंग से या इस एक रंग से मैं सौ पेंटिंग रच सकता हूँ। तो मुझे लगता है कि रचने की क्रिया अनन्त है।

• अपने चित्रों के रूपाकार को आपने कहाँ से ग्रहण किया? इन्हें देखते हुए लगता है कि ये लोक और आदिवासी जीवन के बहुत नज़दीक हैं। कैसे आपने उन्हें विस्तार दिया और अपने ढंग से खण्डित किया?

मैं मध्य प्रदेश के धार ज़िले का रहने वाला हूँ। धार आदिवासी अंचल है। इस कारण बचपन में ही मैंने वहाँ हाट–बाज़ार में आदिवासियों

को आते–जाते देखा है। सिर्फ़ उन्हें देखना, उनकी रचनात्मकता को देखना कि कैसे एक आदिवासी स्त्री 'धूसर' के ऊपर 'सफ़ेद' रंग की चुनरी ओढ़ती है। ये उनकी एक बड़ी रचनात्मकता है। या फिर उनका जो गोदना है, उनका जो संयोजन है, वो मेरे अन्दर कहीं–न–कहीं बसता चला गया। माण्डू के महल और वहाँ जो गुफाएँ हैं, लगातार यात्राएँ करने से वो रंग और रेखा मेरे अन्दर कहीं–न–कहीं बसते चले गये। लगातार चित्र के रेखांकन करने से मैं उसे अपने स्वरूप में लेकर आया। बात उनकी हो रही थी और रच मैं रहा था यहाँ पर। इस तरीक़े से कुछ ड्रॉइंग और पेंटिंग बनाये, जो आदिवासी अंचल पर थे, जहाँ आदिवासी महिला, जिनका गोदना, बिन्दी, गहने, काले रंग की चुनरी और उनकी वेशभूषा आदि–आदि।

• आपने कहा कि आप पर जो भी प्रभाव है, आपके अपने परिवेश का है। इसके अलावा आपने यात्राएँ की हैं, तो कहीं अंचल के बाहर का प्रभाव कभी चित्रों में शामिल करने की कोशिश की?

निश्चित रूप से जब आप बाहर जाते हैं, कलाकारों से मिलते हैं, सबके अपने–अपने रेखांकन होते हैं। सभी कलाकारों की अपनी–अपनी शैली होती है, उन सबको देखने के बाद आप अपनी तकनीक या उसका साइज़ बदल सकते हैं, पर जो मूल है उसको आप एकदम परिवर्तित नहीं कर सकते, क्योंकि आप अपनी आधी ज़िन्दगी, यानी बीस साल जब इन सब जगहों पर बिता चुके होते हैं, तो निश्चित ही 'मलेशिया' में या 'इण्डोनेशिया' में जो भी रंग लगा रहे होते हैं, वो लगता है कि आप भारत की मिट्टी का लगा रहे हैं। मेरी अपनी पहली विदेश यात्रा मलेशिया की थी, जिसमें मैंने तीन पेंटिंग्स बनायीं। अधिकांश कलाकारों या लोगों से जब मेरी मुलाक़ात होती थी तो कहता था कि मैं 'इण्डिया' का हूँ। मलेशिया से लौटने के बाद जब मैं भारत आया तो वहाँ के एक फ़ोटोग्राफ़र ने अपनी फ़ेसबुक वॉल पर एक मैसेज डाला कि मैंने इण्डिया के एक चित्रकार को देखा है जिसके चित्रों में 'इण्डिया' दिखता है। शायद वो मैं कभी बदल नहीं सकता, क्योंकि मेरा जन्म यहाँ हुआ है, मेरे रंग यहीं के हैं और मेरी जो पैलेट है उसमें ये सब शामिल हैं। तो मैं 'मलेशिया'

में हूँ या दुनिया में कहीं पर भी, वो मेरे अन्दर कहीं–न–कहीं आ ही जाता है। मैं अगर मलेशिया का एक लैण्डस्केप कर रहा था तो उस पर मेरे ही रंग थे। शायद मेरा अपना जो देखना है वो मेरा खुद का ही है।

• चित्र को देखना कितना महत्त्वपूर्ण है?

हाँ, ये मैंने अभी सीखा और बहुत लम्बे समय बाद मुझे ऐसा महसूस हुआ कि चित्र को देखना भी बहुत महत्त्वपूर्ण है और मुझे लगता है कि आप देखने से उस पेंटिंग की गहराइयों तक या उस कलाकार के कहने पर, जो वह अपने आपको सबके सम्मुख रख रहा है, को आसानी से समझ सकते हैं। मुझे एक चित्रकार का काम बहुत पसन्द है। वह अमूर्त चित्रकार है। उसका रंग–संयोजन बहुत ख़ूबसूरत है। जब वह नीले के साथ धूसर लगाते हैं तो उसकी ख़ूबसूरती बहुत अलग होती है। मुझे नहीं पता कि वो कहाँ से हैं, कहाँ हैं और कब व क्या सोचकर उन्होंने चित्रित किया होगा, लेकिन जब उनके चित्र देखता हूँ तो मुझे एक अलग–सी अनुभूति होती है। उसे देखकर मैं बहुत आनन्दित होता हूँ और उस चित्र को लगातार देखता रहता हूँ।

• अमूर्त से लेकर मूर्त को बनाने की मन में कोई विशेष धारणा है?

अभी कुछ दिन पहले मेरे एक दोस्त से बात हुई। उसने कुछ नये काम किये थे। मैंने उसे कहा कि ये काम बहुत ही ख़ूबसूरत हुए हैं तो कहने लगा–कौन–से, लैण्डस्केप या फिगरेटिव? मैंने कहा–'मैंने ये तो कभी महसूस ही नहीं किया। मैं तो यह देख रहा था कि ये कितनी ख़ूबसूरत पेंटिंग है।' अगर आप कह रहे हैं कि ये लैण्डस्केप है और ये फिगरेटिव, तो शायद हम यहीं से अपने आपको विभाजित करना शुरू कर देते हैं। मुझे लगता है कि सबसे ज़्यादा चुनौती से भरा अमूर्तन ही होता है, जिसमें अपनी बात करने के लिए और ज़्यादा अच्छे से अपने आपको परखना होता है। अमूर्त मुझे बहुत पसन्द है। मेरे पसन्दीदा चित्रकार भी अमूर्तन में काम करने वाले ही हैं।

• अपने अकादेमिक अध्ययन के दौरान किस तरह की धारणा होती थी। काम को लेकर।

मैं धार में पढ़ा हूँ। धार में डी.जे. जोशी, बेन्द्रे या अजन्ता–एलोरा आदि प्रचलन में था। अलंकरण ज़्यादा था। मेरी मास्टर डिग्री अमूर्तन के सबसे बड़े गढ़ इन्दौर में हुई और वहाँ पर अमूर्तन बहुत ही ख़ूबसूरत है। वहाँ पर मैंने जो देखा तो ऐसा लगा कि उसकी गहराई या किसी को उस अमूर्तन में भी एक बड़ी ख़ूबसूरती नज़र आती है। वो अमूर्तन भी अपने आप में अद्भुत है। मैंने जब अम्बादास का काम देखा। उनका अमूर्तन और रंगों को बरतने का जो अपना एक तरीक़ा है, वो कितना चुनौतीपूर्ण और ख़ूबसूरत है। नीले के साथ में धूसर, धूसर और उस पर बारीक़–सी रेखाओं ने मुझे बहुत प्रभावित किया। जब मैंने वह चित्र देखे और अमूर्तन में एक जो रचनात्मकता है, जो अमूर्तन की एक सोच है, वो मुझे बहुत गहरे ढंग से महसूस हुई जब मैंने अम्बादास के काम को देखा। उनके बेस और उनकी लेयर में जो रंग हैं, वे मुझे हमेशा प्रभावित करते रहते हैं। मैं जब रज़ा साहब को पढ़ रहा था, तब उनकी बात समझ में आयी मुझे। वे बता रहे थे कि शुरुआत के जो दस साल होते हैं, अपने जीवन के या चित्रकार के, उसमें उन्होंने देखा कि मण्डला के जो जंगल हैं, ख़ासकर वहाँ के आदिवासी अंचल या फिर वो उस पूरे परिवेश को अपनी कल्पनाओं से जिस तरह से भी चित्रित करते रहे हैं। रज़ा साहब बता रहे थे कि एक चित्रकार रेखांकन या जो कल्पनाएँ वह करता है, वह सब अपने शुरुआती दौर में उसने देखा होता है। उन्होंने जो देखा, जैसे मण्डला के जंगल। वहाँ के आदिवासी अंचल का उनके जीवन पर बहुत गहरा प्रभाव हुआ। मेरे अन्दर वे सारी चीज़ें बसी हुई हैं। मेरी अपनी हैं। सारे जो रंग हैं वे आपके अन्दर ठीक वैसे ही, जैसे आज मैं रजा साहब पर लिखा कुछ पढ़ रहा था, जिसमें रज़ा साहब बोल रहे हैं कि आपके अन्दर वो शुरुआती दौर में जो होता है, वह स्थायी ढंग से बसा होता है, कहीं–न–कहीं आपके अन्दर अन्त तक होता है। जैसे मैं अपनी बात करूँ तो मुझ पर मालवा के रंगों का स्थायी प्रभाव है। वो जो आपके देखने में सबसे ज़्यादा आता है। शुरुआती रंगों का एक बड़ा प्रभाव होता है और उसका आदिवासी अंचल में

बड़ा महत्त्व है कि वे अपने जीवन में रंगों को अच्छे से बरतते हैं। तो ये जो मैंने समझा कि रंगों का अपना एक व्यवहार है या रंगों को हम कैसे बरतें—यह आपके अन्दर ख़ुद ही आता है। ये आपके आसपास के परिवेश से आता है।

• रज़ा के काम को आप किस नज़रिये से देखते हैं?

चूँकि मैं मालवा का रहने वाला हूँ और रंगों को मैं बहुत ज़्यादा जानता हूँ, क्योंकि मेरे आसपास हाट–बाज़ार है, भगोरिया पर्व है। रज़ा साहब जब पेरिस में थे, तब भी उनके चित्रों में यहाँ के रंगों का एक महत्त्व बरकरार रहा। जब मेरे दोस्त बाहर से आते हैं और बोलते हैं कि यहाँ के दैनिक जीवन में बहुत सारे रंग हैं। यदि हम फिर से रज़ा साहब की बात करें तो रंगों का महत्त्व उनके जीवन में अन्तिम समय तक रहा। 'सूर्य नमस्कार' नामक चित्र ने मुझे बेहद प्रभावित किया। इसे देखकर यह महसूस हुआ कि हम रंगों के माध्यम से कितनी बातें कह सकते हैं।

• रंगों को कैसे देखते हैं?

रंगों को देखने का मेरा जो नज़रिया है, सम्भवतः दूसरे कलाकारों का भी अपना होगा। मैं लगातार यात्राएँ करता हूँ। कुछ दिन पहले माण्डू की यात्रा पर था, तब सोयाबीन की फ़सल को पकते देखा। उस दिन मैंने पीले रंग को एक नये रूप में देखा। उसमें काले के साथ पीला था और हरे के साथ भी। गहरे पीले के साथ में एक बड़े सर्फ़ेस में नीला भी दिखायी दे रहा था। पीला अपनी वास्तविकता में ज़मीन पर छाया हुआ था। उस पीले को देखकर मुझे एक अलग–सा पीला देखने का एहसास हुआ और इन्हीं रंगों को देखकर मुझे नया रचने की प्रेरणा मिलती है।

• आपके चित्र आपकी दृष्टि में क्या हैं?

मेरे चित्र मेरे लिए उसी प्रकार हैं, जिस तरह से एक उत्सव है। उस उत्सव में रंग है, ऊर्जा है, उत्साह है और जब इस उत्सव में शामिल होता हूँ तो मैं भी उन सारी चीज़ों को महसूस करता

हूँ–उस ऊर्जा को, उन रंगों को–और जब इस उत्सव में आप शामिल हो जाते हैं तो इसे हर तरीक़े से, यानी इसके एक–एक क्षण को महसूस करते हैं।

• चित्र में एक चित्रकार के लिए तकनीकी दक्षता का होना कितना ज़रूरी है? कहाँ तक तकनीक का दख़ल होता है? क्या कई बार चित्र एक तकनीक बनकर रह जाता है?

...और शायद कभी कुछ समय बाद तकनीक से ऊपर चला जाता है। जब चित्र बनाना शुरू करते हैं कैनवस पर तो हो सकता है जब रंग लगा रहे हों तो उसमें रोलर या अन्य कुछ दूसरे टूल्स को इस्तेमाल कर सकते हैं हम लोग। पर मेरा ज़्यादातर काम ब्रश और कलर से ही होता है। उसमें किसी तरह के टूल्स का मैं उपयोग नहीं करता। मैं पूरे सर्फ़ेस पर रंगों को ब्रश के माध्यम से ही फैलाता हूँ और ब्रश से सर्फ़ेस पर रंग लगाने से मैं उस सर्फ़ेस को जब ब्रश से महसूस करता हूँ तो रंगों के बारे में और अच्छी तरह से जानने को मिलता है। पहली परत में वो हलका होता है।

उस माध्यम में ब्रश के अन्दर उसके हेयर के जो स्ट्रोक हैं, उसे भी कहीं–कहीं मैं अपने चित्र में प्रयोग करता हूँ। मेरे चित्र में तकनीक बहुत कम है और ज़्यादातर ब्रश व रंग से ही काम करता हूँ।

• किसी चित्र को बनाने से पहले आपकी वैचारिक प्रक्रिया क्या होती है? वो चित्र पूरा दिमाग़ में होता है या ख़ुद–ब–ख़ुद बनता चला जाता है?

असल में वो पूरा नहीं होता कि ऐसा कुछ बनाना है। वो केवल शुरू हो जाता है, फिर उसमें रंग और रेखा अपने आप आकार लेते हैं और हो सकता है कि काम करते–करते कुछ लगातार देखने से उसमें रंगों या रेखाओं में परिवर्तन भी होते हैं। वो अब सहजता से और अपने आप होता है। लगातार चित्र बनाने से यह होता है कि चित्र के अन्दर आपको अतिरिक्त मेहनत नहीं करना होती। वह लगातार आपके साथ जुड़ता जाता है और आप काम करते जाते हैं।

• रंग व रूपाकार के मध्य सन्तुलन कैसे स्थापित होता है?

ड्रॉइंग करने के बाद अगर हम उसमें रंग करते हैं तो ध्यान रखना होता है कि दोनों का तालमेल बने और उसमें मौजूद रेखाओं का महत्त्व आख़िरी तक वैसा ही बना रहे। रंग लगाने के बाद भी। ये शुरुआत में ही थोड़ा समझना होता है, फिर धीरे–धीरे सहज हो जाता है। पहले यह होता था कि एक स्पेस में ड्रॉइंग कर उसे रंगा तो सन्तुलित करना थोड़ा–सा मुश्किल होता था कि इसे कैसे सँभालेंगे। असल में वो जो पूरी बात होती है, वो विजुअल होती है। आपको विजुअल देखकर समझ में आता है कि इस स्पेस में इस लाइन का क्या महत्त्व है। जैसे आप मुझसे पूछ रहे थे कि पूरे पोर्ट्रेट में ये दो लाइन किसलिए हैं? उसे रचनात्मक करने के लिए हैं। उसमें कहीं पर ड्रॉइंग करते हैं, कहीं छोड़ते हैं, कहीं पकड़ते हैं। इस तरह से मुझे अच्छा लगता है। अब इन चित्रों में जो मैं आपको अभी एक सीरीज़ दिखा रहा हूँ, इनमें रंगों की जो रेखाएँ हैं, ये और उनमें किये गये रंग कैसा सन्तुलन बनाते हैं। यहाँ पर पीले, गहरे पीले और धूसर रंग की रेखा मुझे एक नयी दिशा देती हैं, रंगों के साथ में।

• एक चित्र की शुरुआत आपके लिए कैसी होती है? मतलब चित्र बनाने से पहले जब कैनवस के सामने जाते हैं?

एक बार चित्र शुरू होने पर, उसमें से मैं अपने नये दस–बीस चित्र बना सकता हूँ, पर एक बार उसकी शुरुआत होना चाहिए। कह सकता हूँ कि शुरुआत थोड़ी–सी कठिन होती है। एक बार काम करने के बाद वो लगातार आगे बढ़ती जाती है। मैंने एक पोर्ट्रेट किया था, रंग और रेखा के साथ में कि एक पेपर पर रंग और रेखा का क्या प्रभाव हो रहा है। जब इसका आउटपुट देखा कि रंगों का अच्छा प्रभाव आ रहा था, तो मुझे लगा कि इसमें और काम करना चाहिए और मैं लगातार दस–बारह घण्टे रोज़ काम करता था। यह बात हमेशा प्रेरित करती है एक से दूसरे चित्र की ओर जाने के लिए।

• रंग प्रेरित करते हैं...?

जी हाँ। जब आप एक नये चित्र से मिल रहे होते हैं तो थोड़ा–सा

आपके अन्दर यह बात रहती है कि इसे कैसे संयोजित करना है, इसमें रंगों को किस तरह से बरता जाये। फिर उसके उसी चित्र को आगे बढ़ाते हैं तो धीरे–धीरे हम उसमें गहरे तक शामिल हो जाते हैं। रंगों और रेखाओं में मेरी जो समझ होती है वो साफ़ होती है और जब मैं कैनवस पर होता हूँ तो पूरी तरह से स्पष्ट हो जाता हूँ कि मुझे अपनी रेखाओं के साथ किस तरीक़े से काम करना है। अपनी रेखाओं के साथ मुझे किस तरह चलना है और ये जो चलना है–एक के बाद दूसरा। आप उसके अन्दर इतनी यात्राएँ करने लगते हैं कैनवस के साथ, उन यात्राओं में जो आपकी रेखाएँ खींची गयी हैं, वे सब मेरे कैनवस पर आकर धीरे–धीरे एक चित्र का रूप ले लेती हैं।

- **...और जब ड्रॉइंग नहीं करते हैं?**

मेरा ऐसा मानना है कि जब मैं ड्रॉइंग नहीं करता हूँ या मैं लगातार उसके साथ जुड़ा नहीं रहता, तब मेरे लिए एक बड़ी चुनौती होती है–कैनवस के साथ काम करने में। उस समय एक समस्या–सी हो जाती है कि कहाँ से शुरू करूँ। लगातार ड्रॉइंग करने से मैं ख़ुद के स्तर पर स्पष्ट रहता हूँ।

- **स्पेस का कितना महत्त्व होता है?**

वैसे तो मैं पूरे स्पेस का उपयोग करता हूँ चित्र बनाते समय कि इस स्पेस से मुझे ख़ुद को कितना बरतना है, यह बात हमेशा मेरे मन में रहती है। बड़े चित्रों में मैं बहुत ज़्यादा स्पेस का प्रयोग करता हूँ, क्योंकि जो मेरे आकार हैं, उन्हें देखने या उन्हें साँस लेने के लिए जगह मिले। इसी तरीक़े से मेरी लाइन में, ड्रॉइंग में ज़्यादातर स्पेस को देखता हूँ। ख़ासकर जब एक या दो रंग में काम करता हूँ। आकार अपनी एक ज़गह बना लेता है उस स्पेस में।

चित्र में किसी तरह की रहस्यमयता होनी चाहिए

दुर्गेश बिरथरे

बिन्दुओं को अपने कैनवस पर चित्रित करते हुए दुर्गेश अपने भूदृश्य चित्रों में एक तरह की तरलता का आभास करवाते हैं। उनके चित्रों में मौजूद यह तरलता फलक को तोड़कर बाहर जाती सी प्रतीत होती है। प्रकृति में मौजूद कई तत्त्वों को वे अपनी दृष्टि से चित्र फलक पर चित्रित करते हुए प्रचलित भूदृश्य की उस स्मृति से भी प्रेक्षक को अलग करते हैं जो भूदृश्य चित्रण को वास्तविकता के धरातल पर देखने के अभ्यस्त हैं। अपने चित्रों के लिए उनका प्रयास प्रकृति और उसकी विविधता को अनुभूत करते हुए सौन्दर्य को रचने का रहता है। प्रकृति से प्रेरित होकर जब आप उससे संवाद करते हैं तब वह आपको कई रूपों में अनुभूत होती है, यह अनुभूति किसी चित्रकार के चित्र फलक पर विविध रूपों में अवतरित होती है। लगातार विचार और प्रयोग से चित्रों में प्रकृति और परिवेश को पाने की कामना से वे बिन्दुओं की परत से एक भूदृश्य को रचने का प्रयास करते हैं। उनके कैनवस पर ये बिन्दु रंगों के माध्यम से स्वच्छन्द रूप में प्रकट होते हैं। वे इन भूदृश्यों को सघन रूपाकारों से नहीं बल्कि बेहद तरल रूप में चित्र कैनवस पर बिन्दुओं के संयोजन से स्थापित करते हैं। उनके चित्र जिस बहाव की अवस्था में नज़र आते हैं उस बहाव व तरलता को वे रोकने का प्रयास नहीं करते। उनके चित्र का यह बहाव दूसरे चित्र में उसी अवस्था में मौजूद रहता है, बिन्दुओं से रंगों की विविधता से और उनसे बनने वाली परतों से। प्रकृति में

मौजूद हवा की तरलता या पानी बहना कुछ इसी तरह की अनुभूतियाँ हम महसूस करते हैं। दुर्गेश के चित्रों को देखते हुए यह स्पष्ट आभास होता है कि उनके चित्रों के केन्द्र में ऊर्जा और धैर्य का बहुत ही बेहतर तालमेल है। प्रकृति को अनूभूत करते हुए चित्रों को बनाना ही उनका मार्ग है। "अक्सर मेरे चित्रों को देखते हुए लोग इन्हें 'भ्रम' के चित्र कहकर भी सम्बोधित करते हैं, इनमें क्या देखें? कहाँ से देखें? चित्र किस तरह से संयोजित किया गया है आदि?" ऊर्जा उनके चित्रों में रंगों के लिए है तो धैर्य उन बिन्दुनुमा रूपाकारों के लिए जो उनके चित्रों को गति प्रदान करते हैं, इस तरह वे चित्रों में धैर्य और ऊर्जा दोनों को ही पाने की लालसा रखते हैं। दुर्गेश के चित्रण ने मालवा के बड़े भूदृश्य चित्रकारों के भूदृश्य चित्रण से कई तरह के प्रभावों को ग्रहण किया है, विशेष रूप से प्रकृति में मौजूद रंगों को देखने के ढंग का। आप जिस परिवेश में काम कर रहे हैं, उस परिवेश का प्रभाव आता है। दुर्गेश इस बात को स्वीकार करते हैं कि प्रभावों से बचना बेहद मुश्किल काम है, यदि आप अपनी संवेदनाओं के साथ रंग, आकार, या भूदृश्य को देखते हैं तो वह सब आप पर प्रभाव तो डालते ही हैं। वे अपनी कृतियों को प्रकृति से संवाद की परिणीति भी मानते हैं। दुर्गेश चित्रों में एक ऐसे परिवेश को दर्शाने की पहल करते हैं जो प्रकृति के प्रभावों से परिपूर्ण है। फ़िलहाल उनके चित्रों में सघन रूपाकारों की तुलना में रंगों का महत्त्व ज़्यादा दिखायी देता है। दुर्गेश ऐसे चित्रकार की तरह लक्षित होते हैं जो अपने चित्रों में प्रकृति के साथ ख़ुद की मौजूदगी को भी चित्रित करना चाहते हैं।

• चित्र बनाना आपके लिए क्या है? क्या उसकी रचना–प्रक्रिया में कोई वैचारिक आधार होता है?

मुख्य रूप से चित्र बनाना मेरे लिए एक आत्मिक शान्ति या फिर अपनी भावनाओं को रंगों के माध्यम से व्यक्त करना है। जब भी

मैं चित्रण की ओर आगे बढ़ता हूँ, मेरे चित्र एवं संरचना में चेतन, अवचेतन की बात रहती है। प्रकृति पर केन्द्रित मेरी चित्रकला, रचना–संरचना के साथ परिवर्तनशील गति से चल रही है, जो कि मुझे प्रयोगवादी दृष्टिकोण प्रदान करती है। बल्कि मैं यह कह सकता हूँ कि प्रकृति की रचना करना एक वैचारिकता का आधार है, जो कि भावमूलक है, उसमें मुझे कोई तार्किक आधार नहीं दिखता। वह वैचारिकता मुझे कभी बाध्यता का बोध नहीं कराती, परन्तु प्रकृति के सभी तत्त्वों को देखने, समझने, जानने के साथ एक गम्भीरता कैनवस पर रचने का आधार दिखाती है, जो कि चित्र संरचना के साथ, दृश्य चित्र के साथ, तो कभी चर्चा के साथ निरन्तर चल रही है और यहीं से मैं अपने पूर्व के चित्र से नये चित्र की निर्माण प्रणाली में कुछ तत्त्वों को जानकर बिन्दुओं की दृष्टि से आगे बढ़ रहा हूँ। मेरे चित्रों को पूर्णता की शैली में रख पाना मेरे लिए थोड़ा मुश्किल है, क्योंकि मैं उसे रखना नहीं चाहता। चित्र प्रक्रिया विचारों की अनुभूति करे, जो कि मुझे और बेहतर या फिर और नये कार्य करने के प्रयास में मुब्तिला करे। नवीनता से तात्पर्य विचार से है (भावमूलक), न कि माध्यम से, इसका मुख्य आधार प्रकृति व उसकी प्रवृत्ति से है। प्रयोग में सार्थकता का परिचय चित्र में एक नये तत्त्व की खोज या पूर्णता का बोध हमारी भावनात्मक दृष्टि से जुड़ा है।

• क्या आपको रचनात्मकता में कहीं 'प्रभाव' महसूस होते हैं? यदि कृति में वह मौजूद हैं तो वे किस तरह से प्रकट होते हैं? क्या कोई कृति प्रभावों से मुक्त हो सकती है? किसी कृति को रचने के दौरान क्या किसी कलाकार या पूर्व में निर्मित किसी की कृति की स्मृति आपके साथ रहती है?

प्रभाव व प्रभाविकता दो अलग–अलग बातें हैं। हाँ, मैं प्रभावित चित्रकला के क्षेत्र के बहुत सारे कलाकारों से हूँ, उनके रंग लगाने का तरीक़ा, चित्र संयोजन की समझ, विभिन्न कलाओं के अन्तःसम्बन्ध का बोध, सभी तत्त्व प्रभावित करते हैं। आकार, रंग, रेखा आदि, परन्तु यह प्रभाव पूर्णरूप से मेरे चित्रों में दिखायी नहीं देता या फिर मैं उस प्रभाविकता को देखना, सोचना नहीं चाहता हूँ। क्योंकि मैं प्रभावित विचारों, भावों को देख रहा हूँ। रंग, आकार वही हैं, पर

परिवर्तनशील हैं। भावनाएँ विचार, आत्मसन्तुष्टि, मानवीयता में कभी एक भी हो सकती है, पर वह प्रभाव नहीं है, बल्कि स्वभाव है। कोई कृति या मेरी कृति प्रभाव मुक्त है या विचार मुक्त, यह सब बातें हमारे देखने और दिखाने पर टिकी हैं। जब भी मैं अपने चित्र को आत्मीय दृष्टि से या फिर तात्कालिक समय पर पूर्ण देखता हूँ और नये चित्रण की तरफ़ आगे बढ़ता हूँ तो पूर्व की कृति की स्मृति का प्रश्न सामने आता है। यह बड़ा कठिन समय होता है, जबकि कला जगत् मेरे किसी चित्र को बढ़िया कहता है और मैं उसे स्वीकार कर नकारता हूँ और नयी सम्भावनाओं या जोख़िम की तरफ़ आगे ले जाता हूँ, न कि किसी के कहे हुए पर स्थिर रहता हूँ।

• अपनी रचना–प्रक्रिया व अपने देखने में आपके लिए सबसे महत्त्वपूर्ण क्या है? क्या आप अन्य कला माध्यमों पर भी विचार करते हैं? क्या अन्य कलाओं के साथ आपका किसी तरह का परस्पर सम्बन्ध बन पाता है?

मेरी रचना–प्रक्रिया में 'देखना' ही आधार है, पर देखने के साथ उस पर गम्भीरता से सोचना भी आवश्यक है। अपनी चित्रकृति मैं लगातार देखता हूँ, उसमें मुझे नये रास्ते, तत्त्व व भाव मिलते हैं, जो कि मेरी कार्य प्रक्रिया में सभी पक्षों पर देखने के लिए बाध्य करते हैं और मुझे अन्य कलाओं के बीच अन्तःसम्बन्ध, आपसी तालमेल का परिचय होता है। साहित्य, कविता, गायन, नाट्य आदि सभी में सौन्दर्य दृष्टि का रस एक ही है, जो चित्रकला का एक पक्ष भी है, जिससे जानना हर कलाकार के लिए आवश्यक है। अभिव्यक्ति के माध्यम भिन्न हैं, परन्तु मूल एक ही है। साहित्य के माध्यम से मुझे शब्द, तो गायन के माध्यम से मुझे सुर, नृत्य के माध्यम से आकृति एवं भाव भंगिमा व कविता के माध्यम से भाव आदि का अन्तःसम्बन्ध चित्र से जोड़ता है, निरन्तर चल रहा है। चित्रण में एक पक्ष पर हारमनी, लय को प्रदर्शित करना, माध्यम की परिवर्तनशीलता का होना, वर्तमान में मुझे नहीं लगता। रंग और कैनवस वर्तमान में एक पूर्ण माध्यम नज़र आ रहा है।

• चित्र में कथन या कथ्य को आप कितना अनिवार्य मानते

हैं, क्या किसी कृति का इनके बग़ैर कोई अस्तित्व रहता है, क्या कोई कृति अपने समग्र रूप में कुछ कहने का प्रयास होती है?

चित्र में 'कथन' का होना या न होना कलाकार की स्वतन्त्रता, मौलिक अभिव्यक्ति पर निर्भर करता है। यह चित्रकार व उसके चित्र का एक तालमेल भर है। मैं अपनी चित्रकला में 'कथन' को अभी तक नहीं देख पाया हूँ। हो सकता है वह अगर है तो भावनात्मकता पर प्रकृति प्रेम का है। कोई भी कृति दोनों ही दृष्टि में सार्थक है। 'कथन' है या नहीं वह कलाकार के अस्तित्व को परिभाषित करती है।

• अपने स्वरूप में परिवर्तित होते हुए आपका चित्र आपसे क्या माँग करता है?

मेरी चित्र सृजन प्रक्रिया के साथ तात्कालिक चित्र उसके बदलते स्वरूप में निरन्तर मौलिकता के साथ प्रकृति को देखते हुए प्रयोगवादी दृष्टि को जानने की माँग करता है और साथ ही निरन्तर सम्भावना की तरफ़ ले जाता है, जिससे मेरी चित्रण–प्रणाली में सौन्दर्य–बोध आकर्षण रूप ले रहा है। प्रकृतिमूलक तत्त्वों पर आधारित यह मेरी कला–यात्रा वर्तमान में बिन्दु के साथ विरोधी रंगों के संयोजन को आगे बढ़ा रही है, साथ ही अपने आसपास के परिवेश को देखना, महसूस करना, ऋतु फलक को जानने की माँग करती है, प्रयोग और रसास्वादन के साथ प्रयोगवादी दृष्टिकोण की सार्थकता का निरन्तर उपयोग है।

• आपके चित्र की शुरुआत किस विचार के साथ होती है?

मैं जब भी चित्रण करता हूँ तो सन्तुष्टि को लेकर बहुत सोचता हूँ कि उसमें आत्मिक सन्तुष्टि मिल पाती है या नहीं। मेरे चित्र बनाने का ढंग धीरे–धीरे बढ़ता है। मैं उसको करने की प्रक्रिया को ज़्यादा फॉलो करता हूँ और उसके पहले विचार को देखता हूँ कि उसमें कुछ आ रहा है या नहीं अथवा मैं इसको कितनी देर तक देख पा रहा हूँ। वो मेरे लिए मायने रखता है। मैं महसूस करता हूँ कि

ये जो मैं चित्र बना रहा हूँ, लैण्डस्केप को या प्रकृति की तरह से जिनको मैं देख रहा हूँ, मेरे देखने में या उसमें कहीं–न–कहीं मुझे सन्तुष्टि या देखने के अतिरिक्त कुछ मिल पा रहा है कि नहीं। मैं इन सब चीज़ों को लेकर ज़्यादा सोच रहा हूँ अभी। यही कार्यप्रणाली है।

• चित्र बनाने में प्रक्रिया कितना महत्त्व रखती है या प्रक्रिया से ही चित्र बनता है?

बिलकुल! प्रक्रिया का महत्त्व है, वही काम को आगे ले जाती है। मुझे लगता है कि प्रक्रिया पर निर्भर न होकर उसका तरीक़ा हमें देखना चाहिए। मैं इस पर ज़्यादा सोचता हूँ कि जो कैनवस के माध्यम से, रंग या अपने माध्यम से कहना चाह रहे हैं, उसको भी आप समझेंगे कि नहीं। प्रक्रिया तो शामिल है ही कि इस रंग का टोन इस ढंग से होना चाहिए, परत ऐसी होनी चाहिए, रूप ऐसा होना चाहिए, रंगों में वैविध्य इस तरह से बनना चाहिए, रूपाकार पुख़्ता होना चाहिए। यानी आकर्षण ज़्यादा हो। वो बहुत मायने रखता है।

• ख़ुद के लिए चित्र क्या है?

मेरी नज़र में चित्र प्रकृति से संवाद है, जिसमें मैं हमेशा महसूस करता हूँ कि ये मेरी प्रकृति और इसकी प्रवृत्ति है। मैं इसको अपने तरीक़े से देखता हूँ, अपने तरीक़े से सोचता हूँ और इसके लिए अपने शब्द ढूँढ़ने की कोशिश करता हूँ। इसी पर कार्य चल रहा है। मेरी नज़र में चित्र एक ऐसी दुनिया दिखाने का प्रयास है, जिसमें चेतन दिमाग़ की कुछ चीज़ें सामने आयें और प्रकृति के जो तत्त्व हैं, उनका प्रभाव नज़र आये। मुझे लगता है कि मेरे चित्रों का मूल भाव प्रकृति ही है। मैं मालवा से जुड़ा हुआ हूँ तो कहीं मालवा के रंग हैं। अभी जबलपुर में हूँ तो यहाँ की प्रकृति में जो रॉक क्लाइमेट है, उसके कुछ तत्त्व हैं, उसके कुछ कट्स हैं। ये चीज़ें मैं प्रकृति में विविध रूप से देख रहा हूँ। उसकी यही विविधता मुझे प्रेरित करती है।

• रूप परिवर्तन क्या है?

जब मैंने चित्रों को छोटे–छोटे बिन्दुओं से चित्रित करना प्रारम्भ किया तो प्रकृति को गम्भीरता से देखने का नज़रिया मिला। उनमें मुझे बिन्दु दिखने लगे। वे कहीं बड़े हो रहे हैं, कहीं छोटे, ग्रेडेशन ज़्यादा आ रहा है, रंगों में विविधता बहुत ज़्यादा आ रही है। इसके पहले उसका जो बेस था, उसमें काफ़ी रंग थे, लेकिन अब इसकी पहली परत पर ज़्यादा सोच रहा हूँ, धीरे–धीरे। और यह भी हो सकता है कि कुछ साल में ये बिलकुल पीछे चला जाये, क्योंकि इनको एक बिन्दु न मानते हुए एक परत समझकर काम कर रहा हूँ, ताकि हर सतह पर इस्तेमाल हो सके। कभी वो बोल्ड हो, कभी शॉर्ट। मैं इन चीज़ों को ज़्यादा सोच रहा हूँ। जो अभी मेरे काम में देखने को मिल रहा है वो यही है।

• सबसे ज़्यादा महत्त्वपूर्ण क्या लगता है?

फ़िलहाल ऐसा लगता है कि रंग महत्त्वपूर्ण है, मैं ठोस रूपाकारों तक अपने आपको ला नहीं पा रहा हूँ। रंगों को ज़्यादा महत्त्व देता हूँ, वे कुछ–न–कुछ अपनी बात कहते हैं।

• आपके जो चित्र बन रहे हैं, ऐसा लग रहा है कि 'मैं थ्रू द कलर किसी फॉर्म को पाना चाहता हूँ' कोई ऐसा फॉर्म है?

अभी तक तो नहीं है, पर कोशिश ज़रूर करता हूँ कुछ ऐसा रूप आ जाये या फिर उसमें ऐसा सिद्धान्त बन जाये, पर मैं ठोस रूपाकारों पर जाना नहीं चाह रहा। उसके पीछे मेरा व्यक्तिगत स्वभाव ज़्यादा काम करता है। मैं इस पर रहना नहीं चाह रहा। अगर उसमें किसी ठोस रूपाकारों में करता हूँ तो प्रायोगिक होगा या फिर काम का विकास, निरन्तरता जो है, वो रुक सकती है। मुझे ऐसा लगता है कि मैं ठोस रूपाकार के बजाय इसको और द्रवित कर विस्तार करूँ कि इसमें और ऐसी चीज़ें आ जायें, जिससे प्रकृति के प्रति मेरी दिलचस्पी बढ़े और मैं फिर किसी वस्तु, विषय या किसी मानवीय आकार चाहे प्रकृति का हो, उसमें मैं रुक गया तो शायद वो प्रयोग न कर पाऊँ। मुझे ऐसा लगता है कि हमारे काम में हम रोज़ कुछ–न–कुछ विचार और प्रयोग करते हैं यह हमारे लिए अच्छा होता है। हमारे विचार बदलते रहते हैं, हमारी सब चीज़ें बदलती

रहती हैं, इसलिए मैं इसका ज़्यादा पीछा करता हूँ, मेरा व्यक्तिगत स्वभाव स्थिर नहीं है। मैं हर नयी चीज़ सोचता हूँ, हर नयी चीज़ देखता हूँ। वो प्रकृति और मेरे स्वभाव में हमेशा शामिल रहती है।

• यह कह सकते हैं कि आपके जो चित्र हैं वे एक तरह से आपका स्वभाव हैं?

बिलकुल! मैं कह सकता हूँ कि ये मेरे आत्मा का विस्तार है या अपने स्वभाव के अनुसार मैं प्रकृति को देख रहा हूँ।

• चित्र की अनिवार्यता आपके लिए क्या है, कैसे वह पूरा होता है?

मेरी नज़र में अनिवार्यता यह है कि जब भी कोई चित्र देखूँ तो उसको लगातार देखना चाहूँगा। किसी की भी पेंटिंग देखूँ तो ऐसा लगे कि उसे और देखूँ, और देखूँ। देखने की गुंजाइश मेरे लिए अनिवार्य है। भले ही मेरा काम हो या किसी अन्य का। उसको देखने की कोशिश करें, और क्या सम्भावनाएँ हैं। इसमें क्या देखना है, क्या समझना है, उसको तर्क या तकनीकी दिमाग़ से समझने के बजाय महसूस करने की कोशिश करता हूँ।

• पेंटिंग करते हुए जो दृष्टि है, चित्र को देखने की दृष्टि, आपको ऐसा लगा कि मैंने कब इसे थोड़ा–सा विकसित पाया। अपने चित्रों के अलावा दूसरों के चित्र–संसार को देखना। उस देखने की प्रक्रिया में कोई बदलाव महसूस किया?

बिलकुल किया! मैंने अभी डेढ़–दो साल पहले एक शो किया। उसके बाद मैंने उसमें बदलाव देखा। जब मैं प्रारम्भ में लैण्डस्केप करता था, तब स्ट्रोक्स काफ़ी बोल्ड थे। उसके पहले वाटर (या वॉश) में करता था तो और बोल्ड थे। मैंने उसको जब लगातार देखा तो महसूस हुआ कि इसको हम आगे विस्तृत कर सकते हैं, लेकिन हम छोटी चीज़ों को महत्त्व नहीं देते या छोटे तत्त्वों को ध्यान नहीं देते कि हमारे काम में ये छोटा–सा तत्त्व आ रहा है। इसमें बहुत गुंजाइश है। इसको लेकर बहुत काम किया जा सकता है।

फिर मैंने अपने पुराने और नये काम देखे तो पाया कि इसे और निखारेंगे तो अन्य चीज़ें जुड़ती जायेंगी। हम करने की प्रक्रिया में ज़्यादा चले जाते हैं, क्योंकि हमें जल्दी करना है। मुझे ऐसा लगता है कि अगर काम को गम्भीर रूप से देखें तो वो छोटी–छोटी चीज़ों में आर्ट फॉर्म को पाते हैं।

• आपके चित्रों में सपाटता है, बहाव है। ऐसा लगता है कि कई बार वो सर्फ़ेस से बाहर निकल रहा है। तो एक चित्र न होकर कई बार वो बहाव की तरह महसूस होता है। ये तत्त्व क्या जानबूझकर किया या स्वतः ऐसा हुआ? एक चित्रकार डिज़ाइन से कैसे बच सकता है?

डिज़ाइन से तो हम कभी बच ही नहीं सकते क्योंकि जब भी किसी चीज़ को बनाते हैं तो कहीं–न–कहीं डिज़ाइन तो आ ही रही है। वो आपके देखने पर निर्भर है कि उसे किस डिज़ाइन में देख रहे होते हैं। मैं कोशिश करता हूँ कि मेरी पेंटिंग का एक नया पार्ट और कैसे बन सकता है या मैं इस पेंटिंग को आगे कैसे ले जा सकता हूँ, कैसे तत्त्व डाल सकता हूँ, इसलिए इसको कभी रोकता नहीं, कभी फ्रेम नहीं करता। मुझे लगता है कि ये एक बहाव है इसको बहने देना चाहिए। चाहे परतें हों, ठोस आकार हों या कुछ और। यानी इसको रोकने के लिए कोशिश न करके इसे और बहाया जाये। जो डॉट्स के अलग–अलग टोन आ रहे हैं, ग्रेडेशन आ रहे हैं, यानी एक भाव बनते रहना चाहिए। जैसे पानी। अगर मैं सोच रहा हूँ कि पानी है तो उसका बहाव भी महसूस होना चाहिए। हवा को अगर महसूस कर रहा हूँ तो यह समझना चाहिए कि हवा का वातावरण है।

• आपका चित्र किसी को कुछ महसूस कराना भी है। ऐसा लगता है कि मेरे चित्रों में जो मैं महसूस करता हूँ या उससे दर्शक को कोई अनुभूति हो?

बिलकुल! मैं इसमें कोशिश करता हूँ कि कोई भी, चाहे वो कलाप्रेमी हो या सामान्य व्यक्ति, उसको देखे और देखकर मुझसे बात करे। मैं ये महसूस करवाना चाह रहा हूँ, क्योंकि मेरी नज़र में हमारे

चित्र में ऐसी कोई चीज़ होना चाहिए या कोई ऐसी मिस्ट्री या ऐसा कोई तर्क, जिससे कलाकार से लोग बात करें। सामान्यतः लोग पेंटिंग को खुद ही समझने और महसूस करने का प्रयास करते हैं, कलाकार से संवाद शायद कम करते हैं। मैं चाह रहा हूँ कि मेरी पेंटिंग में ऐसी कुछ चीज़ें, कुछ तत्त्व हों, ऐसे कुछ रूप हों, ऐसी कुछ तकनीक हो, जिससे लोग मुझसे बात करने की कोशिश करें। मुझे अच्छा लगेगा और मैं वैचारिक रूप से अपनी बात को वहाँ रख पाऊँगा। मैं चाहता हूँ कि लोग इसको देखें और मुझसे बात करें, सोचें, फिर समझें कि ये कैसे हो रहा है या एक चित्रकार क्या कहना चाह रहा है चित्र के माध्यम से।

• ये चित्र कैसे बन जाते हैं, आपको कहाँ महसूस होते हैं?

काफ़ी चुस्त तरीक़े से मैं रंगों को अपनाया करता हूँ, उनकी परतों पर काम करता हूँ, सर्फ़ेस पर काम करता हूँ बहुत ऊर्जा के साथ! यानी जब मैं कैनवस के सामने आता हूँ तो चाहता हूँ कि पूरे मनोयोग से चित्रित किया जाये। मैं पूरी ऊर्जा लगा देना चाहता हूँ और जब दूसरे हिस्से में काम कर रहा हूँ और उसमें डॉट्स यूज करता हूँ तो बड़े धैर्य के साथ काम करता हूँ। मैं दो विरोधी चीज़ों को साथ लेकर चलने का प्रयास कर रहा हूँ। उसमें कुछ कहने की ऊर्जा, धैर्य दोनों ही तरीक़े से काम हो रहा है, जब हम एक्साइटेड होते हैं और जब रिलेक्स होते हैं, वो दोनों चीज़ें महसूस कर रहा हूँ कि ये दो कैरेक्टर में या इन्सान लाउड होता है, एकदम शान्त होता है।

• दो विपरीत ध्रुवों के बीच होता है...?

वो मेरे साथ भी है। जब मैं कैनवस को देखता हूँ, मुझे ऐसा लगता है कि इसमें कुछ होना चाहिए और पूरी ऊर्जा के साथ उसमें जुट जाता हूँ। फिर ऐसा लगता है कि नहीं, अब इसमें गम्भीरता लाना है, धीरे–धीरे काम करके अपने रूपाकारों को, अपनी परतों को, अपने आकार को पकड़ने की कोशिश करता हूँ, उन बिन्दुओं के माध्यम से। इसके पीछे ऐसा कुछ नहीं है कि मुझे कुछ मेहनत वग़ैरह दिखाना है। ऐसा कोई तर्क नहीं है। ये मेरा व्यक्तिगत देखना है।

इस तरीक़े से मैं दो परिवेश के ऊपर काम करना चाह रहा हूँ। जब दिन के बारे में सोच रहा हूँ तो मुझे रात के बारे में भी सोचना चाहिए। अभी दो चीज़ों को लेकर मैं सोच रहा हूँ कि ऊर्जा और धैर्य को किस तरीक़े से जोड़ा जाये।

• एक चित्र फॉर्म से, कैनवस से क्या माँगता है? आपको ऐसा लगता है कि मुझसे कुछ माँग रहा है?

सौ प्रतिशत! जब भी मैं कैनवस प्रारम्भ करता हूँ, मुझे लगता है कि वो मुझसे थोड़ा–सा समय माँग रहा है कि अगर आप मुझको अपने साथ जोड़ रहे हो तो पूरा समय दो, जब तक आप इसको पूरा समय नहीं दोगे, ये चीज़ उभरकर सामने नहीं आयेगी। अगर आप इसमें गम्भीर नहीं हुए तो लोगों पर इसका असर नहीं होगा। लोगों को छोड़ दीजिये, ख़ुद आप पर भी असर नहीं पड़ेगा। अगर आप ख़ुद सन्तुष्ट नहीं हो पा रहे हों तो लोगों को कभी सन्तुष्ट नहीं कर सकते। हम अपनी पेंटिंग को कितनी बार देख रहे हैं और देखते–देखते लिखने की कोशिश कर रहे हैं। जैसे मैंने सोचा कि मेरे काम को देखते–देखते मैं कुछ लिखने की कोशिश करूँ कि इसके लिए क्या शब्द बन सकते हैं! वो चीज़ होना बहुत ज़रूरी है।

• वो किस तरह की भाषा की माँग है और अगर आप सोच रहे हैं कि मैं अपने चित्र को देखकर कुछ लिख दूँ। वो भाषा काहे की है? चित्र की भाषा है या भाषा जो प्रचलित है, आमतौर पर हम जिस चीज़ को लिखते हैं, उस तरह के लेखन की बात क्या है?

चित्र ख़ुद ही एक भाषा है। इसमें दो राय नहीं, पर उसको कहीं–न–कहीं, कुछ लोगों को समझाने के लिए या फिर कोई वाक्य पूरा करने के लिए एक शब्दकोश की ज़रूरत है। वो चित्र ही आपको दे सकता है। अगर आप चित्र को देखते–देखते, वो ऊर्जा व धैर्य वाला विचार आया या प्रकृति की प्रवृत्ति वाला आया था या लघुकरण वाला आया कि काम में सिम्पलीफिकेशन किस तरीक़े से लाया जा सकता है या फिर हम किस तरीक़े से काम और ग्रेडेशन को देख सकते हैं। मूलभूत चीज़ें जो हमारे साथ हैं, हम जो आगे

करते जाते हैं, करते जाते हैं, जो बेसिक चीज़ें हैं, हम उनको कभी नहीं सोच पा रहे हैं कि ये मूल रूप में कितना सुन्दर है। चाहे अकादेमिक दौर की हम बात करें, फर्स्ट–सेकण्ड ईयर में हमें ग्रेडेशन सिखाया जाता है। वो ग्रेडेशन के साथ जो टोन हैं, वो बड़े सुन्दर लगते हैं। आप उन्हें देखें और फॉलो करें। मैं वो टोन की थ्योरी को बहुत फॉलो करता हूँ कि ग्रेडेशन के टोन आना चाहिए। काम में विविधता दिखना चाहिए। जैसे संगीत की एक हारमनी है। हम संगीत सुनते हैं, उसको महसूस करते हैं। जॉयफुल तरीक़े से देखने की कोशिश करते हैं, एन्जॉय करते हैं, महसूस करते हैं। मुझे ख़ुद ऐसा लगता है कि हाँ, इसमें ऐसा लग रहा है, वो लग रहा है और इसका असर पड़ेगा।

• लगातार दूसरे फॉर्म देखने से कहीं–न–कहीं प्रभाव आता है या बहुत सारा मूव करने से, कभी ऐसा महसूस हुआ?

हाँ, कह सकते हैं। मेरे कामों में मैं अगर प्रारम्भ से देखूँ तो लैण्डस्केप पर काफ़ी प्रभाव रहा–ब्रेंद्रे का, डीजे जोशी का, सक्सेना सर का। मालवा के जो लैण्डस्केप पेंटर हैं, कहीं–न–कहीं उनका कलर विजन तो उनके माध्यम से ही आया है और पेंटिंग वाली समझ अखिलेश से बहुत ज़्यादा आयी। कुछ समय पहले मैं एक कैम्प में इण्डोनेशिया गया था। वहाँ सिंगापुर के एक कलाकार से मुलाक़ात हुई। काम को लेकर उनसे मेरी कुछ बात चल रही थी। वह भी बड़े कैनवस पर काम करते थे। मेरे साइड में भी एक कैनवस था। मैंने उसको बड़ा कोट किया था कि आप जो तकनीक से करते हैं, मैं मेहनत से कर रहा हूँ। बस, यही फ़र्क़ है कि तुम भी कहीं–न–कहीं भ्रम पैदा कर रहे हो छुपाकर और मैं सबके सामने भ्रम पैदा कर रहा हूँ, डॉट्स के माध्यम से, ये चीज़ें हैं। तो उनका कहना था आप कुछ अच्छा प्लान कर उसमें इन चीज़ों को इस्तेमाल करिये। देखने से प्रभाव भी आता है। पर प्रभाव और प्रभावित होना, ये दोनों अलग चीज़ें होती हैं। आप किस व्यक्ति से कितना व्यक्तिगत प्रभावित हो रहे हैं, वो फ़र्क़ पड़ता है, क्योंकि अच्छा कलात्मक जीवन बहुत मायने रखता है। अगर आप उसको फॉलो करें तो इन सब चीज़ों पर ध्यान देना चाहिए।

• आपके चित्र अपने लिए कितने व्यक्तिगत हैं?

ये पूरे ही व्यक्तिगत हैं। ये ही हैं, जो भी हैं, ये न विरोधाभासी हैं, न ही किसी तरह के सामाजिक और न ये मेरे व्यक्तित्व को दिखा रहे हैं। व्यक्तिगत ही हैं। मुझे लगता है कि इनमें मैं समय दे रहा हूँ, कुछ–न–कुछ वैचारिक रूप से सोच रहा हूँ तो ये पूरे व्यक्तिगत ही हैं। मुझे नहीं लगता कि हम सामाजिक रूप से अलग हैं। हम समाज का एक महत्त्वपूर्ण हिस्सा हैं और कोशिश करें कि अपने विचार को समाज में दिखायें। हम सामाजिक विचार को फॉलो करें, ये सम्भव नहीं, लेकिन अपने विचार को समाज के सामने रखें। ये कलाकार का महत्त्वपूर्ण कार्य है।

• क्या आपके लिए आपका चित्र एक तरह की सन्तुष्टि का आधार है?

चित्र ही सन्तुष्टि का आधार हैं, पर अगर आप सन्तुष्टि महसूस करेंगे तो वो खुद ही! कोई भी चित्र, किसी का भी चित्र अगर आपको सन्तुष्टि प्रदान कर रहा है तो वो आपको सोचने पर मजबूर करता है, चिन्तित करता है या कहना चाहिए कि चिन्तन के लिए प्रेरित करता है।

• क्या चित्र में कोई पूर्व में देखी हुई छवि शामिल रहती है?

मेरे क्षेत्र में मौजूद मार्बल रॉक्स को देखकर कई बार मुझे ट्राइबल एप्रोच याद आती है। प्री–हिस्टोरिकल रॉक्स के ऐलीमेंट्स हैं, वो आकर्षित कर भी रहे हैं। मैं उनको देखता हूँ। भीमबैठका, रॉक्स या फिर यहाँ मार्बल रॉक्स के चित्र हैं, वो एलीमेंट्स कहेंगे तो रॉक्स वाले यूज हो रहे हैं। ट्राइब्स के तो नहीं कह सकते, लेकिन कुछ न कुछ चीज़ें तो हैं। पहले जो कहीं देखा हुआ है वो है।

• चित्र कैसे बदलते हैं?

आप जिस परिवेश में काम कर रहे हैं, उसका आप पर प्रभाव आता है। मैं जब मालवा में था, तब मेरे चित्रों में चटख रंगों का समावेश होता था और जब यहाँ आया तो रंगों में नया परिवर्तन मिला, यहाँ की प्रकृति से। प्रकृति तो हर जगह रहती है, लेकिन

प्रकृति में मूलतः कुछ बदलाव होते हैं, जो आप महसूस करेंगे। आपको लगता है कि हाँ, ये बदलाव इस प्रकृति के माहौल में है। फिर आप उसको गहराई से लेते हैं, क्योंकि मैं लैण्डस्केप को फॉलो करता हूँ। अगर मैंने माण्डू को चित्रित किया है तो माण्डू का रिफलेक्शन रहेगा। जैसे मैंने मालवा के आसपास पेंट किया तो वहाँ का रिफलेक्शन रहा। अब जबलपुर में हूँ तो यहाँ के नैचर के कुछ–न–कुछ एलीमेंट्स उसमें आते रहे हैं। फ़र्क़ तो पड़ता ही है माहौल का, स्थान का।

• आप पर दबाव है कि आपके काम का स्थायी भाव शान्त है। मतलब क्या वो बदलाव स्वाभाविक है, उसी के साथ आगे बढ़ेंगे?

उसी को, जो मैंने सोचा है, जिसको मैंने देखा है, उसी को लेकर एक नये परिवेश से जोड़ने की कोशिश कर रहा हूँ। मेरा एक तत्त्व है, जिसको मैं सन्तुष्टि कह सकता हूँ, जो मुझसे संवाद कर रहा है, मैं उसको छोड़ना नहीं चाहता। उसी को लेकर मैं नयी चीज़ों को उसमें जोड़ना चाहता हूँ, जहाँ मैं ख़ुद भी रुकूँगा, काम में भी, लोगों को देखने में या फिर एक छवि निर्मित हो जायेगी। उस छवि के अनुसार हम देखेंगे। मैं नहीं चाह रहा हूँ कोई ऐसी छवि निर्मित हो।

• असल में वो एक लैण्डस्केप ही है...?

हाँ, लैण्डस्केप ही है। प्रकृति के विविध पहलू हैं, उनको आप इस तरह से देखिये, ज़्यादा बेहतर रहेगा।

• समग्रता में देखते हुए रज़ा साहब के चित्र कैसे लगते हैं?

रज़ा साहब से कभी मेरी मुलाक़ात नहीं हो पायी। मैंने उनके चित्रों या उनकी बातचीत के माध्यम से उन्हें जाना। एक कला का अगर दूसरी कला से जुड़ाव रहा, वो रज़ा के चित्रों में कुछ ज़्यादा देखने को मिलता है। आकार को किस तरीक़े से कैनवस पर रखना और गम्भीर रूप से लाना, ये मुझे उनका काम देखने पर बहुत ज़्यादा

लगा। उनके काम बार–बार देखने की इच्छा होती है। चित्रों में जो शब्द उन्होंने रखे हैं, जो वो हाथ से लिखते थे, उन्हें देखकर बहुत मज़ा आता है कि ये किस ढंग से सोच रहे हैं, किस ढंग से पढ़ रहे हैं तो ऐसी क्या शब्दावली बन रही है, जिसे देखकर और ज़्यादा ऊर्जा के साथ काम हो सकता है। उनके रंग बहुत अच्छे लगते हैं। जब समग्रता में उनको पढ़ते हैं, उनकी यात्रा में अलग–अलग स्पेस होता है, उनके काम में विविध रूप हैं।